ESCRITURA(S) EN FEMENINO EN LAS LITERATURAS
CENTROAMERICANAS
¿UNA CUESTIÓN DE GÉNERO?

LITERATURE AND CULTURE SERIES
General Editor: Greg Dawes
Series Editor: Ana Forcinito
Copyeditor: Gustavo Quintero

Escritura(s) *en* femenino en las literaturas centroamericanas

¿Una cuestión de género?

Magdalena Perkowska y Werner Mackenbach, editores

Raleigh, North Carolina

Copyright © 2022

All rights reserved for this edition copyright © 2022 Editorial A Contracorriente

Library of Congress Cataloging-in-Publication Data
Names: Perkowska, Magdalena, editor. | Mackenbach, Werner, editor.
Title: Escritura(s) en femenino en las literaturas centroamericanas : ¿una cuestión de género? / Magdalena Perkowska y Werner Mackenbach, editores.
Other titles: Literature and culture series.
Description: Raleigh, North Carolina : Editorial A Contracorriente : Department of Foreign Languages and Literatures at North Carolina State University, [2022] |
Series: Literature and culture series | Includes bibliographical references.
Identifiers: LCCN 2022036131 | ISBN 9781469674223 (paperback) | ISBN 9781469674230 (ebook)
Subjects: LCSH: Central American literature—Women authors—History and criticism. | Gender identity in literature.
Classification: LCC PQ7471.5 .E83 2022 | DDC 860.9/928709728—dc23/eng/20221011
LC record available at https://lccn.loc.gov/2022036131

This is a publication of the Department of Foreign Languages and Literatures at North Carolina State University. For more information visit http://go.ncsu.edu/editorialacc.

Distributed by the University of North Carolina Press
www.uncpress.org

ÍNDICE

Agradecimientos vii

Escrituras *en* femenino: una introducción entre género(s)
Magdalena Perkowska y Werner Mackenbach 1

Escritura(s) *en* femenino—sexo y afecto
Ileana Rodríguez 40

Escenas de desamor: el funcionamiento del afecto en las obras
de tres escritoras centroamericanas
Jeffrey Browitt 51

Política, afectos y memoria: el diario de Vidaluz Meneses
durante la guerra de los ochenta en Nicaragua
Juan Pablo Gómez Lacayo 72

Masculino-femenino en el relato sobre las guerrilleras sandinistas
y las combatientes contras
Irene Agudelo Builes 99

Gritos, susurros, miradas: maternidad y escritura en Rosario
Aguilar y Cristina Rivera Garza
Silvia Gianni 115

Del militarismo y la melancolía al sujeto inclinado y la ética
del cuidado: *Roza tumba quema* de Claudia Hernández
Magdalena Perkowska 126

Cuerpos asimétricos y bichos. Género y devenir en los cuentos
de Salvador Canjura, Claudia Hernández, Guadalupe Nettel
y Denise Phé-Funchal
Emanuela Jossa 149

Nombrar la violencia de género y componer su memoria
en la escritura dramática de Denise Phé-Funchal
Alexandra Ortiz Wallner 170

Imposturas genéricas y posicionamientos de género en las novelas
negras protagonizadas por Romilia Chacón
Valeria Grinberg Pla 187

Ficción-No ficción, escritura femenina de lo "real" en "Estrella
Polar" de Carol Zardetto
Dante Barrientos Tecún 219

Colaboradores 241

AGRADECIMIENTOS

El presente libro no hubiera sido posible sin los aportes de las siguientes personas e instituciones:

Julie Marchio (Aix-Marseille Université) tuvo la idea inicial y colaboró en el diseño del simposio "Escritura(s) en femenino—¿una cuestión de género?" (realizado en mayo del 2019 en Costa Rica) en el que fueron presentadas versiones preliminares de los estudios reunidos en este libro.

Luis Escamilla Frías y Rocío del Águila Gracey, estudiantes de doctorado en el Programa de Latin American, Iberian and Latino Cultures en el Graduate Center de la City University of New York nos ayudaron a pulir los textos y revisar la anotación bibliográfica.

Las becas The President's Fund for Faculty Advancement del Hunter College (CUNY) y The PSC-CUNY Award de la Research Foundation de CUNY otorgaron fondos necesarios para la publicación.

A todas ellas van nuestros sinceros agradecimientos.

MAGDALENA PERKOWSKA
Y WERNER MACKENBACH

Escrituras *en* femenino

Una introducción entre género(s)

EL PRESENTE LIBRO REFLEXIONA sobre las interrelaciones, intersecciones y diferencias entre la escritura femenina, la escritura de mujer(es) y las escrituras *en* femenino, en la Centroamérica contemporánea y sus diásporas, que investigan, interrogan y cuestionan las relaciones entre escritura, sexo y *gender,* desvinculando la escritura de la anatomía (el sexo biológico "original") y de la identidad de género (concebido como masculino y femenino). Asumiendo la no identidad del sexo biológico y el género (*gender*) que, según Butler, se definen como una *performance* que puede acatar o desacatar tanto el sexo biológico (la supuesta naturaleza) como los códigos sociales y culturales dominantes (2007, 54–55), los ensayos reunidos en este libro versan sobre las siguientes preguntas fundamentales: ¿En qué consistiría la especificidad de la producción cultural de las mujeres/femenina? ¿Dónde y cómo se produce *lo femenino* y cómo interactúa no solo con *lo masculino,* sino también con las categorías sociales y culturales que diferencian y pluralizan esas condiciones identitarias? ¿Cuál es el impacto de la presencia y las prácticas creadoras de las mujeres centroamericanas en las matrices artísticas y culturales heteronormativas y patriarcales que hasta hace poco han dominado el campo? ¿Qué tendencias nuevas emergen en sus obras, más allá del erotismo, el intimismo, la autoexploración y la autoafirmación? ¿En qué consiste la diferencia entre la escritura femenina, la escritura de mujer(es) y las escrituras *en* femenino? ¿Cómo la crítica estudia y analiza esta diferencia?

En más de un sentido, algunas de estas preguntas no son nuevas ni originales en sí, dado que han circulado en la teoría y crítica feminista desde hace más de cuatro décadas. Sin embargo, es crucial retomarlas y reexaminarlas *en, para* y *desde* Centroamérica, donde la investigación sobre la subjetivación creativa de las mujeres y su producción es de fecha relativamente reciente[1] y donde, hasta donde sabemos, la pregunta por la movilidad de *lo femenino* y *lo masculino* en la escritura, así como sus efectos culturales y políticos, no se ha plasmado hasta ahora. Este imperativo crítico se debe, además, a dos coyunturas que caracterizan el campo literario centroamericano actual. Primero, la explosión de la producción literaria y cultural y el cambio del paradigma estético que comienzan en el Istmo en la década de los noventa, después de la firma de los acuerdos de paz (Nicaragua, 1988; El Salvador, 1992; Guatemala, 1996) y la finalización consiguiente de los conflictos armados que han atravesado y arrasado la región por más de tres décadas.[2] Segundo, la explosión de la producción literaria y cultural de las mujeres centroamericanas que comenzó en el contexto de los movimientos guerrilleros y proyectos revolucionarios de las décadas de los setenta y ochenta continúa, si bien bajo otro signo, hasta el presente. Este agenciamiento de las mujeres centroamericanas se observa también en sus numerosas actividades y valiosas contribuciones como editoras, gestoras culturales, investigadoras, intelectuales, así como creadoras de redes de investigación y activismo. Nuestra atención crítica se centra en las últimas tres décadas, recorre la región centroamericana y, pasando por México (en los ensayos de Emanuela Jossa y Silvia Gianni) llega hasta la comunidad latina en los Estados Unidos (el ensayo de Valeria Grinberg Pla). En consonancia con nuestro objetivo —examinar las escrituras *en* femenino y no las escrituras femeninas o de mujer(es)— incluimos ensayos que toman como objeto de análisis textos escritos tanto por autoras como por autores, si bien las autoras constituyen la mayoría.

Hemos dividido nuestra presentación en tres apartados. Para situar los textos estudiados, consideramos pertinente trazar primero, en breve, el contexto literario y crítico que ha impulsado nuestra perspectiva: la irrupción de las autoras y creadoras en el campo literario y cultural centroamericano, desde los setenta hasta la actualidad (2020), y las trayectorias críticas asociadas con esta eclosión. En segundo lugar, proponemos un breve recorrido de las teorizaciones de lo femenino que nos llevan a las premisas e hipótesis sobre las creaciones *en* femenino. Finalmente, resumimos los ensayos que componen el volumen subrayando las negociaciones con las nociones de lo masculino, lo femenino y lo *en* femenino que las y los investigadores invitados revelan en sus lecturas de textos escritos por autoras (todavía son la mayoría) y autores (americano)centroamericanos en las últimas tres décadas.

* * *

A partir de finales de los años sesenta y especialmente a partir de la década de los setenta del siglo pasado, las literaturas centroamericanas viven un cambio profundo que tiene repercusiones de largo alcance. En el contexto de los movimientos antidictatoriales y revolucionarios e impulsadas por el auge mundial de los movimientos feministas—la así llamada segunda ola feminista—, las mujeres comienzan a cuestionar y luchar contra las estructuras patriarcales seculares en diferentes campos de las sociedades centroamericanas, entre estos, el campo cultural y literario. Las mujeres irrumpen en el campo literario de una manera tan pronunciada que ya no pueden ser relegadas a los nichos intimistas que las instituciones literarias dominadas por los hombres, escritores-intelectuales-funcionarios, tradicionalmente les concedían. En la creación literaria misma (entendida en sentido amplio), las mujeres se hacen visibles y audibles como escritoras, a través de personajes literarios así como temas y perspectivas narrativos, y se hacen presentes en géneros textuales que antes eran de predominio masculino, especialmente en tres formas de escritura: el testimonio, la poesía y la narrativa.[3]

Las voces de mujeres comprometidas en la lucha antidictatorial y antiimperialista se hacen audibles en la escritura testimonial, en particular, en los testimonios de militantes sandinistas en Nicaragua, los diarios de la cárcel en El Salvador y Nicaragua, los testimonios de mujeres de izquierda y sindicalistas en Honduras, así como el testimonio de la mujer indígena en Guatemala. Estas voces denuncian el sufrimiento, la represión y la violación del cuerpo femenino como parte del cuerpo social y de los movimientos de liberación contra la opresión política, social, sexual, étnica y racial. El testimonio de la maya quiché Rigoberta Menchú se convierte en un texto fundacional de las luchas de los pueblos indígenas—no solamente en Centroamérica—por sus derechos.

En la escritura poética—donde las mujeres escritoras habían encontrado cierto espacio "intimista" (aunque también este campo había sido dominado por los "grandes" poetas hombres en la tradición de Rubén Darío, la Vanguardia y, después, el exteriorismo)—se desarrolla una verdadera revolución, en varios sentidos. El lenguaje lírico de las escritoras rompe con el orden del discurso patriarcal y habla sin tapujos del cuerpo femenino hasta en sus detalles más íntimos y tabuizados, de los afectos de las mujeres, de las relaciones y conflictos pasionales y sexuales. Es una poesía política que no deja encerrarse en "asuntos de mujer" definidos por una cultura machista, sino que alza su voz en los asuntos públicos, una poesía comprometida políticamente. Sobre todo, es una literatura que reclama el derecho de la mujer sobre su propio cuerpo, su sexualidad y el goce femenino, más allá del cuerpo sufrido y violado de la escritura testimonial. Lo íntimo se vuelve público y político. Los tempranos libros de poesía de Gioconda Belli (Nicaragua) y Ana María Rodas (Guatemala) se convierten—también en su cuestionamiento de las estructuras machistas y patriarcales persistentes en los movimientos de liberación—en textos pioneros de numerosas publicaciones de autoras de todos los países centroamericanos. Influenciadas por las más recientes teorías feministas de ese período, estas poetas insisten en una escritura femenina: el cuerpo femenino es al mismo tiempo la fuente biológica inmediata de la creación literaria (incluso se equipara la escritura con el parto) y una alegoría de la (nueva) nación.

A partir de mediados de los años ochenta, estas tendencias se manifiestan también de manera muy pronunciada en la narrativa, en especial la novelística (tradicionalmente dominada casi por completo por escritores hombres). Cabe resaltar las novelas de Gioconda Belli, Rosario Aguilar (Nicaragua), Claribel Alegría (El Salvador), Gloria Guardia (Panamá), Carmen Naranjo y Anacristina Rossi (Costa Rica), que reclaman el papel de la mujer en los proyectos de construcción de (una nueva) nación, autoras que abren una producción de novelas escritas por mujeres que en los años subsiguientes sigue creciendo de manera significativa.

En los estudios sobre esta producción—publicados a partir de finales de los años ochenta y principalmente en los noventa—, los textos se leen como literatura escrita por mujeres, escritura o literatura femenina y literatura feminista, sin profundizar en reflexiones sobre lo que podría ser una escritura típicamente femenina o una literatura *en* femenino; más bien, para muchos de los estudios de crítica literaria, literatura femenina o *en* femenino es equivalente a literatura escrita por mujeres y sobre temas "femeninos". Estos trabajos privilegian ciertas temáticas, como la búsqueda de una identidad femenina en una sociedad patriarcal-machista, el reclamo de los derechos propios, el lugar propio y la igualdad de la mujer (muchas veces pensada en singular) en los proyectos de la nación y en los movimientos revolucionarios.[4]

Un nuevo paradigma estético se desarrolla en la literatura centroamericana a partir de los noventa, en el contexto propulsado por los acuerdos de paz con los que terminan los conflictos bélicos en Nicaragua, El Salvador y Guatemala. La ética de compromiso político, el espíritu de utopía social y la denuncia de la injusticia, que caracterizaron la producción literaria y cultural de la región desde finales de los sesenta hasta finales de los ochenta, son desplazados por narrativas que exponen las consecuencias y secuelas de los conflictos armados, explorando la historia privada, la intimidad y la subjetividad de los individuos (tanto los vencedores como los derrotados) inmersos en la compleja, dolorosa e incierta realidad de la posguerra (Ortiz Wallner 2012; Cortez 2010) y afectados por la precarización causada por la adaptación de las políticas neoliberales a lo largo y ancho del Istmo. Por un lado, las ficciones de este periodo representan la pérdida de referentes ideológicos, la indiferencia, el hedonismo, el escepticismo, la resignación o, inclusive, el derrotismo; en otras palabras, una "cultura de sobrevivencia, del presente inmediato, del mañana incierto y poco probable" (Castellanos Moya 1993, 45). Por el otro, esta narrativa realiza "un desplazamiento en la representación narrativa de la vida social, que pasa de manera preferencial del espacio público a los espacios privados, individuales, íntimos" (Barrientos Tecún 2007, s.p.) y explora nuevas formas de subjetividad (Cortez 2010, 28). La tónica general es de desencanto, desilusión y amargura, a través de los cuales se expresa afectivamente el caos social y económico provocado por las políticas neoliberales hacia las que se ven arrastradas las sociedades centroamericanas a partir de la década de los noventa.

La actividad de las mujeres en el campo literario, intelectual y artístico centroamericano—autoras, cineastas, artistas visuales, agentes literarias, editoras, críticas y profesoras universitarias, creadoras de redes intelectuales—se hace un hecho y se potencia durante las últimas tres décadas. En el ámbito de la narrativa, siguen creando las narradoras que, junto con las poetas o siendo ellas mismas poetas, irrumpieron en la escena del campo literario centroamericano en los setenta y ochenta, como Gioconda Belli y Rosario Aguilar (Nicaragua), Claribel Alegría (El Salvador), Carmen Naranjo, Luisa González Gutiérrez, Rosibel Morera Agüero, Rima Vallbona, Magda Zavala y Anacristina Rossi (Costa Rica), Rosa María Britton y Gloria Guardia (Panamá). Tres de ellas, Gioconda Belli, Gloria Guardia y Anacristina Rossi, han publicado la mayoría de su obra en las últimas tres décadas. Al mismo tiempo, han surgido voces nuevas y/o más jóvenes que están explorando temáticas y perspectivas diversas, a menudo estableciendo un diálogo con las teorizaciones feministas y de género, tanto locales como regionales o globales: entre estas, las guatemaltecas Carol Zardetto, Denise Phé-Funchal, Valeria Cerezo y Mónica Albizúrez; las salvadoreñas Carmen González Huguet, Jacinta Escudos, Vanessa Núñez Handal y Claudia Hernández; las costarricenses Tatiana Lobo y Catalina Murillo; las nicaragüenses María Lourdes Pallais, Milagros Palma, Isabel Hurtado y María del Carmen Pérez Cuadra; y la hondureña Marta Susana Prieto.[5] Por un lado, su escritura amplía y expande la temática definida como femenina o de mujer (las experiencias de personajes femeninos, la intimidad, el erotismo, las relaciones sentimentales, la maternidad, la opresión y marginalización de las mujeres en el sistema patriarcal, la precariedad y precarización económica). Por el otro, estas autoras se decantan también por temas y géneros poco frecuentados antes por escritoras, por haber sido considerados "territorios" masculinos, como, por ejemplo, la historia, la memoria histórica y la novela histórica (Belli, Guardia, Lobo, Rossi, Aguilar, Zardetto), o el crimen y el género policial (Lobo) que a veces se emplean para vehicular una investigación de la memoria y el trauma (Albizúrez).[6] Las autoras más jóvenes (Cerezo, Hernández, Albizúrez, Núñez Handal) abordan los temas de la violencia (política, social, de género), la memoria y el trauma, junto con nuevas formas de comunidad y solidaridad. Otras auscultan el cuerpo, la sexualidad, las pulsiones y los afectos (Escudos, Phé-Funchal, Hernández, Pérez Cuadra) con el propósito de subvertir los estereotipos de género. Muchas de ellas exploran formas novedosas y complejas de escritura (Escudos, Hernández, Zardetto) retando a los lectores por medio de construcciones narrativas ambiguas y discontinuas (en el plano temporal, focal o argumental), corales o, al contrario, atadas a una subjetividad desconfiable, por errática u obsesiva.

Junto con esta eclosión creadora de las escritoras, se multiplicaron los estudios críticos dedicados a su quehacer literario y artístico. La crítica centroamericana ha trazado una trayectoria similar a la que se puede observar en el contexto más amplio de América Latina: después de la publicación de un estudio-gatillo, la cantidad de investigaciones sobre los temas de mujer(es), femeninos y feministas se multiplica vertiginosamente. Para América Latina, ese estudio desencadenante es el volumen colectivo *La sartén por el mango: encuentro de escritoras latinoamericanas*, editado por Patricia Elena González y Eliana Ortega (1985), que incluye los ya clásicos ensayos de Josefina Ludmer ("Tretas del débil"), Marta Traba ("Hipótesis de una escritura diferente") y Sara Castro-Klarén ("La crítica literaria feminista y la escritora en América Latina").[7] La publicación de *La sartén por el mango* abre el camino para un sinfín de trabajos cimentados en la(s) teoría(s) feministas(s) que, desde finales de los ochenta, a lo largo de la década de los noventa y comenzando el segundo milenio, abogan por la necesidad de crear un pensamiento y discurso feminista situado, capaz de exponer la ideología patriarcal en el contexto poscolonial y periférico latinoamericano, y de analizar las intersecciones entre la problemática de sexo, sexualidad y género, por un lado, y la de la clase social, raza, etnicidad, religión, por el otro.[8] Y, si bien se puede constatar que a partir del 2000 ha disminuido el número de monografías y antologías críticas que realizan lecturas feministas de textos literarios latinoamericanos escritos por mujeres, al mismo tiempo han aumentado, en cantidad, circulación y visibilidad, las propuestas teóricas feministas elaboradas por filósofas (María Lugones, Alejandra Castillo, Sayak Valencia), antropólogas (Rita Laura Segato), sociólogas e historiadoras (Alba Carosio, Silvia Rivera Cusicanqui), periodistas (Faride Zerán) o activistas comunitarias (Lorena Cabnal). Desde sus experiencias, prácticas y disciplinas, cruzando puentes y tejiendo redes, estas pensadoras reflexionan sobre la vulnerabilidad y la violencia, el género y la colonialidad, las intersecciones opresivas, la catástrofe ecológica o una "epistemología construida en base a pilares de conocimiento coherentes con cosmovisiones distintas a la occidental" (Cabnal 2010). Proponen modalidades nuevas del hacer feminista: el feminismo contrahegemónico, el feminismo decolonial, el feminismo comunitario.[9]

En América Central el estudio detonante es *Women, Guerrillas, and Love: Understanding War in Central America*, de Ileana Rodríguez (1996), donde la crítica cultural y literaria nicaragüense analiza la relación entre el género, la sexualidad y los proyectos de Estado-nación en el marco de los movimientos revolucionarios latino- y centroamericanos. Los objetos particulares de su investigación son, en su mayoría, textos de autoría masculina (Ernesto Che Guevara, Omar Cabezas, Sergio Ramírez y Arturo Arias, entre otros), porque el trabajo de Rodríguez busca demostrar la relación continua entre la masculinidad y el Estado-nación. Al mismo tiempo, Rodríguez implica a las mujeres en la construcción de comunidades alternativas de solidaridad y afinidad no excluyentes. Entre la fecha de la publicación de *Women, Guerrillas, and Love* y el momento actual, la atención de la crítica literaria y cultural se ha volcado hacia la producción de las narradoras centroamericanas, que se ha estudiado en quince monografías o volúmenes críticos que proponen una perspectiva regional, sin contar las investigaciones dedicadas a una autora o un país particular, capítulos en monografías dedicadas a una temática a la que las autoras pueden contribuir o no, o numerosos artículos publicados en volúmenes críticos o en revistas especializadas en América Central, América Latina, los Estados Unidos y Europa.

Varios de estos estudios exploran caminos novedosos o poco frecuentados con respecto a la producción literaria y cultural de las mujeres centroamericanas. Destacan en esta área los trabajos de Laura Barbas-Rhoden (2003), Julie Marchio (2009, 2013 y 2014) y Magdalena Perkowska (2009 y 2014) sobre la reescritura de la historia en ficciones históricas escritas por mujeres centroamericanas; la interrogación del vínculo entre género y nación que realizan Ileana Rodríguez (1996), Werner Mackenbach (2002 y 2004) y Rafael Lara Martínez (2012); las investigaciones de Valeria Grinberg Pla sobre las cineastas que negocian entre continuidad y ruptura (2013 y 2015), explorando "la articulación de un lenguaje que desde la experiencia personal interviene en lo político" (2015, 551), y de Ileana Rodríguez sobre modalidades de memoria y archivos afectivos en el cine de mujeres en Centroamérica (2020); el estudio de Julie Marchio sobre la violencia en femenino o ejecutada por mujeres (2017); el de Julia Medina sobre *feminotopías* en narrativas de viaje a Centroamérica (2013); o la perspectiva innovadora sobre la participación política de las mujeres indígenas que Aura Estela Cumes y Ana Silvia Monzón compilan en *La encrucijada de las identidades: mujeres, feminismos y mayanismos en diálogo* (2006). Sin embargo, en estos y los demás trabajos críticos, el objeto de estudio se define a partir del sexo y género de quienes escriben o producen los textos literarios o visuales seleccionados para el análisis. Lo indican los títulos de las publicaciones críticas que hacen una referencia continua a autoras, novelistas, narradoras, escritoras y mujeres,[10] o donde se usa el adjetivo "femenino" en su sentido convencional (e, inevitablemente, esencialista, aunque esta no sea la intención) de lo que es propio, se relaciona con o procede de seres cuyo sexo es mujer, como en "voces femeninas" (Palacios 1998), "sujeto femenino" (Preble-Niemi 1999), "la insurrección femenina" (Dröscher 2001), "el espacio privado femenino" (Ríos Quesada 2003), "la identidad femenina" (Meza Márquez 2005), "imágenes femeninas" (Morera 2005), "la literatura femenina" (Marchio 2009), "la narrativa femenina" (Renaud 2011), "la producción literaria femenina" (Palma 2012), "escrituras del yo femenino" (Fallas

2013), "escritura femenina" (Marchio 2013), "memoria y escritura femenina" (Fumero y Mackenbach 2013). El empleo del término "femenino" en estos títulos y en los ensayos que ellos encabezan es a menudo ambiguo, ya que, por un lado, remite a la oposición binaria constituyente del patriarcado y, por el otro, las autoras de los textos problematizan o, incluso, cuestionan, la posibilidad de una escritura típicamente femenina.

Que nadie se engañe: estas decisiones críticas (escoger productos culturales creados por mujeres y estudiar diversas modalidades de la representación, inscripción, empoderamiento y agenciamiento de lo femenino) y las palabras (en los títulos) que las significan siguen siendo necesarias, porque nuestra cultura sigue siendo patriarcal y excluyente. Incluso en un ámbito supuesta y discursivamente tan progresista y feminista como la academia es fácil olvidarse de la producción femenina o, por alguna razón, dejarla del lado.[11] ¿Por qué, una/uno se pregunta, en muchos estudios sobre las literaturas centroamericanas se ha omitido la producción de las mujeres si, como hemos mostrado, desde la década de los noventa ellas ocupan un lugar tan prominente en el campo literario y cultural centroamericano dinamizado gracias a su actividad y energía? No cabe duda, las viejas costumbres—lectoras y críticas, culturales y sociales—perviven y ante esta continuidad latente, la insistencia (mujer, femenino) es una de las formas de demandar el cambio y recordar que todavía no se ha realizado.[12]

Al mismo tiempo, no podemos olvidar que, a partir de los noventa, las teorizaciones feministas han sido profundamente afectadas por los estudios de género y *queer* y que esta modificación implica la necesidad de replantear los hábitos de lectura y críticos. Si, junto con Judith Butler, concebimos el género y sexo como una *performance*, entonces habría que reflexionar sobre nuestros usos de términos de identidad como "mujer" o "femenino" que cargan consigo el peso de las construcciones ontológicas de la identidad y de la metafísica de la sustancia (Butler 2007, 52 y 60). ¿Cómo *des-ontologizar* nuestro quehacer y discurso crítico?

En 2013, Mónica Albizúrez y Alexandra Ortiz Wallner compilaron y editaron una colección de ensayos a la que le dieron el título de *Poéticas y políticas de género. Ensayos sobre imaginarios, literaturas y medios en Centroamérica*. Después de hacer "un balance de los estudios de género en Centroamérica", definidos como emergentes (2013, 7–14), las autoras presentan su publicación como un intento de establecer "nuevas rutas epistémicas" (14). Se trata de "examinar las representaciones y autorrepresentaciones de género al interior de las literaturas, las artes visuales y los discursos culturales centroamericanos en un espacio temporal que abarca desde el siglo XIX hasta el siglo XXI" (14). El género se conceptualiza en los términos elaborados por Butler en *El género en disputa* y constituye "un eje transversal e interseccional de análisis que permita indagar los quiebres, las porosidades, las continuidades y los movimientos que atraviesan distintas subjetividades y sensibilidades en las sociedades centroamericanas modernas y globalizadas" (15). Más que una identidad, el género deviene aquí una lente que revela "la multidimensionalidad de las estructuras de poder y dominación, particularmente en el campo de los imaginarios" (15). El recurso de género flexibiliza la mirada crítica, abriéndola a las femineidades y masculinidades con relación a sexualidades revis(it)adas, a las intersecciones entre género y etnia, y al género en relación con las políticas de violencia. *Poéticas y políticas de género* no elude por completo el vínculo entre el género y el sexo y los imaginarios, pero cuenta como un esfuerzo valioso por desvincular o movilizar estas categorías. También nuestra propuesta invita a cuestionar la asociación fácil y convencional entre, por un lado, el sexo y el género y, por el otro, los imaginarios y la escritura. Sin embargo, la pauta teórico-crítica que trazamos busca repensar y redimensionar, por medio del contacto con las teorizaciones de Butler, una acepción del término *femenino* que circuló en el discurso teórico de la década de los noventa y que liberara dicha noción tanto de la atadura naturalista (sexo) como de la cultural (género), para otorgarle una operatividad estética procedente de la política y una operatividad política resultante de la estética.

* * *

Como afirmamos unas páginas atrás, muchas preguntas de las que parte nuestro proyecto no son nuevas, ya que nos remiten a las reflexiones y ponderaciones de las feministas en las décadas de los setenta y ochenta. Remontemos brevemente este camino. En 1987, un grupo de escritoras e intelectuales chilenas (Carmen Berenguer, Diamela Eltit, Lucía Guerra, Eliana Ortega y Nelly Richard) organizó el primer Congreso Internacional de Literatura Femenina Latinoamericana que "convocó múltiples voces en torno a preguntas sobre la especificidad y diferencia de la escritura-'mujer'" (Richard 1994, 127).[13] Cinco años más tarde, en 1993, Nelly Richard publicó el libro *Masculino/Femenino: prácticas de la diferencia y cultura democrática*, con un capítulo titulado "¿Tiene sexo la escritura?", en el que se interroga si "¿es lo mismo hablar de 'literatura de mujeres' que de 'escrituras femeninas'?" (1994, 129).[14] Tanto los distintos títulos (el del congreso, el del libro de Richard), como las preguntas formuladas por la crítica chilena señalan, de entrada, una irresolución terminológica que expone, a su vez, una indeterminación conceptual (epistemológica): literatura femenina, escritura-"mujer", literatura de mujeres, escrituras femeninas y, luego, en el texto del ensayo, también "escritura de mujeres" (129), "textualidad femenina" (131), "una feminización de la escritura" (132) y "escribir 'al modo femenino'" (135). El propósito de Richard es, desde luego, dilucidar significados y diferencias mientras (se) responde a la interrogante enunciada desde el título de su ensayo. Sensible a la "marginalidad de la cultura latinoamericana respecto al discurso institucional y académico metropolitano" (127), la autora afirma que una reflexión local debe "reajustar las claves teóricas del saber importado (la crítica feminista internacional) en función de lo que desde aquí [Chile, América Latina] provocan y demandan las poéticas y narrativas emergentes" (127).[15] Es por esta razón, sin duda, por la que Richard cita solamente a sus colegas chilenas, mientras las teorías norteamericanas, británicas y francesas se insinúan sin mencionar nombres ni citar directamente.[16] Incluso así, un/a lector/a informado/a reconocerá una posible referencia a las tres fases de identidad/escritura que Elaine Showalter describió en *A Literature of Their Own* (1977): femenina, feminista, de mujer, y, sobre todo, el cuestionamiento que hace Richard a la crítica feminista norteamericana (y sus seguidoras) cuando desaprueba las "caracterizaciones expresivas y temáticas de lo 'femenino' [basándose] en una concepción representacional de la literatura según la cual el texto es llamado a expresar realistamente el contenido experiencial de ciertas situaciones de vida que retratan la 'autenticidad' de la condición-mujer, o bien su 'positividad' en el caso de que el personaje ejemplifique una toma de conciencia antipatriarcal" (1994, 130). Richard opina que este tratamiento realista y figurativo, en el que lo "femenino" se identifica con el contenido y el significado, desatiende "la materialidad sígnica del complejo escritural" (130), es decir, la escritura entendida como "productividad textual" (130) que retaría y descontrolaría la discursividad hegemónica.

Sin embargo, Richard cuestiona también las teorizaciones que buscan relacionar la escritura femenina con el cuerpo y la sexualidad de la mujer, postulando una "vinculación de la sexualidad con el hecho textual" (Moi 2006, 135). Una breve referencia a Hélène Cixous (131) nos remite a la teoría feminista francesa en la década de los setenta y sus intentos de definir la especificidad de la textualidad o habla femenina: los conceptos de escritura femenina [*l'écriture féminine*] de Cixous y hablar-mujer [*parler-femme*] de Luce Irigaray.[17] Ambas pensadoras francesas perciben la escritura como una práctica que permitiría romper con el imaginario patriarcal, su orden simbólico y expresivo-discursivo. La escritura femenina, concebida desde el cuerpo, la sexualidad difusa y descentrada (localizada en diferentes puntos del cuerpo) y el goce femenino múltiple (nos referimos al concepto de *jouissance* según Irigaray, en *Ce sexe qui n'est pas un*), sería fluida, móvil, exuberante, ilógica (o indiferente a la lógica), lúdica, metafórica, material, táctil, auditiva, rítmica, sensual y pulsional. Mediante su energía, fluidez y pluralidad sígnica, permitiría descubrir una identidad femenina positiva (Morris 1993, 120) y ofrecería resistencia ante la metafísica del sujeto y significado unitario y trascendental, y el lenguaje falogocéntrico en el que estos se codifican. Sin embargo, según señala Richard (y muchas más críticas literarias y/o culturales antes y después de ella) esta concepción del lenguaje (escritura, textualidad) femenino se basa en el esencialismo de la diferencia sexual biológica, la metafísica del ser ("ser mujer") y la noción de la identidad sexual originaria (que confirmaría el *dictum* freudiano de que la anatomía es destino) (1994, 135–36).[18] Además, confirma el imaginario patriarcal y heteronormativo sobre la mujer como un ser emocional, irracional y caótico (Morris 1993, 125) que solo puede producir una escritura sexuada.

Richard quiere ir más lejos. Escribe su ensayo entre 1987 y 1993; entre estas dos fechas, Judith Butler publica, en 1990, la primera edición de *Gender Trouble*, el libro que replantea la teoría feminista y funda la teoría *queer*. No sabemos si Richard conocía el pensamiento de Butler antes de la publicación de *Gender Trouble* en inglés y si ha leído el libro o sus secciones mientras escribía su ensayo.[19] No encontramos en el texto ninguna alusión directa. Sin embargo, esto no tiene importancia, lo fundamental es la afinidad de ideas y planteamientos que se producen al mismo tiempo, pero en dos lugares distintos, entendiendo "el lugar" en el sentido de la geopolítica del conocimiento. Ambas pensadoras consideran imperativo romper con el determinismo biológico para liberar el potencial de lo contestatario dándole movilidad de signos a lo femenino y lo masculino (Richard 1994, 133) o explorando discontinuidades que pondrían en entredicho la ontología de sexo y género (Butler 2007, 287–88). Richard afirma:

La apertura teórica que hace extensiva a las demás prácticas antihegemónicas la valencia contestataria de lo femenino para trabar con ella alianzas solidarias—transversales a las categorizaciones de sexos y géneros definidas linealmente—tiene, para mí, la ventaja de romper el determinismo biológico de que las funciones anatómicas (ser mujer/ser hombre) y roles simbólicos (lo femenino/lo masculino) se correspondan naturalistamente, basados en el mito de la Identidad-Una del cuerpo de origen. Desligar ambas construcciones del realismo naturalista del cuerpo originario, permite darles movilidad de *signos* a lo masculino y a lo femenino; signos que se desplazan y se trasforman según las dinámicas de subjetividad que cada proceso simbólico-sexual va formulando en respuesta a los llamados del modelo social de identidad dominante. (1994, 133)

Butler, a su vez, sostiene:

Llevada hasta su límite lógico, la distinción sexo/género muestra una discontinuidad radical entre cuerpos sexuados y géneros culturalmente construidos. Si por el momento presuponemos la estabilidad del sexo binario, no está claro que la construcción de "hombres" dará como resultado únicamente cuerpos masculinos o que las "mujeres" interpreten sólo cuerpos femeninos. [...] La hipótesis de un sistema binario de géneros sostiene de manera implícita la idea de una relación mimética entre género y sexo, en la cual el género refleja al sexo o, de lo contrario, está limitado por él. Cuando la condición construida del género se teoriza como algo completamente independiente del sexo, el género mismo pasa a ser un artificio ambiguo, con el resultado de que *hombre* y *masculino* pueden significar tanto un cuerpo de mujer como uno de hombre, y *mujer* y *femenino* tanto uno de hombre como uno de mujer. (2007, 54-55)

Con el fin de problematizar la estabilidad de códigos sexuales y culturales, Butler realiza un minucioso examen de teorizaciones anteriores, analizando cómo sus autores (Freud, Lacan, Foucault, Rivière, de Beauvoir, Cixous, Irigaray, Kristeva, Douglas, Witting) arman (buscan continuidades) o desarman (exponen discontinuidades y disonancias subversivas) las relaciones entre el sexo, el género y el deseo o la orientación sexual. Su teoría de sexo y género como actos performáticos, es decir, interpretaciones que repiten los códigos sexuales o de género normativos de forma regulada o que los repiten, pero "con variación", en modo de pastiche y/o parodia, volviéndose entonces parcial o completamente ininteligibles y perturbadoras, desnaturaliza y desestabiliza las categorías corporales. Los actos de género "tergiversan las categorías del cuerpo, el sexo, el género y la sexualidad, y [...] hacen que éstas adquieran nuevos significados y se multipliquen subversivamente más allá del marco binario" (2007, 41).

No es otra la propuesta de Richard cuando expresa el imperativo de "desligar [lo femenino/lo masculino] del realismo naturalista del cuerpo originario" para "darles [a estas construcciones] movilidad de *signos* [...] que se desplazan y transforman" (1994, 133). Su punto de partida son las teorías del lenguaje y la construcción del sujeto que Kristeva expuso en *La révolution du langage poétique* (1974). En este estudio, Kristeva distinguió entre dos modalidades o disposiciones en el lenguaje: la semiótico-pulsional y la simbólica. La primera, vinculada con la etapa pre-edípica de la vida, deriva de las pulsiones libidinales polimorfas, corresponde con los ritmos y sensaciones físicas (es psicosomática) y, como afirma Richard, "desborda la finitud de la palabra con su energía transverbal" (1994, 132).[20] Siguiendo a Kristeva (1984, 29), Richard asocia esta disposición con lo femenino (1994, 132; 1996, 740). La modalidad simbólica o masculina es lógico-conceptual y establece el control normativo sobre el intercambio sujetando los signos a significaciones monológicas y limitando sus flujos indisciplinados (1994, 132; 1996, 740-41). Sin embargo, estas disposiciones son inseparables en el proceso de significación, sus bordes no son "rígidamente opuestos sino fronteras que se mueven interdialécticamente" (Richard 1996, 740). Kristeva concibe el lenguaje como un proceso que oscila entre el orden y la coherencia, por un lado, y la perturbación, por el otro. De esta forma imagina Richard el proceso de y en la escritura. "La escritura surgiría", sostiene Richard siguiendo a Kristeva, "precisamente de esa contradicción móvil entre pulsión y concepto, flujo y segmentación, que adapta formas construidas según la experiencia del lenguaje que decide realizar el sujeto" (741). En consecuencia, es el predominio de una fuerza sobre la otra el que determina la polarización de la escritura hacia lo femenino, "cuando prevalece el vértigo desestructurador" (Richard 1994, 132), o hacia lo masculino, "cuando se impone la norma estabilizante" (132). El análisis de las novelas de Sergio Ramírez y Rosario Aguilar que realiza Ileana Rodríguez ilustra a la perfección esta oscilación entre la escritura *en* masculino y la escritura *en* femenino, el cruce de fuerzas que actúan en un mismo texto. Como el sexo y el género en la teorización de Butler, la escritura es una *performance* que puede repetir los códigos sociales y culturales dominantes (produciendo textos femeninos *o* masculinos en el sentido convencional), puede solo *pretender* que los repite creando un doble sentido irónico, o puede realizar una repetición subversiva perturbando el discurso normativo mediante repeticiones interrumpidas, desplazadas, disidentes, que exponen la codificación invisible de lo supuestamente natural y general universal.

La operación que acabamos de describir le permite a Richard desligar la creación estética del determinismo biológico, de la corporalidad sexuada, de las funciones anatómicas de un supuesto cuerpo originario:

> Una postura como esta rechaza la coincidencia natural entre determinante biológica (*ser* mujer) e identidad cultural (escribir *como* mujer) para explorar las brechas y descalces de representación que se producen *entre* la experiencia del género (lo femenino) y su puesta en escena enunciativa a través de recursos políticamente significantes: es la elaboración crítica de esta *no coincidencia* la que permite convertir lo femenino en la metáfora activa de "una teoría sobre la marginalidad, la subversión, la disidencia" que supere la determinante naturalista de la condición "hombre" o "mujer". (Richard 1996, 741; énfasis original)

Lo femenino no sería entonces un determinante sexual (ser una autora mujer), una temática (la mujer y la identidad femenina), ni una sensibilidad, ni siquiera, una estética predeterminada, "de los flujos libidinales" (Richard 1996, 740), sino una actitud de disidencia y rebeldía con respecto a la norma masculino-patriarcal. Sus tácticas o tretas (pensando en "las tretas del débil" de Josefina Ludmer) pueden ser diversas, siempre y cuando a través de ellas se subviertan las normas y los pactos de la discursividad heteronormativa, se pluralicen el saber y las prácticas literarias, se reintencionen (por medio de la ironía, el humor o la parodia) las marcas convencionales de "lo femenino" (la maternidad, la domesticidad, el intimismo, la emocionalidad, los géneros literarios íntimos y privados) y "lo masculino", se desafíen el sentido unitario y las construcciones simbólicas monológicas, se conteste la identidad normada, se desmantele la metafísica del ser y del sujeto autónomo. Lo femenino sería, entonces, una estética y práctica oposicional (Morris 1993, 83–86) y una "valencia contestaria" (Richard 1994, 133) desestabilizadora con respecto a todas las regulaciones y construcciones "neutrales" del orden patriarcal heteronormativo dominante.

El título escogido para este volumen intenta recoger todas estas significaciones y ponerlas en un juego interdialéctico. Escrituras, en plural, para desmarcarnos de toda intencionalidad totalizante y universalizadora y dar a entender, de entrada, que toda práctica y subjetivación creativa solo tiene sentido en su relación con otras, es decir, como un proceso relacional e intertextual. La preposición *en*, diminuta pero fundamental, en tanto nos permite concebir estas escrituras como proceso y *performance*, como movimiento y transición. Y, finalmente, el adjetivo "femenino" que deseamos desligar, siguiendo a Butler y Richard, de toda naturalidad originaria con respecto al sexo y género, para hacer de él una interrogación e incertidumbre, el significante móvil de la *performance* que se realiza *en* la(s) escritura(s).

No se nos escapa que las referencias teóricas que citamos en esta introducción se podrían calificar de "antiguas" según la acelerada temporalidad académica. Tampoco se nos escapa que estas teorizaciones se basan en una selección delimitada de textos literarios, que en el momento de su aparición fueron retadores, pero ahora ya son parte del canon literario. Los ejemplos literarios con los que trabaja Kristeva pertenecen a la poesía simbólica y modernista francesa—Lautréamont (Isidore Ducasse) y Stéphane Mallarmé—y a la prosa moderna europea: Ferdinand Céline, Antonin Artaud, James Joyce, Samuel Beckett. Richard, a su vez, privilegia la textualidad desafiante de Diamela Eltit. En ambos casos, se trata de escrituras vanguardistas y exigentes, cuyas autoras y autores exploran hasta el límite una estética ruptural que revienta la economía del signo. Tampoco podemos perder de vista que la teoría kristeviana de la revolución semiótica fue acusada de "ineficacia política" (Allon White en Moi 2006, 177) y criticada por su incapacidad de "explicar las relaciones entre el sujeto y la sociedad" (Moi 2006, 177).[21] Cincuenta años después de la intervención teórica de Kristeva y treinta años después de la de Richard, el campo literario y cultural aparecen ante nuestros ojos lectores transformados por los giros posmoderno, nuevo historicista, espacial, subjetivo, posthumanista, postpolítico, afectivo, autoficcional; por el retorno al realismo que ha generado múltiples realismos; por los estudios poscoloniales, decoloniales, la ecocrítica, el feminismo decolonial, el ecofeminismo, la teoría de la raza y los estudios étnicos; por los estudios de memoria, de género y *queer*. Estos últimos se han desarrollado vertiginosamente después de los cuestionamientos teóricos de Butler, cuya teoría de la performatividad está orientada (a diferencia del trabajo de Kristeva) hacia la relación entre el sujeto y la sociedad y busca alternativas políticas a las prácticas de identidad dominantes.

El campo literario y cultural están también intervenidos, como nunca antes, por las políticas del mercado editorial y de consumo. En Centroamérica, las realidades conflictivas de posguerra se solapan con las violencias que producen las políticas neoliberales. Los blancos del disenso y disidencia son, a la vez, los mismos (las estructuras normativas patriarcales y capitalistas) y otros (el sistema neoliberal globalizado y las nuevas realidades locales que produce). Al mismo tiempo, no hay que perder de vista que el presente es una herencia y continuación del régimen capitalista-patriarcal y, en el caso de América Latina, también colonial.

¿Qué significa *en* femenino en estas circunstancias? ¿Cómo tensiona lo femenino las demandas y limitaciones impuestas por la lógica neoliberal? ¿Cómo se expresaría la relación entre lo femenino y la política entendida como disenso ante la distribución (neoliberal) de lo sensible y, por lo tanto, como estética (Rancière 2014)? ¿Dónde se sitúa y cómo se expresa la valencia oposicional y contestataria de lo femenino si el mercado editorial exige producciones miméticas y de fácil consumo? ¿Cómo dialogan las escrituras *en* femenino con referentes teóricos recientes, como la teoría de los afectos, la teoría de la raza, el feminismo decolonial y la ecocrítica? ¿Qué relación podemos trazar entre lo femenino y las disidencias *queer* o migrantes, que no tienen residencia fija? ¿Qué temáticas y estéticas resultan contestatarias en estas circunstancias? *Escrituras* en *femenino* no se propone dar respuestas definitivas ni a las preguntas que planteamos al comienzo de esta introducción ni a las que acabamos de formular. Se trata, más bien, de abrir un debate, porque en una cultura política que privilegia la violencia del consenso, se hace imperativo seguir preguntando.

* * *

En su conjunto, los ensayos recopilados en el presente libro proponen respuestas variadas y diversas a estas preguntas y plantean nuevos interrogantes. Son el fruto del encuentro de un grupo de estudiosas y estudiosos de las literaturas y culturas centroamericanas realizado en el marco del festival Centroamérica Cuenta 2019. En este simposio, con el mismo título del presente libro: "Escritura(s) en femenino—¿una cuestión de género?", organizado en la Universidad de Costa Rica, el 15 de mayo de 2019, fueron presentados y discutidos los primeros trabajos sobre la temática que con base en las disputas y polémicas fueron reelaborados y enriquecidos, como una especie de *work in progress*, con el propósito de contribuir a un debate en curso en los estudios literarios y culturales centroamericanos y centroamericanistas y más allá.[22]

Los primeros tres ensayos (de Ileana Rodríguez, Jeffrey Browitt y Juan Pablo Gómez) abordan la(s) escritura(s) *en* femenino en relación a los afectos, desde diferentes perspectivas teóricas y analizando prácticas escriturarias muy diversas en varios momentos de la historia reciente de Centroamérica. En su ensayo "Escritura(s) *en* femenino—sexo y afecto", Ileana Rodríguez hace referencia a las novelas del escritor francoestadounidense Jonathan Littell y del escritor guatemalteco Miguel Ángel Asturias, respectivamente, que, según el criterio de la autora, cuestionan la diferencia o dicotomía entre lo masculino y lo femenino para provocar a reflexionar sobre el género *de* o *en* la escritura literaria. Sostiene que en la actualidad la simple dicotomía masculino-femenino, que se basa en construcciones sobre la anatomía, está siendo cuestionada y subvertida por las diversas y múltiples dimensiones de identidad de "género"—y en extremo la indiferencia acerca de estas—que les son inherentes a los seres humanos. Ante esta situación, según Rodríguez, limitar la discusión a la contraposición femenino-masculino significaría caer en un binarismo cerrado y excluyente que invisibilizaría la diversidad de esas múltiples identidades e incluso no- o anti-identidades. Ileana Rodríguez se posiciona en un lugar intermedio en este debate "trans" desde una perspectiva teórico-conceptual. Propone comprender la preposición de "escritura *en* femenino" desde una perspectiva lingüístico-literaria misma—desde sus dimensiones metafóricas y sintácticas—porque, según la autora, es en la relación estrecha entre lenguaje y cuerpo en y como actos de habla que se constituye la performatividad genérica. Haciendo referencia a Judith Butler señala que dentro de las estructuras heteronormativas la identidad de género se construye como femenina (a la que se asigna la sensualidad) y/o masculina (a la que se adscribe la sexualidad). Ileana Rodríguez sostiene que es la poesía entendida como poética y escritura literario-creativa que tiene la potencialidad subversiva de romper con, socavar y superar los encerramientos binarios heteronormativos basados en adscripciones biológicas. Con esta propuesta en su artículo analiza las novelas *La niña blanca y los pájaros sin pies* (1992) de Rosario Aguilar y *¿Te dio miedo la sangre?* (1977) de Sergio Ramírez, para dejar ver la "vulnerabilidad lingüística que descubre lo femenino en la escritura masculina y lo masculino en la escritura femenina" y que, según ella, constituye "un habla *en* trans".

En "Escenas de desamor: el funcionamiento del afecto en las obras de tres escritoras centroamericanas", Jeffrey Browitt analiza las novelas *Ana sonríe* (2015) de Denise Phé-Funchal (Guatemala), *El desencanto* (2001) de Jacinta Escudos (El Salvador) y *Tiembla memoria* (2016) de Catalina Murillo (Costa Rica). Para su análisis se basa en algunas reflexiones acerca de la teoría de los afectos y su utilidad para los estudios literarios, así como en los posicionamientos y teorizaciones de algunas escritoras e intelectuales sobre la escritura femenina. Desde el incio, Jeffrey Browitt sostiene como tesis central que existe una escritura femenina. Pero esa escritura se distingue de otras escrituras no por la textura de su lengua, la sintaxis, los recursos retóricos, es decir, la materialidad del discurso, sino por los afectos inherentes a los personajes literarios y/o las temáticas tratadas. Sostiene que son los afectos que surgen en escenas de desamor y violencia dentro del contexto del patriarcado que diferencian la escritura de mujeres de la de los hombres. Según el autor, las tres novelas logran esta distinción porque no se reducen a un análisis y una crítica racional y "objetiva" de las imposiciones de la masculinidad supresora en la vida de las mujeres. Más bien, emprenden viajes afectivos ficticios que llevan a las lectoras y los lectores a imaginar posibles vías diferentes de resolver los desencantos causados por una entrega a los estereotipos tradicionales de amor feliz prefijados por la heteronormatividad patriarcal. En esta dimensión afectiva como conducto hacia un tipo de intimidad femenina en forma ficcional, Browitt ve la distinción de una "escritura (en) femenina(o)" que los hombres escritores apenas pueden vislumbrar y mucho menos calcar sin caer en el clisé. En las tres novelas, estas resoluciones se configuran de manera diferente: como comprensión reflexiva edificante y despertar redentor en *Tiembla memoria*, como desilusión melancólica en *El desencanto* y como autodestrucción en la forma de suicidio en *Ana sonríe*. A través de su impulso afectivo, concluye el autor, las novelas provocan a los lectores y las lectoras a tomar posición.

A su vez, Juan Pablo Gómez Lacayo analiza en su artículo "Política, afectos y memoria: el diario de Vidaluz Meneses durante la guerra de los ochenta en Nicaragua" el texto de la poeta y académica nicaragüense que se basa en su participación en una brigada cultural sandinista en el año 1983, *La lucha es el más alto de los cantos* (publicado en 2006, es decir más de veinte años después), y sus memorias, *Balada para Adelina,* publicadas en 2016, el año de su muerte. El propósito de la brigada era contribuir a mantener en alto el espíritu combativo de los que lucharon en las zonas de guerra en defensa del proyecto revolucionario, y Vidaluz Meneses tenía la tarea de escribir un diario de campaña. Juan Pablo Gómez Lacayo se interesa particularmente en indagar cómo en los textos de Meneses se representan y problematizan las relaciones entre Patria y Revolución, entre la identificación con y la defensa del proyecto revolucionario y la construcción de la (nueva) nación, así como entre mujer/maternidad y proyecto revolucionario. Escrito en una situación política, económica y militar muy difícil, en la que el proyecto sandinista ya vivía fisuras y rupturas internas muy profundas y estaba confrontado con una amenaza creciente de parte de Estados Unidos, lo domina una lógica masculinizada de defensa militar del proyecto a toda costa en donde las mujeres y maternidades son forzadas a una identidad subsumida y subordinada que no rompe con las tradiciones machistas seculares. También el hecho de que el diario (en principio, una de las formas más íntimas y subjetivas de escritura) de Meneses se escribe como tarea colectiva y en un contexto público de la brigada, refuerza la predominancia de una lógica masculinizada-militar—una escritura de mujer en clave masculina—. Décadas después, la situación es diferente. En las discusiones a las que la autora convoca a compañeras y compañeros exbrigadistas antes de publicar el diario en 2006, en la introducción a este y especialmente en las memorias publicadas en 2016 se tematiza, problematiza y cuestiona la persistencia de patrones tradicionales de género en las estructuras de militancia y participación revolucionaria y se abren caminos hacia una escritura no masculinizada, "desde otros lugares afectivos". El ensayo hace ver la estrecha relación de las condiciones de posibilidad de una escritura *en* femenino no con determinaciones y prefiguraciones biológicas, sino con estructuras sociales, culturales y discursivas.

En su ensayo "Masculino-femenino en el relato sobre las guerrilleras sandinistas y las combatientes contras", Irene Agudelo analiza una serie de textos que también tienen como referentes el movimiento antidictatorial-revolucionario y el conflicto armado, a partir de los años sesenta y, particularmente, en los años ochenta, así como el actuar de la Contra en Nicaragua, tanto en relación a la imposición de atributos masculinizados a las combatientes como su relegación a la maternidad como "esencia" femenina encerrada en las estructuras paternalistas-machistas, después de los conflictos bélicos. Estudia testimonios y memorias publicados entre 1977 y 2018 de y sobre la militante Rossy López Huelva y las guerrilleras sandinistas Doris Tijerino, Leticia Herrera, Mónica Baltodano, Nora Astorga y Dora María Téllez, así como de las combatientes contras Julia Peralta, Lucila Galeano y María Elsa

González. El estudio se enfoca en analizar cómo la narrativa sandinista oficial después del triunfo de la revolución representó a las mujeres guerrilleras sandinistas y contras, y pregunta si la masiva participación de las mujeres contribuyó a desestabilizar el binario masculino-femenino. Según la autora, tanto en la narrativa dominante del sandinismo como de la Contra se reconoció el papel de las mujeres en la lucha armada, pero al mismo tiempo se les impuso características supuestamente propias de los hombres. Durante los conflictos armados, en este discurso no había espacio para el binomio mujer-madre, mientras que después del triunfo de la revolución y el fin de la guerra de la Contra, las mujeres fueron reducidas a su función reproductora de madre, invisibilizadas en las narrativas heroicas y desplazadas de funciones militares y policiales. Haciendo referencia al estudio fundacional *Women, Guerrillas, and Love: Understanding War in Central America* (1996) de Ileana Rodríguez, Irene Agudelo sostiene que estas narrativas no cuestionaron y menos todavía desestabilizaron el binario masculino-femenino tradicional, más bien contribuyeron a reafirmar y reforzar el patriarcado. Mientras que los discursos oficiales y dominantes afirmaron las masculinidades hegemónicas, legitimando las divisiones binarias androcéntricas y heteronormadas entre hombres y mujeres, los testimonios, tanto los de las militantes sandinistas como los de las combatientes de la Contra, dejan ver huellas de escrituras *en* femenino: sus relatos hablan de las transformaciones de los cuerpos de las mujeres, su sufrimiento, sus afectos, su deshumanización en y por la guerra.

La reflexión sobre la maternidad en el marco de una lógica militar-militante y de posguerra entronca los ensayos de Gómez Lacayo y Agudelo Builes con los trabajos de Silvia Gianni y Magdalena Perkowska. En su artículo "Gritos, susurros, miradas: maternidad y escritura en Rosario Aguilar y Cristina Rivera Garza", Gianni estudia la representación de la maternidad en dos textos: la novela *Rosa Sarmiento* (1968) de la escritora nicaragüense Rosario Aguilar y el cuento "El día que murió Juan Rulfo" (2002) de la autora mexicana Cristina Rivera Garza. La estudiosa analiza las representaciones de la maternidad—tradicionalmente entendida como uno de los espacios femeninos más sagrados—desde la perspectiva de una "escritura abierta" múltiple, diversa y heterogénea en contra de posicionamientos cerrados, esencialistas y verticales. Su interés es comprender si y de qué manera la ficcionalización narrativa de la maternidad resulta en una feminización de la escritura o una escritura heterosexual, dinamizando y transformando configuraciones y determinaciones biológico-sexuales de la autoría. Centra su estudio en las estrategias discursivas, especialmente los aspectos vocálicos y visuales, de los textos literarios, con los que las dos autoras indagan en lo más íntimo, escondido y al mismo tiempo más verdadero de sus personajes literarios. Según la autora, los dos textos muestran que una "escritura *en* femenino" no se define por una autoría femenina, ni es equivalente a una escritura que se ocupa de tópicos tradicionalmente entendidos como genuinos de la literatura escrita por mujeres—como la maternidad—; así cuestiona la clasificación de una producción textual por categorías o definiciones genéricas. Más bien, concluye Gianni, en los dos textos analizados las autoras incursionan en un espacio tradicionalmente considerado femenino y lo (re)crean como un espacio relacional donde se dibujan, configuran, alteran e incluso desdibujan las diferentes subjetividades, adscripciones e identidades.

En contraste con el ensayo de Gianni, la figura materna se hace política en "Del militarismo y la melancolía al sujeto inclinado y la ética del cuidado: *Roza tumba quema* de Claudia Hernández" de Magdalena Perkowska, quien propone leer la novela de la escritora salvadoreña como una "novela del desmovilizado" (según un estudio de Sophie Esch), pero en clave femenina que cuestiona el modelo en masculino de los autores como Franz Galich, Horacio Castellanos Moya y Miguel Huezo Mixco. Para abrir su argumento, Perkowska remite, al igual que Irene Agudelo, al estudio *Women, Guerrillas, and Love* de Ileana Rodríguez. La crítica nicaragüense sostuvo a mediados de los años noventa que las mujeres centroamericanas en lucha contra el terror de Estado habían reinventado la maternidad y la familia como solidaridad insurgente y como anhelo de una convivencia democrática, lo que en no pocas ocasiones chocaba con las masculinidades dominantes y excluyentes de los proyectos antidictatoriales y las organizaciones guerrilleras. Haciendo referencia a las primeras teorizaciones, en los años ochenta, de la ética del cuidado como una ética feminista, Perkowska señala que casi cuarenta años después Hernández retoma la figura de la madre y el arquetipo de la inclinación materna como tópico central de su novela. Sin embargo, siguiendo el pensamiento de Adriana Cavarero en *Inclinations. A Critique of Rectitude* (2016), a cuyo pensamiento se refiere antes Ileana Rodríguez, Perkowska arguye que en la novela de Claudia Hernández se plantea una resemantización de la inclinación materna y la ética del cuidado como una forma de solidaridad, resistencia y esperanza en las condiciones de posguerra, cuando las utopías de una sociedad igualitaria y solidaria han sido truncadas por las realidades de un neoliberalismo tecnocrático. Según la estudiosa, la inclinación ética, materna y solidaria de los personajes femeninos en *Roza tumba quema* hace visible una alternativa radicalmente distinta y opuesta al militarismo, el cinismo y la melancolía que representan los excombatientes literarios de las novelas centroamericanas del desmovilizado en masculino (y escritas, en este caso, por autores hombres). En la novela de Hernández, la exguerrillera protagonista, otras mujeres excombatientes, así como la madre y las hijas de la primera, viven y trasmiten un espíritu de resistencia, subjetividad política y esperanza que Magdalena Perkowska analiza como (re)escritura *en* femenino de la experiencia de las excombatientes y sus familias, en las condiciones diarias impuestas por la lógica vertical del neoliberalismo y la normatividad heteropatriarcal.

Los cuatro ensayos que siguen (de Emanuela Jossa, Alexandra Ortiz Wallner, Valeria Grinberg Pla y Dante Barrientos Tecún) ofrecen diferentes acercamientos al concepto de género: género como devenir (Jossa), la violencia de género (Ortiz Wallner), posicionamientos de género en un género literario tradicionalmente masculino, como lo es la novela negra (Grinberg Pla), y la relación entre género y etnia en una práctica narrativa genéricamente (tanto en sentido sexual como literario) abierta (el relato literario de una autora ladina basado en testimonios de mujeres indígenas). Dialogando, como lo hace Ileana Rodríguez, con las teorías de Julia Kristeva, en su ensayo "Cuerpos asimétricos y bichos. Género y devenir en los cuentos de Salvador Canjura, Claudia Hernández, Guadalupe Nettel y Denise Phé-Funchal", Emanuela Jossa comprende el texto literario como síntesis de la oposición entre lo masculino —racionalizar y conceptualizar— y lo femenino —desbordar los límites—. En consecuencia, una escritura en masculino reconfirmaría las normas dominantes, mientras que una escritura en femenino las socavaría. Emanuela Jossa sostiene que estas escrituras no están determinadas por el género de la persona que escribe, y mucho menos por condiciones biológicas, sino que son el resultado de un proceso de conflicto y negociación de ambos factores en cada individuo escribiente, más allá de una dicotomía esencialista hombre-mujer. La transgresión de la "escritura *en* femenino" se realizaría desde esta perspectiva como proceso, como devenir. Partiendo de estas reflexiones, la autora analiza algunos cuentos de las escritoras Guadalupe Nettel (México), Claudia Hernández (El Salvador) y Denise Phé-Funchal (Guatemala), así como del escritor Salvador Canjura (El Salvador). Todos estos relatos tematizan unos defectos físicos inscritos en cuerpos femeninos, que operan como dispositivos de la exclusión y dominación masculinas, y la confrontación con un afuera diferente: animales, como cucarachas y rinocerontes, o cuerpos humanos asimétricos. Emanuela Jossa señala que el hecho de que analiza textos literarios de un escritor y tres escritoras significa que su interés no radica en explorar una "escritura femenina". Aunque coincide con Nelly Richard, quien postula que la escritura indiferente a la diferencia genérico-sexual equivaldría a hacerse cómplice de una masculinidad hegemónica, el interés de su análisis de los cuentos literarios se enfoca en una práctica de lectura deconstruccionista (Deleuze y Guattari). Según Emanuela Jossa, los relatos analizados no critican tanto una idea de belleza femenina, sino la lógica binaria y excluyente que subyace a una noción estética fija y predeterminada, y así cuestionan la aceptación de fórmulas binarias y de criterios normativos que establecen lo aceptable y lo inadmisible, lo bello y lo feo. La autora propone leer estos cuentos como planteamiento de una estética inclusiva cuya fuerza contradiscursiva no es femenina ni masculina, sino una práctica del devenir de sujetos quienes optan por una desviación con respecto de las praxis consolidadas, de ahí el carácter subversivo de los textos.

En "Nombrar la violencia de género y componer su memoria en la escritura dramática de Denise Phé-Funchal", Alexandra Ortiz Wallner realiza un análisis de la obra dramática de la autora guatemalteca, en particular de su pieza de microteatro "Dicen" (2019). De acuerdo con la estudiosa, el texto y la representación escénica de "Dicen" permiten ver cómo las creaciones artísticas de las mujeres en la Guatemala de hoy se interrelacionan con lo político y la política en el contexto de una sociedad que tradicionalmente ha sido caracterizada por una persistente y dominante violencia contra las mujeres y sus cuerpos. Desde la segunda mitad del siglo XX hasta la actualidad, las mujeres guatemaltecas han sufrido actos crueles de violencia genocida practicada durante el conflicto armado interno y la violencia contra las mujeres como fenómeno extremo (los femicidios), es decir, la espiral, hasta el momento no contenida, de matanzas institucionalizadas de cientos de mujeres que se han ido multiplicando desde el inicio del posconflicto, bajo las condiciones de un neoliberalismo desenfrenado y un autoritarismo militar y machista persistente. Alexandra Ortiz Wallner lee la obra teatral de Denise Phé-Funchal como una reflexión escénica en torno a un imaginario social de la vulnerabilidad, atravesada por una perspectiva crítica de género que denuncia las violencias contra las mujeres, muy particularmente contra las niñas y las jóvenes. La comprende como escritura y puesta en escena *en* femenino de un conocimiento transmisible, un conocimiento que ve profundamente ligado al ser mujer en una sociedad como la guatemalteca en el siglo XXI. Este ser mujer en la actualidad de la nación guatemalteca ya nada tiene que ver con el concepto (patriarcal) de la mujer-madre de la nación, sino que se vincula con y es parte de la presencia de las mujeres en el espacio público que reclaman terminar con la violencia que está mutilando y violando sus cuerpos y acabando con sus vidas.

Un acercamiento distinto a la problemática de género (tanto literario como sexual, en este caso) plantea Valeria Grinberg Pla en su ensayo "Imposturas genéricas y posicionamientos de género en las novelas negras protagonizadas por Romilia Chacón". La autora se dedica al análisis de la apuesta estético-política de las novelas policiales del escritor US-latino Marcos McPeek Villatoro, ampliando así el corpus de textos literarios estudiados en el presente libro tanto geográfica como genéricamente. Grinberg Pla se centra en la evolución del personaje principal, la detective Romilia Chacón, de la serie en su conjunto, desde la novela que la inaugura, *Home Killings* (2001), pasando por *Minos* (2003) y *A Venom Beneath the Skin* (2005), hasta *Blood Daughters* (2011). Grinberg Pla se interesa particularmente por encontrar respuestas al interrogante si y de qué manera el escritor ha llevado a cabo o no una reescritura feminista del género policíaco en su variante de novela negra. Esto implicaría, según la estudiosa, una concepción de lo político en la que lo personal y lo público estén estrechamente vinculados, así como un concepto crítico de género en sentido doble: un posicionamiento crítico frente al género negro y a los llamados géneros femenino y masculino. También requeriría encontrar respuestas a la pregunta si la serie negra de Romilia Chacón hace visible una reconfiguración de tipos humanos y relaciones sociales que ponga en cuestión las definiciones hegemónicas de género y raza en los Estados Unidos. Según Valeria Grinberg Pla, la transformación del género del autor en una protagonista femenina y principal narradora permite a Villatoro articular literariamente una voz y una política que rompen con la victimización femenina, conquistando espacios tradicionalmente masculinos, y al mismo tiempo incluir una mujer latina y centroamericana protagonista en el canon de la novela negra norteamericana. Sin embargo, no logra socavar las premisas masculinistas del género negro, con su prototipo: la figura del detective duro, ni transformar y mucho menos desconfigurar las categorías de género femenino o masculino, al recurrir a nociones preestablecidas de los mismos. Según el criterio de Valeria Grinberg Pla, la incorporación de una perspectiva de género femenina en la novela negra no resulta en una (de)construcción de la subjetividad más allá, o a contrapelo, del discurso hegemónico de género y etnia en la sociedad estadounidense, a diferencia de lo que ocurre en las novelas policiales escritas por mujeres latinas (como, por ejemplo, Lucha Corpi, Alicia Gaspar de Alba, Michele Martínez y Carolina García-Aguilera).

En su ensayo "Ficción-No ficción, escritura femenina de lo 'real' en 'Estrella Polar' de Carol Zardetto", Dante Barrientos Tecún relaciona la problemática de género con la étnica y propone leer el cuento de Carol Zardetto desde la posición de Judith Butler de que el feminismo tiene que ser al mismo tiempo un antirracismo. Analiza el relato de la autora guatemalteca como un texto que oscila entre y entremezcla lo documental y lo ficcional, la historia y la literatura. "Estrella Polar" se basa en y reescribe los testimonios entregados en los tribunales (en el proceso contra el dictador Ríos Montt) por las víctimas sobrevivientes del genocidio, en su gran mayoría mujeres indígenas de la etnia ixil. El cuento de Carol Zardetto se centra en el proceso de recuperación, construcción y comunicación/transmisión (la narración) de la memoria de una mujer de origen ixil sobreviviente de una de las masacres perpetradas por el ejército de Guatemala, recurriendo a formas de escritura autobiográfica y testimonial. Según el autor, "Estrella Polar" pertenece a la categoría de textos que se proponen intervenir en las batallas de la memoria, contra el olvido y la impunidad haciendo visibles y audibles las experiencias de mujeres ixiles víctimas del Estado y así conducen a desviarse de la norma literaria convencional, desestabilizando la ficción. Al mismo tiempo, la ficcionalización de las narrativas de no ficción en un texto literario permite referirse a y hacer comprensibles realidades en las cuales las formas narrativas factuales no pueden adentrarse. El cuento, escrito por una autora no indígena de clase media, tiene como protagonista a un sujeto femenino subalternizado genérica y culturalmente y le da la voz (literaria). Según el autor, en esta textualidad relacional e incluso conflictiva entre ficción y no ficción se realiza la escritura en femenino del relato.

Notas

1. En la siguiente sección de esta introducción presentamos algunas de las contribuciones más significativas.

2. La guerra civil en Guatemala duró desde 1960 hasta 1996. En Nicaragua, la insurrección en contra de la dictadura de los Somoza comenzó en los sesenta, intensificándose en los setenta, para terminar en la victoria sandinista en julio de 1979. Sin embargo, ya en 1981 comenzaron los primeros ataques de la Contra, lo que condujo a un nuevo conflicto armado hasta 1988. En El Salvador, la guerra civil, precedida por un largo periodo de violencia estatal, estalló en 1980 y terminó en enero de

1992. Sobre el cambio del paradigma estético en la llamada posguerra centroamericana, consúltense: Aguirre (2005); Arias (1998 y 2007); Astvaldson y Roque Baldovinos (2013); Browitt (2018); Caso (2010); Cortez (2010); Cortez, Ortiz Wallner y Ríos Quesada (2012); Craft (1997); Escamilla (2011); Kohut y Mackenbach (2005); Mackenbach, Sierra Fonseca y Zavala (2008); Mondragón (1993); Ortiz Wallner (2012); Pérez (2019); Rodríguez, Ana Patricia (2009); así como los números monográficos de la *Revista Iberoamericana* (No. 242, 2013), de la *Revista de Historia* (Instituto de Historia de Nicaragua y Centroamérica, No. 36, 2019) y de la *Revista de Estudios Hispánicos* (2020), junto con los incontables artículos publicados en otras revistas académicas como, por ejemplo, *Istmo. Revista virtual de estudios literarios y culturales centroamericanos*.

3. Acerca de las tendencias resumidas en los párrafos siguientes véanse con más detalle: Mackenbach 2004b, 98–104, 212–19, 266–69; Mackenbach 2019, 15–18.

4. Véanse, entre otros estudios: Craft (1997); Dröscher (1995); Galindo (1997); González (2000); Harlow (1992 y 1999); Kaminsky (1994); Lagos (2003); Moyano (2000); Pailler (1989); Palacios (1994, 1995, 1998 y 2000); Paredes (1999); Shea (2000). En el contexto de estos estudios destacan los trabajos de Ileana Rodríguez (1992, 1994 y 1996) que proponen una lectura diferente. Analizan construcciones de masculinidad y feminidad en novelas nicaragüenses de los siglos XIX y XX escritas por hombres, testimonios "masculinos" y "femeninos" de los años setenta y ochenta y novelas de los años veinte, treinta, sesenta, setenta, ochenta y noventa escritas por mujeres. Su tesis central es el fracaso del concepto de la nueva nación que se basa en la exclusión de la mujer. Sus metáforas principales son la mujer masculinizada ("a ballsy woman"; Rodríguez 1994, 39) y la representación (del erotismo) de la mujer como muerta(o) (véase Rodríguez 1996, xix; véase también Mackenbach 2004b, 222–23). Sobre los trabajos de Ileana Rodríguez, véase también más adelante.

5. Cabe destacar la publicación de numerosos testimonios y memorias de exmilitantes femeninas, tanto de los movimientos revolucionarios como de la Contra de Nicaragua, sobre sus años de militancia, y de mujeres activistas sobre su papel en los procesos de transición y pacificación en la región (especialmente en Nicaragua, Guatemala y El Salvador) que se alejan de la canonización del testimonio como forma de escritura vinculada exclusivamente con los proyectos revolucionarios. Sobre algunos testimonios/memorias de mujeres nicaragüenses, véanse los ensayos de Juan Pablo Gómez e Irene Agudelo en este libro.

6. Con respecto a la novela policial, Linda Craft sostiene en su artículo titulado "Voces (no) inocentes: del testimonio a la novela *noir* en América Central" (2018), que en la novela negra centroamericana la mujer es un personaje subordinado, ausente o presentado como una víctima fácil. Para la autora, el género *noir* centroamericano es

dominado por los hombres, como lo ha sido desde su incepción (211–26). Sobre este género en relación con las escrituras *en* femenino, véase el ensayo de Valeria Grinberg Pla en este volumen.

7. Al señalar un estudio desencadenante, no pretendemos afirmar que se trata del único, sino que nos referimos a su impacto inmediato en el campo literario y crítico. Así, entre 1984 y 1985 se publican varios estudios feministas, tanto en América Latina como sobre América Latina: Alcira Arancibia (1984); Glantz et al. (1984); Carmelo y Lindstrom (1985); Garfield (1985).

8. Destacan en esta categoría los trabajos de Franco (1989); Vidal (1989); Seminar on Feminism and Culture in Latin America (1992); Castillo (1992); Kaminsky (1993); Ileana Rodríguez (1994); Brooksbank Jones y Davies (1996); Dröscher y Rincón (2001); y Castro-Klarén (2003).

9. A modo de referencia, pueden consultarse las siguientes publicaciones de las pensadoras mencionadas: Lugones (2008); Cabnal (2010); Valencia (2010); Segato (2015 y 2016); Castillo (2016); Sagot (2017); Carosio (2017); Zerán (2018); Rivera Cusicanqui (2010 y 2020).

10. Referirnos en este lugar a todos los estudios implicaría incluir en el texto una larga lista de nombres y fechas que podría desanimar a la lectora o lector más entusiasta. Por esta razón preferimos ofrecer esta información en una nota al calce, conscientes de que no se trata de un conocimiento o datos periféricos. Los términos "autoras", "novelistas", "escritoras", "narradoras" o "mujeres", casi siempre en plural, aparecen en los títulos de los siguientes trabajos, citados en orden alfabético por el nombre de su autor/a: Acevedo y Toledo (1998); Araya Solano (2003 y 2004); Barbas-Rhoden (2003); Chacón (2007); Cubillo Paniagua (2004); Dröscher (1999, 2004, 2005 y 2011); Fallas Arias (2005); Gordillo (2005); Grinberg Pla (2013); Lara Martínez (2012); Marchio (2014); Meza Márquez (2008 y 2009); Meza Márquez y Zavala (2019); Moyano (1993); Padilla (2012); Pailler (1989); Perkowska (2009 y 2014); Shea (2108); Zamora (1992).

11. Un ejemplo llamativo es el número especial de la *Revista Iberoamericana* (2013), dedicado a "Literatura y estudios culturales centroamericanos contemporáneos", editado por Beatriz Cortez y Leonel Delgado Aburto. Entre quince artículos que comprende el *dossier*, solo uno se ocupa de una autora, Claudia Hernández (Craft 2013, 181–94). Yansi Pérez analiza un cuento de Jacinta Escudos en un ensayo que examina también (y en primer lugar) una novela de Horacio Castellanos Moya y otra de Rodrigo Rey Rosa (Pérez 2013, 163–80). Y nada más.

12. Rescatar la literatura escrita por mujeres en América Central de la invisibilidad, marginación y olvido en un campo literario dominado por los hombres es uno de los

propósitos principales del proyecto Historia de la Literatura de Mujeres de América Central, que tuvo sus inicios en el Primer Encuentro Internacional de Investigadoras en Literatura de Mujeres de América Central, realizado en 2007 en la Universidad Autónoma de Aguascalientes, México. En el contexto de este programa se han publicado en los años subsiguientes y hasta en la actualidad numerosos trabajos, tanto en forma de libro como artículo. Entre estos: Meza Márquez (2009); Meza Márquez y Toledo Arévalo (2015); Meza Márquez y Zavala (2015); Meza Márquez (2017); Meza Márquez y Zavala (2019). López se refiere también a las numerosas antologías comentadas de literatura escrita por mujeres en Centroamérica, véase 2019, 46–57.

13. Las intervenciones se publicaron en 1989, recogidas en el libro *Escribir en los bordes*, editado por la editorial Cuarto Propio.

14. El mismo texto apareció como ensayo publicado en 1994 por la revista *Debate feminista*. Citaremos a Richard siguiendo el texto de la revista, con la fecha de 1994.

15. Es una preocupación que a principios de la década de los noventa (cuando Richard escribe y publica su ensayo) comparten numerosas pensadoras feministas latinoamericanas y/o dedicadas a los estudios latinoamericanos desde la academia norteamericana. Como ejemplos podemos citar Jean Franco (1989), Debra Castillo (1992), Amy Kaminsky (1993) y, un poco más tarde, Sara Castro-Klarén (2003).

16. La única excepción es Julia Kristeva y su *La révolution du langage poétique*, publicado en 1974 (Richard 1994, 132–33). Retomaremos a Kristeva y su teoría de lo semiótico-pulsional y lo simbólico más adelante.

17. El texto más relevante y citado de Cixous es "Le rire de la Méduse", de 1975, mientras que Irigaray teoriza lo femenino en *Spéculum de l'autre femme* (1974; traducción al español de Alonso Baralides Alberdi, *Speculum. Espéculo la otra mujer*, 1978) y *Ce sexe qui n'est pas un* (1977; traducción al español de Tubert de Peyron y Silvia Esther, *Ese sexo que no es uno*, 1982). El término "escritura-'mujer'" que Richard cita en la primera página evoca el concepto de *parler-femme* de Irigaray.

18. A modo de ejemplo, citamos la crítica mordaz y arrolladora de Monique Plaza: "Luce Irigaray poursuit sa construction, prescrivant l'existence intellectuelle et sociale de la femme de sa «morphologie». ... [S]a demarche reste fondamentalement naturaliste et complètement influencée par l'idéologie patriarcale. Car on ne peut pas décrire la morphologie comme si elle se présentait à la perception, sans médiations idéologiques. Le positivisme de la construction irigarayenne se double ici d'un empirisme flagrant. ... Tout le mode d'existence que l'idéologie impute aux femmes comme relevant de l'Éternel féminin, et que L. I. semblait avoir un moment posé comme le résultat de l'oppression, est désormais l'essence, l'être de la femme. Tout ce qu'«est» la femme lui vient en dernière instance de son sexe anatomique, qui se touche tout

le temps. Pauvre femme" (1977, 116) ["Luce Irigaray construye su teoría deduciendo (...) la existencia social e intelectual de la mujer de su 'morfología' (...) Su método es fundamentalmente naturalista y está influenciado por la ideología patriarcal. Pues, no se puede describir la morfología como si ella se presentara a la percepción sin alguna mediación ideológica. El positivismo de la teoría de Irigaray se une aquí a un empirismo flagrante (...) Cualquier modo de existencia que la ideología atribuye a las mujeres como derivado del Eterno femenino, al que por un momento L. I. pareció considerar como el resultado de la opresión, es de aquí en adelante la esencia, el ser de la mujer. Todo lo que 'es' la mujer proviene, en definitiva, de su sexo anatómico, que se toca continuamente. Pobre mujer"]. (La traducción es nuestra).

A su vez y dieciocho años más tarde, Richard observa lo siguiente: "La crítica feminista derivada de la escena teórica francesa (Cixous, Irigaray, etc.) ha dado una respuesta onto-fenomenológica a esa pregunta por lo distintivamente femenino, ligando el texto a una vivencia de la corporalidad: se trataría de una escritura que deja fluir la materia corporal tradicionalmente censurada por el modelo logocéntrico de racionalización masculina y que, a través de una estética de los flujos libidinales, de lo que se desliza y circula eróticamente más acá y más allá de la barrera sintáctica del Logos, produce ritmo, carne y deseo" (1996, 740).

19. La traducción al español de María Antonia Muñoz apareció en 2007, con el título *El género en disputa. El feminismo y la subversión de la identidad*.

20. Véase Kristeva, *Revolution in Poetic Language* (1984), capítulo 1, "The Semiotic and the Symbolic", y *Desire in Language. A Semiotic Approach to Literature and Art* (1980).

21. Ya en 1986, Toril Moi escribió: "En último término, Kristeva es incapaz de explicar las relaciones entre el sujeto y la sociedad. Aunque expone ejemplarmente el contexto social y político de los poetas que estudia en *La Révolution du langage poétique*, no queda bien claro por qué es tan importante demostrar que ciertas prácticas literarias rompen las estructuras de lenguaje, si no parecen romper con casi nada más. Parece que se basa en que la ruptura del sujeto, el *sujet en procès* que se desarrolla en estos textos, prefigura o refleja las rupturas de la sociedad. Pero sólo cuenta con el débil argumento de la comparación o la homologación para probar esta afirmación" (2006, 177–78).

22. Centroamérica Cuenta, festival literario-narrativo que fue creado por iniciativa de Sergio Ramírez en el año 2013, reúne anualmente un significativo número de escritoras y escritores, editoras y editores, traductoras y traductores, periodistas, críticos y críticas, así como académicos y académicas no solamente de Centroamérica o del mundo hispanohablante. Su sexta edición en memoria de Ulises Juárez

Polanco (1984–2017) se realizó del 13 al 19 de mayo de 2019 en San José, Costa Rica. Parte del simposio fue una mesa redonda entre narradoras y narradores de Nicaragua, Costa Rica, Chile y México bajo el título "Escritura en femenino: ¿salir del gueto de la diferencia?", que manifestó el interés en la problemática más allá del contexto meramente académico (https://www.centroamericacuenta.com/ediciones/centroamerica-cuenta-2019/).

Obras citadas

Acevedo, Anabella y Aída Toledo. 1998. "Era tal el ciego ardor: apuntes acerca de la poesía guatemalteca escrita por mujeres del siglo XX". En *Para conjurar el sueño: poetas guatemaltecas del siglo XX*, editado por Anabella Acevedo y Aída Toledo, 9–13. Guatemala: Universidad Rafael Landívar.

Aguirre, Erick. 2005. *Subversión de la memoria. Tendencias en la narrativa centroamericana de Postguerra*. Managua: Nicaragua, Centro Nicaragüense de Escritores.

Albizúrez Gil, Mónica y Alexandra Ortiz Wallner, eds. 2013. *Poéticas y políticas de género. Ensayos sobre imaginarios, literaturas y medios en Centroamérica*. Berlín: Edition tranvía/Verlag Walter Frey

Alcira Arancibia, Juana, ed. 1984. *Evaluación de la literatura femenina de Latinoamérica, siglo XX: Simposio Internacional de Literatura, Universidad de Costa Rica*. San José, Costa Rica: Instituto Literario y Cultural Hispánico.

Araújo, Helena. 1989. *La Scherezada criolla: ensayos sobre la escritura femenina latinoamericana*. Bogotá: Universidad Nacional de Colombia.

Araya Solano, Seidy. 2003. *Seis narradoras de Centroamérica*. Heredia, Costa Rica: EUNA.

———. 2004. *Historia y ficción educativa en la narrativa de las mujeres: estudio de un caso centroamericano: la novelística de Argentina Díaz Lozano*. Heredia: Editorial Universidad Nacional.

Arias, Arturo. 1998. *Gestos ceremoniales. Narrativa centroamericana 1960–1990*. Guatemala: Editorial Artemis-Edinter.

———. 2007. *Taking Their Word. Literature and the Signs of Central America*. Minneapolis: U of Minnesota P.

Astvaldson, Astvaldur y Ricardo Roque Baldovinos, eds. 2013. *Theme, Structure and Aesthetics in Post-Civil War Central American Narratives*. Liverpool/San Salvador: British Academy.

Barbas-Rhoden, Laura. 2003. *Writing Women in Central America. Gender and the Fictionalization of History*. Athens, OH: Ohio UP.

Barrientos-Tecún, Dante. 2007. "Algunas propuestas de la narrativa centroamericana contemporánea: Franz Galich (Guatemala, 1951-Nicaragua, 2007)". *Istmo. Revista virtual de estudios literarios y culturales centroamericanos* 15: s.p.

Barrientos-Tecún, Dante y Anne Reynes-Delobel, eds. 2017. *Écritures dans les Amériques au féminin*. Aix-en-Provence: Presses universitaires de Provence.

Brooksbank Jones, Anny, y Catherine Davies, eds. 1996. *Latin American Women's Writing: Feminist Readings in Theory and Crisis*.

Browitt, Jeffrey. 2018. *Contemporary Central American Fiction. Gender, Subjectivity and Affect*. Brighton, Gran Bretaña: Sussex AP.

Butler, Judith. 2007. *El género en disputa. El feminismo y la subversión de la identidad*. Trad. de María Antonia Muñoz. Barcelona: Paidós.

Cabnal, Lorena. 2010. "Acercamiento a la construcción de la propuesta de pensamiento epistémico de las mujeres indígenas feministas comunitarias de Abya Yala". En *Feminismos diversos: el feminismo comunitario* de Lorena Cabnal y ACSUR-Las Segovias, 11–25. ACSUR Las Segovias.

Carmelo, Virgilio y Naomi Lindstrom, eds. 1985. *Woman as Myth and Metaphor in Latin American Literature*. Columbia: U of Missouri P.

Carosio, Alba. 2017. "Perspectivas feministas para ampliar horizontes del pensamiento crítico latinoamericano". *Feminismos, pensamiento crítico y propuestas alternativas en América Latina*, editado por Montserrat Sagot, 17–42. Buenos Aires: CLACSO.

Caso, Nicole. 2010. *Practicing Memory in Central American Literature*. New York: Palgrave Macmillan.

Castellanos Moya, Horacio. 1993. *Recuento de incertidumbres: cultura y transición en El Salvador*. San Salvador: Ediciones Tendencias.

Castillo, Alejandra. 2016. *Disensos feministas*. Santiago de Chile: Palidonia.

Castillo, Debra. 1992. *Talking Back. Toward a Latin American Feminist Literary Criticism*. Ithaca, NY: Cornell UP.

Castro-Klarén, Sara. 2003. "Introduction: Feminism and Women's Narrative: Thinking Common Limits/Links". En *Narrativa femenina en América Latina: prácticas y perspectivas teóricas / Latin American Women's Narrative: Practices and Theoretical Perpectives*, editado por Sara Castro-Klarén, 9–38. Madrid/Frankfurt: Iberoamericana/Vervuert.

Chacón, Gloria. 2007. "Poetisas mayas: contra la corriente". *Cuadernos de Literatura* 11: 94–106.

Cixous, Hélène. 1975. "Le Rire de la Méduse". *L'Arc* 61: 39–54.

Cortez, Beatriz. 2010. *Estética del cinismo. Pasión y desencanto en la literatura centroamericana de posguerra*. Ciudad de Guatemala, Guatemala: F&G.

Cortez, Beatriz, Alexandra Ortiz Wallner y Verónica Ríos Quesada, eds. 2012. *(Per)Versiones de la modernidad. Literatura, identidades y desplazamientos. Hacia una Historia de las Literaturas Centroamericanas—III.* Ciudad de Guatemala, Guatemala: F&G Editores.

Craft, Lina J. 1997. *Novels of Testimony and Resistance from Central America.* Gainesville, FL: UP of Florida.

———. 2013. "Viajes fantásticos: cuentos de [in]migración e imaginación de Claudia Hernández". *Revista Iberoamericana* 242: 181–94.

———. 2018. "Voces (no) inocentes: del testimonio a la novela *noir* en América Central". En *Literatura y compromiso político. Prácticas político-culturales y estéticas de la revolución. Hacia una historia de las literaturas centroamericanas—IV,* editado por Héctor M. Leyva, Werner Mackenbach y Claudia Ferman, 207–31. Ciudad de Guatemala, Guatemala: F&G Editores.

Cubillo Paniagua, Ruth. 2001. *Mujeres e identidades: las escritoras del Repertorio Americano (1919-1959).* San José: Editorial de la Universidad de Costa Rica.

Cumes, Aura Estela y Ana Silvia Monzón, eds. 2006. *La encrucijada de las identidades: mujeres, feminismos y mayanismos en diálogo.* Guatemala: Serviprensa.

Dröscher, Barbara. 1995. "Autenticidad y compromiso en la novela contemporánea". *El Ángel Pobre. Revista de Teoría, Crítica y Creación* 3: 4–12.

———. 1999. "No tienen madres. Deseo, traición y desaparición en la literatura centroamericana escrita por mujeres". En *Afrodita en el trópico: erotismo y construcción del sujeto femenino en obras de autoras centroamericanas,* editado por Oralia Preble-Niemi, 183–97. Potomac, Maryland: Scripta Humanística.

———. 2001. "¿Cómo inscribirse en la historia? La insurrección femenina en la literatura centroamericana". En *Istmoliteratura, Estudios sobre literatura centroamericana,* editado por Jorge Román Lagunas, 67–87. Guatemala: Editorial Óscar de León Palacios.

———. 2004. *Mujeres letradas, Fünf zentralamerikanische Autorinnen und ihr Beitrag zur modernen Literatur: Carmen Naranjo, Ana María Rodas, Gioconda Belli, Rosario Aguilar und Gloria Guardia.* Berlin: edition tranvía/Verlag Walter Frey.

———. 2005. "Orfandad. Configuraciones de una figura en la literatura escrita por mujeres en Centroamérica (1975-2000)". *Revista Iberoamericana* 210: 145–64.

———. 2011. "Transculturación y género en narraciones de autoras centroamericanas al final del siglo XX". *Istmo. Revista virtual de estudios literarios y culturales centroamericano,* n° 22: n.p.

Dröscher, Barbara y Carlos Rincón, eds. 2001. *La Malinche. Übersetzung, Interkulturalität und Geschlecht.* Berlin: edition tranvía/Walter Frey.

Escamilla, José Luis. 2011. *El protagonista en la novela de posguerra centroamericana. Desterritorializado, híbrido y fragmentado*. San Salvador: Editorial Universidad Don Bosco.

Escudos, Jacinta. 2001. "¿Subversión, moda o discriminación? Sobre el concepto de literatura de género". *Istmo. Revista virtual de estudios literarios y culturales centroamericanos* 2: s.p.

Fallas Arias, Teresa. 2005. "Entre mulas, rieles y revoluciones las mujeres centroamericanas se escriben". *Istmo. Revista virtual de estudios literarios y culturales centroamericanos*, n° 10: s.p.

———. 2013. *Escrituras del yo femenino en Centroamérica 1940–2002*. San José, Costa Rica: Editorial UCR.

Franco, Jean. 1989. *Plotting Women*. Londres: Verso.

Fumero, Patricia y Werner Mackenbach, eds. 2013. "Memoria y escritura femenina en Centroamérica: segunda mitad del siglo XX". Dossier. *Mesoamérica* 55: 100–02.

Galindo, Rose Marie. 1997. "Feminismo y política en *Despierta mi bien despierta* de Claribel Alegría y *La mujer habitada* de Gioconda Belli". *Hispanófila* (enero): 73–80.

Garfield, Evelyn Picón, ed. 1985. *Women's Voices from Latin America: Interviews with Six Contemporary Authors*. Detroit: Wayne State UP.

Glantz, Margo et al. 1984. *Bordando sobre la escritura y la cocina: Coloquio*. Ciudad de México: Instituto Nacional de Bellas Artes.

González, Ann. 2000. "La inautenticidad de los modelos feministas eurocéntricos en el contexto latinoamericano: la narrativa de Gioconda Belli". En *Visiones y revisiones de la literatura centroamericana*, editado por Jorge Román-Lagunas, 167–75. Guatemala: Oscar de León Palacios.

González, Patricia Elena y Eliana Ortega, eds. 1985. *La sartén por el mango: encuentro de escritoras latinoamericanas*. Río Piedras, PR: Ediciones Huracán.

Gordillo, Adriana. 2005. "La novela como elemento de representación y difusión de la imagen de la mujer centroamericana durante el siglo XX". *Istmo. Revista virtual de estudios literarios y culturales centroamericanos* 11: s.p.

Grinberg Pla, Valeria. 2013. "Mujeres cineastas de Centroamérica: continuidad y ruptura". *Mesoamérica* 55: 103–12.

———. 2015. "Interpelaciones al sandinismo desde el cine nicaragüense contemporáneo: *Palabras mágicas* de Mercedes Moncada". *Revista Iberoamericana* 251: 539–53.

Harlow, Barbara. 1992. *Barred: Women Writing and Political Detention*. Hanover: Wesleyan UP.

———. 1999. "Cárceles clandestinas: interrogación, debate y diálogo en El Salvador". En *La literatura centroamericana como arma cultural,* editado por Jorge Román-Lagunas y Rick Mc Callister, 111–41. Guatemala: Oscar de León Palacios.

Irigaray, Luce. 1974. *Spéculum de l'autre femme.* París: Minuit.

———. 1977. *Ce sexe qui n'est pas un.* París: Minuit.

Kaminsky, Amy K. 1993. *Reading the Body Politics: Feminist Criticism and Latin America.* Minneapolis: U of Minnesota P.

———. 1994. "Entradas a la historia: *La mujer habitada*". *Hispamérica* XXIII.67: 19–31.

Kohut, Karl y Werner Mackenbach, eds. 2005. *Literaturas centroamericanas de hoy.* Madrid/Frankfurt: Iberoamericana/Vervuert.

Kristeva, Julia. 1980. *Desire in Language. A Semiotic Approach to Literature and Art.* Trad. de Thomas Gora, Alice Jardine y Leon S. Roudiez. Ed. de Leon S. Roudiez. New York: Columbia UP.

———. 1984. *Revolution in Poetic Language.* Trad. de Margaret Waller. New York: Columbia UP.

Lagos, Ramona. 2003. *Metáforas de lo indecible: Gioconda Belli, Lucía Guerra y Ángeles Mastreta.* Santiago de Chile: Cuarto Propio.

Lara-Martínez, Rafael. 2012. "Mujer y nación: Narrativa salvadoreña contemporánea (Escudos, González Huguet y Hernández)". En *(Per)Versiones de la modernidad. Literaturas, identidades y desplazamiento. Hacia una Historia de las Literaturas Centroamericanas—III,* editado por Beatriz Cortez, Alexandra Ortiz Wallner y Verónica Ríos Quesada, 367–91. Ciudad de Guatemala, Guatemala: F&G Editores.

López, Guisela. 2019. "Referencias cartográficas para trazar un estado de la cuestión de la historia de la literatura escrita por mujeres en América Central". En *Desde los márgenes a la centralidad. Escritoras en la historia literaria de América Central,* editado por Consuelo Meza Márquez y Magda Zavala, 25–64. México: Universidad Autónoma de Aguascalientes.

Ludmer, Josefina. 1985. "Tretas del débil". En *La sartén por el mango,* editado por Patricia Elena González y Eliana Ortega, 49–54. Río Piedras, Puerto Rico: Ed. Huracán.

Lugones, María. 2008. "Colonialidad y género: Hacia un feminismo descolonial". En *Género y descolonialidad,* editado por Walter Mignolo, 13–54. Buenos Aires: Del Signo.

Mackenbach, Werner. 2002: "Discurso nacional y construcciones de género en la novela nicaragüense contemporánea". *Fragmentos de Cultura* 12.6: 1141–55.

———. 2004a. "*Dritter Kreis:* Geschlecht und Nation". *Die unbewohnte Utopie. Der nicaraguanische Roman der achtziger und neunziger Jahre*. 210–69. Frankfurt am Main: Vervuert Verlag.

———. 2004b. *Die unbewohnte Utopie. Der nicaraguanische Roman der achtziger und neunziger Jahre*. Frankfurt am Main: Vervuert Verlag.

———. 2012. "Narrativas de la memoria en Centroamérica: entre política, historia y ficción". En *(Per)Versiones de la modernidad. Literaturas, identidades y desplazamiento. Hacia una Historia de las Literaturas Centroamericanas—III,* editado por Beatriz Cortez, Alexandra Ortiz Wallner y Verónica Ríos Quesada, 231–57. Ciudad de Guatemala, Guatemala: F&G Editores.

———. 2019. *Entre política, historia y ficción. Acerca de algunas tendencias en las literaturas centroamericanas contemporáneas*. San José: Centro de Investigaciones Históricas de América Central, Universidad de Costa Rica. Cuadernos del Bicentenario.

Mackenbach, Werner, Rolando Sierra Fonseca y Magda Zavala, eds. 2008. *Historia y ficción en la novela centroamericana contemporánea*. Choluteca, Honduras: Ediciones Subirana.

Marchio, Julie. 2009. "La literatura femenina centroamericana en pos de la(s) verdad(es): *El año de laberinto* (2000) de Tatiana Lobo". En *Escrituras policíacas, la historia, la memoria. América Latina*, editado por Dante Barrientos-Tecún, 73–81. Aix-en-Provence: Université de Provence/Astraea.

———. 2013. "De la 'nueva novela histórica' a la 'novela intrahistórica': ¿hacia una novela femenina de la historia?" *Mesoamérica* 55: 113–21.

———. 2014. "De l'esthétique de la trace: Mémoire, Histoire, Récit dans l'oeuvre de six romancières centraméricaines actuelles (1990–2007)". Tesis doctoral. Université d'Aix-en-Provence.

———. 2017. "Violence au féminin: mères castatrices et filles assassines". En *Écritures dans les Amériques au féminin*, editado por Dante Barrientos-Tecún y Anne Reynes-Delobel, s.p. Aix-en-Provence: Presses universitaires de Provence, http://books.openedition.org/pup/7742.

Medina, Julia. 2013. "Miradas en tránsito: (dis)utopías y *feminotopías* en narrativas de viaje a Centroamérica". *Mesoamérica* 55: 122–29.

Meza Márquez, Consuelo. 2005. "La construcción de la identidad femenina en la novela *Libertad en llamas* de la escritora panameña Gloria Guardia". En *Espacios de género*, editado por María A. Rubio, 23–41. México: Universidad Autónoma de Aguascalientes.

———. 2008. "La conformación de una tradición de la narrativa de mujeres centroamericanas". En *Intersecciones y transgresiones: propuestas para una historiografía literaria en Centroamérica. Hacia una Historia de Las Literaturas*

Centroamericanas—I, editado por Werner Mackenbach, 247–78. Ciudad de Guatemala, Guatemala, F&G Editores.

———, ed. 2009. *Aportaciones para una historia de la literatura de mujeres de América Central*. Aguascalientes: Universidad de Aguascalientes.

———, ed. 2017. *Penélope: setenta y cinco cuentistas centroamericanas*. Aguascalientes, México: Universidad Autónoma de Aguascalientes.

Meza Márquez, Consuelo y Aída Toledo Arévalo, eds. 2015. *La escritura de poetas mayas contemporáneas producida desde excéntricos espacios identitarios*. Aguascalientes, México: Universidad Autónoma de Aguascalientes.

Meza Márquez, Consuelo y Magda Zavala, eds. 2015. *Mujeres en las literaturas indígenas y afrodescendientes en América Central*. Aguascalientes, México: Universidad Autónoma de Aguascalientes.

———, eds. 2019. *Desde los márgenes a la centralidad. Escritoras en la historia literaria de América Central*. Aguascalientes, México: Universidad Autónoma de Aguascalientes.

Moi, Toril. 2006 [1976]. *Teoría literaria feminista*. Trad. de Amaia Bárcena. 4ª edición. Madrid: Cátedra.

Mondragón, Amelia, ed. 1993. *Cambios estéticos y nuevos proyectos culturales en Centroamérica*. Washington, DC: Literal Books.

Morera, Ailyn. 2005. "Imágenes femeninas en la dramaturgia contemporánea escrita por mujeres en los años 90 en Costa Rica". Tesis de Maestría. Heredia: Universidad Nacional, Costa Rica.

Morris, Pam. 1993. *Literature and Feminism*. Cambridge, MA: Blackwell.

Moyano, Pilar. 1993. "La transformación de la mujer y la nación en la poesía comprometida de Gioconda Belli". *Revista Canadiense de Estudios Hispánicos* XVII/2: 319–31.

———. 2000. "Primera poesía de Gioconda Belli y 'écriture féminine' de Hélène Cixous: consideraciones retrospectivas sobre la corporeidad del discurso". En *Visiones y revisiones de la literatura centroamericana*. Colección Centro Internacional de Literatura Centroamericana, editado por Jorge Roman-Lagunas, vol. 3, 177–88. Guatemala: Oscar de León Palacios.

Ortiz Wallner, Alexandra. 2012. *El arte de ficcionar: la novela contemporánea en Centroamérica*. Madrid/Frankfurt: Iberoamericana/Vervuert.

Padilla, Yajaira. 2012. *Changing Women, Changing Nation: Female Agency, Nationhood, and Identity in Trans-Salvadoran Narratives*. Albany: SUNY Press.

Pailler, Claire. 1989. "Bajo el signo de Chalchihuitlicue: ser mujer y poeta en Nicaragua". En *Mitos primordiales y poesía fundadora en América Central*. 79–104. Paris: Éditions du Centre National de la Recherche Scientifique.

Palacios, Nydia. 1994. "Intertextualidad en la narrativa de Rosario Aguilar". *Boletín de la Dirección de Bibliotecas, Hemeroteca y Archivos* 3: 27–31.

———. 1995. "Las protagonistas en la narrativa de la escritora nicaragüense Rosario Aguilar: un acercamiento feminista". *Centroamericana* 5: 49–62.

———. 1998. *Voces femeninas en la narrativa de Rosario Aguilar*. Managua: Editorial Ciencias Sociales.

———. 2000. *Estudios de literatura hispanoamericana y nicaragüense*. Managua: Fondo Editorial, Instituto Nacional de Cultura.

Palma, Milagros. 2012. *Construcción, deconstrucción y perspectivas del género en los personajes de ficción en la producción literaria femenina de América Central (1960–2001)*. Tours, Francia: Université François Rabelais.

Paredes, Jorge. 1999. "Discurso cultural y posmoderno en la novelística de Gioconda Belli: Itzá versus las metanarrativas europeas". *Ixquic. Revista Hispánica Internacional de Análisis y Creación* 1: 95–112.

Perkowska, Magdalena. 2009. "Dos escritoras centroamericanas ante la historia: las novelas posnacionales de Gloria Guardia y Tatiana Lobo". *Revista Canadiense de Estudios Hispánicos* 33.3: 579–600.

———. 2014. "'Aquí cuentan las mujeres': un reparto descolonizador de la historia en las novelas de Rosario Aguilar y Tatiana Lobo". En *Asaltos a la historia. Reimaginando la novela histórica en América Latina*, editado por Brian Price, 101–32. México, DF: Ediciones Eón.

Pérez, Yansi. 2013. "Historias de metamorfosis: lo abyecto, los límites entre lo animal y lo humano, en la literatura centroamericana de posguerra". *Revista Iberoamericana* 242: 163–80.

———. 2019. *Más allá del duelo. Otras formas de imaginar, sentir y pensar la memoria en Centroamérica*. San Salvador, El Salvador: UCA.

Plaza, Monique. 1977. "Pouvoir «phallomorfique» et psychologie de «la Femme»". *Questions Féministes* 1: 89–119.

Preble-Niemi, Oralia, ed. 1999. *Afrodita en el trópico: erotismo y construcción del sujeto femenino en obras de autoras centroamericanas*. Potomac, MD: Scripta Humanística.

Rancière, Jacques. 2014. *El reparto de lo sensible: Estética y política*. Trad. de Mónica Padró. Buenos Aires: Prometeo Libros.

Renaud, Maryse. 2011. "Voces y espacios en la narrativa femenina centroamericana contemporánea". En *Escritural. Écritures d'Amérique latine*, Dossier "La literatura centroamericana en marcha", n° 3: s. p. http://www.mshs.univpoitie rs.fr/crla/contenidos/ESCRITURAL/ESCRITURAL3/ESCRITURAL_3_SITIO/PAGES/Renaud.

Richard, Nelly. 1994. "¿Tiene sexo la escritura?" *Debate feminista* 9: 127–39.

———. 1996. "Feminismo, experiencia y representación". *Revista Iberoamericana* 176–177: 733–44.

Ríos Quesada, Verónica. 2003. "Dos travesías por el espacio privado femenino: *Libertad en llamas* de Gloria Guardia y *El desencanto* de Jacinta Escudos". *InterSedes* 4.6: 161–73.

Rivera Cusicanqui, Silvia. 2010. *Ch'ixinakax utxiwa. Una reflexión sobre prácticas y discursos descolonizadoresi*. Buenos Aires: Tinta Limón.

———. 2020. *Ch'ixinakax utxiwa. On Practices and Discourses of Decolonization.* Cambridge, UK/Medford, MA: Polity.

Rodríguez, Ana Patricia. 2009. *Dividing the Isthmus: Central American Transnational Histories, Literatures, and Cultures.* Austin, TX: U of Texas P.

Rodríguez, Ileana. 1992. *Transición: nación—etnia—género: lo masculino.* College Park: University of Maryland.

———. 1994. *House/Garden/Nation: Space, Gender and Ethnicity in Postcolonial Latin American Literatures by Women.* Durham, London: Duke UP.

———. 1996. *Women, Guerrillas, and Love: Understanding War in Central America.* Minneapolis: U of Minnesota P.

———. 2020. *Modalidades de memoria y archivos afectivos. Cine de mujeres en Centroamérica.* San José: Universidad de Costa Rica/CIHAC/CALAS.

Segato, Rita Laura. 2015. *La crítica de la colonialidad en ocho ensayos. Y una antropología por demanda.* Buenos Aires: Prometeo Libros.

———. 2016. *La guerra contra las mujeres.* Madrid: Traficantes de Sueños.

Seminar on Feminism and Culture in Latin America. 1992. *Women, Culture and Politics in Latin America.* Berkeley: U of California P.

Shea, Maureen E. 2000. "*Blanca Olmedo:* el amor erótico como alegoría nacional hondureña". En *Visiones y revisiones de la literatura centroamericana,* editado por Jorge Román-Lagunas, 37–43. Guatemala: Oscar de León Palacios.

———. 2018. "Narradoras activistas y guerreras intrépidas de la Centroamérica revolucionaria: discursividades testimoniales de mujeres combatientes". En *Literatura y compromiso político. Prácticas político-culturales y estéticas de la revolución. Hacia una Historia de las Literaturas Centroamericanas—IV,* editado por Héctor M. Leyva, Werner Mackenbach y Claudia Ferman, 135–68. Ciudad de Guatemala, Guatemala: F&G Editores. 2018.

Valencia, Sayak. 2010. *Capitalismo gore: control económico, violencia y narcopoder.* España: Melusina.

Vidal, Hernan, ed. 1989. *Cultural and Historical Grounding for Hispanic and Luso-Brazilian Feminist Literary Criticism.* Minneapolis: U of Minnesota P.

Zamora, Daisy. 1992. *Mujer nicaragüense en la poesía.* Managua: Editorial Nueva Nicaragua.

Zerán, Faride, ed. 2018. *Mayo feminista. La rebelión contra el patriarcado.* Santiago de Chile: LOM.

ILEANA RODRÍGUEZ

Escritura(s) *en* femenino—sexo y afecto

Abro el trabajo con una cita de Jonathan Littell que me ha impresionado por su audacia y brío y lo termino con una de Miguel Ángel Asturias por su gracia e inventiva metafórica. En ambas, el autor respectivo abre por completo su sensibilidad, se expone, y esto me hace pensar el género *de* o *en* la escritura. A mi ver, los dos novelistas masculinos reflexionan a profundidad sobre la diferencia masculino-femenina en un lenguaje que intenta con tenacidad y energía cruzar el puente de género. Con total osadía, Littell va directo a la anatomía y propone que

> [n]uestros cuerpos son idénticos... ¿No son los hombres los vestigios de la mujer? Porque cada feto empieza femenino antes de su misma diferenciación, y los cuerpos de los hombres por siempre guardan la traza de ello, los inútiles pezones de pechos que nunca crecieron, la línea que divide el escroto y sube del perineo al ano, trazando el lugar donde la vulva se cerró para contener los ovarios que, habiendo descendido, se desarrollan en testículos, como el clítoris que creció sin restricciones. (2009, 896; mi traducción)[1]

No tengo ninguna prueba de la exactitud de estas aseveraciones pero, como invención y propuesta poética, encantan. Mejor sería, a mi ver, haber trazado el origen o proveniencia de género a una indiferenciación neutra que hacerlo a la mujer, pero entiendo que sin colocar los orígenes en lo femenino, la comparación hubiese perdido fuerza.

Pezones y pechos, escroto y vulva, clítoris y pene, uno u otro, o generándose el uno del otro, me parece trastornan los puntos referenciales de dicha diferenciación. Es decir, litigan la creencia incontrovertible de que el género se posa y afianza sobre la anatomía. Decirlo de esta manera nos lleva a reflexionar de otro modo sobre escrituras *de* y *en* género en una época en la que la disputa sobre este tipo de identidades está ya muy perturbada por las múltiples nomenclaturas que circulan en el mercado hoy en día, tales como trans-género, cis-género, y los diversos usos preposicionales a que acceden los jóvenes para singularizarse u ocultarse, tales como: a mí díganme él (aun si su apariencia es ella), o ella (aun si su apariencia es él) o ellxs para incorporar todas las posibles identidades que llevamos dentro, e incluso la a-referencialidad, el no ser llamado ni lo uno ni lo otro. Así reconocidos los términos sobre la polémica de identidades de género, reducir el trabajo a femenino/masculino es dejar de lado ese otro perímetro de las identidades de género y quedar encallados en ese tipo de binarismo que denota un pensamiento hegemónico cerrado e inconsciente. Lo cuir o trans son las sediciones de la tercera etapa del feminismo que, según Julia Kristeva, tienden a colocar la dicotomía hombre/mujer como oposición en el terreno de la metafísica; a negar la problemática de la diferencia al seno mismo de la identidad personal y sexual; a transgredir un tabú al cuestionar raigalmente el sentido de lo masculino/femenino o la diferencia de género. La ofensiva mayor de la tercera etapa es el análisis y cuestionamiento del "denominador simbólico", definido como una memoria cultural y religiosa, forjada en el entretejido de historia y geografía, tercera frontera del feminismo y camino hacia el desentrañamiento de las densidades de las masculinidades en relación a las mujeridades (Kristeva 1996, 61–83).

Colocándome en una posición intermedia, trans, en este trabajo, acepto el llamado al debate que invoca la preposición *en*; lo tomo como metáfora de lengua, de sintaxis, y parto del presupuesto de que el lenguaje es el lugar constitutivo de la performatividad y que, en tanto conjunto de actos del habla, pone de relieve los cuerpos configurados en su relación, siendo lengua y cuerpo indisociables. En lo social, sostiene Judith Butler, el género se revela como actuación asignada dentro de la heteronormatividad como femenina y/o masculina (1990, 128–41). Dicho *grosso modo,* esa actuación tiene guiones y prescripciones, y entre ellas se encuentra la de asignar al masculino la sexualidad y al femenino la sensibilidad. Esta es la capacidad de responder con los sentidos a un acontecimiento, pero también es una modalidad, y el trabajo poético puede responder a ambas y hablar en trans, eludir las predicaciones biológicas que marcan diversidades y diferencias heterosexuales—aún si inscritas en los pronombres arriba mencionados, o en los sempiternos masculinos/femeninos que la lengua nos impone—. Mi intención es hacer notar la vulnerabilidad lingüística que descubre lo femenino en la escritura masculina y lo masculino en la escritura femenina, y constituye un habla *en* trans. Elijo dos textos sintomáticos, uno de Sergio Ramírez y otro de Rosario Aguilar, y me acompaño del trabajo de Adriana Cavarero en sus propuestas éticas sobre la subjetividad.

En Cavarero leemos una crítica al "yo" autista, vertical, autoequilibrado, autárquico, autofundado e inconexo de la filosofía occidental, y una propuesta a un "yo" responsable del otro, figura inclinada que se asoma al exterior—lo que Catharine Malabou repitiendo a Spinoza llamaría el tacto, tocar al otro y abrirse a la maravilla del mundo—. En su ontología relacional, Cavarero desplaza el "teorema de la violencia" y de la muerte, e instala el de la vida, la caricia hacia la vulnerabilidad, pura desnudez y estado inerme como condición de despojo inicial, dependencia y exposición a los otros. La inclinación materna de la escena natal primaria es un paradigma de altruismo, subjetividad ética predispuesta a responder a la dependencia de la criatura desnuda e inerme: "Madre es entonces ... el nombre de una configuración necesaria, de una inclinación indispensable" (Cavarero en Saez Tejafuerce 2014, 36), el de una geometría radicalmente diferente. Butler llamará a esto vulnerabilidad esencial del animal humano que necesita para vivir tantas manos como tiene al nacer (2010, 52).

Sujeto inclinado

> La conversación tiende al silencio, y el oyente es más bien el que se calla. El hablante recibe de él sentido; el silente es la fuente del sentido que se halla por captar.
> —Walter Benjamin

En una de esas frases tan sabias como poéticas, decía Walter Benjamin que el oyente es el que se calla y, al hacerlo, el hablante recibe de él, sentido. El que calla produce así un sentido por captar. En sintonía con él, en su texto "Las voces de la historia", Ranajit Guha asegura que, para oír a otro, hay que guardar silencio e inclinarse ante ella. Esa es la actitud que propongo en la lectura del párrafo extraido de *¿Te dio miedo la sangre?* (1977), de Sergio Ramírez (Nicaragua), que copio a continuación. Los protagonistas del acontecimiento son Taleno, el padre, un buhonero que ha instalado su mercancía frente a una iglesia; y Trinidad, su hijo. La gente del pueblo constituye testigo y coro del drama, las manos que sostienen este duelo de una vida que es digna de ser llorada, como expone Judith Butler (2010):

> llegan a buscarlo para preguntarle si no es hijo suyo un forasterito como de doce años al que ha desgraciado un toro por querer sortearlo [...] Y Taleno el padre escupe sobre el suelo [...] mientras vuelve y se va a la carrera tras el informante, pero en el camino divisa acercarse [...] la lenta procesión en la que traen al corneado en andas [...]; y al toparse con ella, los cargadores la hacen descender de sus hombros para que pueda comprobar si el niño es su hijo [...] Con la cara sollamada y cubierta de la tierra en que ha caído, alza Trinidad con dificultad la cabeza para mirar a Taleno el padre, juega amuinado a enrollar en el dedo el cordón de un crucifijo colocado entre sus manos [...] y se sonríe apenas; y mientras van alzándolo de nuevo, lo regaña furioso Taleno el padre, lo reprende porque anda allí por donde quiera como animal sin dueño mientras él se jode en la coimería buscándole el bocado, y todavía lo está regañando cuando le pide al viejo soldado la pana que contiene la gran flor de tripas azulosas y rosadas para cargarla él el resto de la procesión y la va llevando, cuidadoso de no tropezar como quien carga una reliquia; hasta que uno de los cargadores le pregunta adónde va con destino esa cama, y ve Taleno el padre que los intestinos se han quedado quietos en el agua y responde que a ninguna parte. (Ramírez 1977, 54)

Literalmente, la cita habla de un accidente que ha sufrido un niño que, para ganarse cinco córdobas, se había metido al ruedo con un toro y éste lo corneó. El incidente de por sí nos conmueve y nos enoja. ¿Será porque reaccionamos en femenino, como madres, a la lectura, me pregunto? ¿O porque nos enoja el comportamiento insensible de un hombre que por mostrar su masculinidad ha ocasionado el accidente mortal a un niño? ¿Acaso fuese porque nos colocamos en un plano ético sobre el deber y el no deber del ser? Quizás todo esto se combine y agite en el fondo de la percepción, pero creo que lo fundamental del texto es la solemnidad de la muerte de un inocente y el amor maternal de un padre por su hijo —amor disfrazado, por cierto; amor travestido de enojo—. Si al fondo del relato está el contraste entre un acto sádico del que hace la apuesta de cinco córdobas por quien se meta al ruedo con el toro, por el otro marchamos con la gente solidaria que lleva al muchacho en andas a encontrar a su padre.

La cita abre con una pregunta sobre la paternidad, si no será su hijo un forasterito de unos doce años al que ha desgraciado un toro; y termina con el paso acompasado de un hombre que lleva en sus manos una preciada reliquia. Primero, el diminutivo: forasterito, introduce de entrada el afecto. Segundo, la reacción del padre quien paradójicamente muestra su afecto como contrariedad: escupe, regaña, reprende. Tercero, el amor inocente del niño moribundo quien se metió al ruedo para ayudarle a su padre y quien en su agonía le pide disculpas al jugar "amuinado" con el cordón de un crucifijo. ¡Qué fuerte escena! Fuerte por todo el afecto comprimido, contenido y desviado, que contiene. Porque no otro que afecto es el juego de miradas, el ojo que ve la cara sollamada de sangre y tierra—sin comentar nada; la faz que se inclina dos veces, una para pedir la pana que contiene las tripas azulosas y rosadas—sin inmutarse; y más, la culminación del caminar "cuidadoso de no tropezar como quien carga una reliquia", después de tanto enojo y tanta inquina. Y para finalizar, el ojo que ve los intestinos quietos en el agua.

En su sacralidad, la escena encoge el alma: el encuentro con el cuerpo todavía palpitante en una cama asemeja un barco de vela a la deriva sostenido en los hombros de la gente que se balancean bajo su peso, y pone al lector de rodillas. Escritura *en* masculino solo para salvar las apariencias de la virilidad del padre, pero *en* femenino en el despliegue de ternura, desde el diminutivo que señala el tamaño del pequeño que no le permite subirse en el varamen y salvarse; que tiene que arrastrar la manta colorada porque no tiene tamaño para levantarla en alto: la vergüenza de haberle fallado al padre que lo hace sentirse "amuinado". Y todo el resto de detalles, la cama-velamen, la pana con tripas azulosas pero, sobre todo, el cuidado "de no tropezar como quien carga una reliquia", anotan una actitud de ternura del narrador frente al relato y, en tanto que ternura y femenino van de la mano, decimos que esta escritura es *en* femenino. Mientras en el trasfondo queda el catrín que lo echó al ruedo para divertirse; el que lo llamó osado y valiente, alentando una hombría de cinco córdobas, el lector queda en estado de recogimiento.

Sujeto vertical

En la ontología relacional de dependencia radical, el sujeto no existe previo a la relación, sino que se constituye como sujeto en y por ella. El sujeto deviene tal frente a otro. Este es un yo inclinado, como el de Taleno, el padre, situado frente a un yo autista, autárquico, auto fundado, inconexo, autónomo—la lista de adjetivos es decidora—que legisla sobre sí y se alinea verticalmente frente al otro, como el del catrín que ofrece cinco pesos por la hombría. Recto, derecho, erguido, este sujeto es la independencia extrema que lleva a la insolidaridad, al autismo agresivo, al egoísmo. Esta es la matriz ontológica de las mujeres del texto de Rosario Aguilar, *La niña blanca y los pájaros sin pies* (1992), sujetas plegadas a la acción: no la vulnerabilidad materna que se inclina y es horizontal, sino el erecto de la muerte y la guerra.

En *La niña blanca...* todas las protagonistas son mujeres—Isabel, Luisa, Beatriz, Leonor, Ana y María—; españolas todas, menos Luisa y Leonor. De inmediato nos preguntamos si el protagonismo femenino es condición suficiente para escribir *en* femenino. Porque estas mujeres son verticales en el lenguaje de Cavarero; dan el sentido de masculinas. El trasfondo de esta caracterización es una geografía explosiva: golfos, manglares, esteros, calcinantes puestas de sol. Todo invita a los sentidos: nombres, bienes, víveres. El ojo que mira con firmeza es táctil, garra que aprehende todo con firmeza. Inmersas en geografías del deseo de conquista, estas mujeres no están escritas *en* femenino. Su entorno novel, extraño, atemorizante y seductor las invita a vivir su propia vida, adaptarse al lugar, fluir. Los sentidos están escritos *en* masculino, así también los modelos tras ellas, el de la reina Isabel y el de la conquista de los moros. La jaculatoria religiosa es encantamiento para tomar valor y afianzarse en el poder. ¿Será acaso que novelar el sentido de lo nuevo, rodear a las protagonistas de misterio y aventura, tiene que hacerse *en* masculino? ¿Se pueden narrar tierras nuevas y desconocidas, conquistas geográficas *en* femenino o será su condición ser narradas *en* masculino? Las protagonistas de Aguilar, cierto, hablan de sí como mujeres, pero sus circunstancias son asignadas como masculinas y de ahí la tensión entre personaje y ambiente que yo argumento como escritura trans.

Leamos la llegada de María de Peñalosa, hija de Isabel de Bobadilla, prometida de Vasco Núñez de Balboa, casada con Rodrigo Contreras, madre de Pedro y Héctor, a Nicaragua. Se encontraba de pie y erguida, inhalando la brisa y la humedad:

> Cuando apareció el perfil de Nicaragua, se preguntó cómo podían existir volcanes así, montañas así, tan espectaculares, triangulares, con aquellos colores impactantes; brotando de un tierra llana ... como faros inmensos [...] Al llegar a la ciudad de León sintió una apremiante urgencia. ¡Que nadie dudara, que todos comprendieran quién era la que mandaría en

la Provincia! Gobernadora, dueña de vidas y haciendas [...] Desde niña había soñado con llegar a dominar y conquistar. Extendía su mirada por el paisaje celeste del lago... Eran sus dominios y nadie se los arrebataría, no lo permitiría. ¡Aquella incomprensible sensualidad que se respiraba a este lado del océano! ¡El Trópico! ¡Una extraña sensación, como ansiedad inexplicable y pecaminosa! Un como llamado de la carne más que del espíritu. (1992, 152)

La prosa es de conquista, insurgente, de mirada e impulso masculino combinada con una creciente sensualidad. La escritura es de poder—de cronistas, gobernadores y veedores, llena de rezos y plegarias, de informes e intrigas—. Estas son las primeras mujeres que viajan a América a reunirse con sus maridos, todas menos dos, Luisa, noble indígena asignada a Pedro de Alvarado para sellar alianzas, y Leonor, su hija mestiza. Empapado de geografías, soles incandescentes y proezas militares, el texto oscila entre lo sensorial asignado al género femenino y lo militar asignado al género masculino, y el argumento marca en la caracterización de estas mujeres un vaivén trans, uno en el que el amor romántico—estar enamorada, gozar el cuerpo, sentirse protegida— queda supeditado a un estar a la altura de las circunstancias. Las mujeres, peninsulares o nativamericanas, tienen que enfrentarse a lo inédito y esto exige una fortaleza identificada con lo masculino, hombría que afianza la verticalidad del "yo" constituido por un impulso conquistador.

Las dos familias narradas, la de Pedro Arias Dávila y la de Pedro de Alvarado, son familias en las que las mujeres coparticipan y cogobiernan. De ahí viene el sentido de construcción de corte, el viajar al Darién o Castilla de Oro con damas de compañía; de ahí el sentido de estar a la altura, ser "gobernadora y señora" (19) de un mundo improvisado y provisional. Vemos a Doña Isabel de Bobadilla asediada por una ansiedad controlada—no se amilanaría, postraría, lamentaría—; superaría todos los obstáculos: "Las campañas contra los moros los habían endurecido lo suficiente para enfrentar estos nuevos retos" (21). Ella dio el ejemplo al venirse "en persona a esta parte de Tierra Firme" (32), "dispuesta desde un comienzo a aprender a imitar a las personas que encontró ya adaptadas" (26). Doña Isabel es mujer de pelo en pecho, viaja a la península a defender a su marido; luego lucha por recuperar su herencia y viaja de nuevo a Tierra Firme para administrarla. Y aunque a veces "le entraban deseos de llorar [...] ella [...] no debía, no podía darse el lujo de ser débil" (37): "¡había disfrutado siendo la gobernadora, la mujer más importante en Tierra Firme! Mandar, ser como la dueña y la reina. Sí, siempre le dio una sensación agradable" (147).

El caso de la mujer nativa, Doña Luisa, no es diferente. Ella es noble, y su misión es política. Ella es "La más de confianza, la mejor" (49), única hija hembra del cacique Xicotenga y de esmerada educación. Dice: "Bella y de gran alcurnia soy. Heredera y Señora de muchos vasallos que me acatan y me traen presentes" (49). Como era "La más esbelta e inteligente entre todas" (51), su padre le asignó "penetrar en la intimidad de los invasores y así conocerlos a fondo, y dilucidar de una vez por todas si eran dioses u hombres" (50). Espiar, enamorar, engendrar era su mandato y para ello la "iniciaron en la expresión del sexo, y en el arte del amor" (50), mientras pretendía ser "sumisa y enamorada" (53). Debía conocer al conquistador "a fondo y pasar información a [su] padre el Gran Cacique Xicotenga y sus caciques principales" (54). En este tránsito ella dice: "Qué valiente me siento" (55). "¡Qué osada soy! [...] Tengo que fijarme en cada cosa, grabar en mi mente los materiales de cada pieza, cómo están hechas, y sobre todo, en ese escudo tan pesado que no puedo ni siquiera sostener [...] Le voy preguntando por señas los nombres de cada cosa..." (56).

En Luisa se conjugan sensualidad, extrañeza, deseo y obligación política. La mirada que recorre el atuendo, el cuerpo, las costumbres es siempre la de espía, pero la sexualidad se vuelve juego mortal: "Y aunque no entendía mi lengua le dije que me tomara y que con todos sus ímpetus me preñara ... y ya no era solamente el celo por cumplir un deber [...] Le gocé a mi modo, y con la misma intensidad que él lo hacía conmigo" (60). Doña Luisa ama el poder, valor, vigor y empuje. En la expresión romántica de amores, es mujer; en el de la identidad, hombre. La fluidez de la identidad es remarcable en todas ellas: españolas en tierra de indios—indianas; indígenas nobles, ahora subyugadas—hijas de culturas en pugna. Y por sus circunstancias, su "yo" es fluido. Doña Luisa se pregunta: "Quién soy yo en estos momentos sino un instrumento para una noble causa" (57). Mucho juego con la identidad de lo que fue, de lo que es, de lo que será.

Doña Leonor no "era tan sólo la hija de don Pedro, a quien todos temían, sino la nieta del Gran Señor de Tlaxcala" (112). Leonor es creada como hombre: "La llevó con él en las expediciones y campañas de conquista. En los campamentos, la sentaba sobre sus rodillas [...] Y después de las batallas, la llevaba de paseo, guiando un inmenso caballo" (112). Era "Amazona-niña y diosa" (113). Más, a la muerte de su padre, "[d]ejó de ser quien era, perdió toda su importancia, que acaso nunca recuperaría" (112–13) y, sometida a "juicio de probanza [...] La hicieron llevar testigos [...] que juraran que ella era realmente la hija de don Pedro" (114). Leonor era una mujer de "corazón dividido [...] ¡Cuánto, cómo habían pesado los dos mundos sobre su alma, las dos culturas en su corazón" (115): "¿Quién era ella? ¿A cuál de las dos razas pertenecía realmente?" (119). Identidad fluida que, quizás, en la absoluta vulnerabilidad de la locura en la que terminan Beatriz, la esposa de Pedro de Alvarado, Luisa su amante y Leonor su hija volvemos de nuevo a la vulva como herida (patriarcal) y como envoltura (matriarcal) de la escritura trans.

Epílogo

En principio había elegido hablar de sexo y afecto porque en ese momento acababa de leer una novela de Miguel Huezo que reducía la insurgencia revolucionaria a la sexualidad masculina. Me pareció vergonzoso constatar la ansiedad y deseo por desplegar intimidades y constituir el texto literario en un exhibicionismo. Recordé novelas de ese mismo tenor de Arturo Arias y de Horacio Castellanos Moya. No es mi propósito desbrozar tales impulsos. Masculinidad e insurgencia son ítems de más largo alcance que seducción y orgasmo: ¡qué pena que para publicar sus novelas los escritores tengan que exponer sus intimidades y escribir textos para promover sus genitales! No obstante esta nota que me urgía incluir en este texto, termino con un relato sobre la sexualidad que me parece más poético. Se trata, a mi ver, de cómo el sujeto masculino transmite su sentir durante el orgasmo. Dice:

> Las "tecunas" [...] tienen adentro de sus partes, cuerpos de pajaritos palpitantes, unas; otras, vellosidades de plantas acuáticas que vibran al pasar la corriente caudalosa del macho, y las mágicas, sexos que son envoltorios alforzados, graduales para plegarse o desplegarse en el éxtasis amoroso, allá cuando la sangre jalona sus últimas distancias vivas en un organismo que se alcanza, para saltar a ser el principio de otra distancia viva. El amor es inhumano como una "tecuna" en el hundimiento final. Su hociquito escondido busca la raíz de la vida. Se existe más. En esos momentos se existe más. La "tecuna" llora, se debate, muerde, se estruja, se quiere incorporar, silabea, paladea, suda, araña, para quedar después como avispa guitarrera sin zumbido, igual que muerta de sufrimiento. Pero ya ha dejado el aguijón en el que la tuvo bajo su respiración amorosa. ¡Liberarse para quedar atados! (Asturias 1992, 247–48)

"Pajaritos palpitantes", "vellosidades de plantas acuáticas", "envoltorios alforzados", frases nominales que expresan el deseo de alcanzar en una descripción exacta la suavidad de la vagina, su aspecto mullido. Para hablar de sexo habría que aprender de Asturias. El hombre que siente en la penetración caricias como las del agua que fluye y lo baña y halaga al envolverlo como abrazo en pliegues que doblan y desdoblan al contacto con él, que ciñen en agrado. Mientras, "la sangre jalona", esto es, ¿la eyaculación? Cunde la oscuridad en el lector en el momento que el escritor habla de distancias vivas: ¿qué querrá decir? Más claro queda lo del hundimiento y lo de la raíz de la vida. Pero lo cierto es que del otro lado está ella y la lista de verbos es larga, y descubre la mirada del hombre sobre la mujer cuando ella alcanza su propio placer hasta quedar "muerta de sufrimiento"—que es goce—. El placer ata el hombre a la mujer en la carne, el orgasmo y la contemplación, y así mismo en la fundición de masculino y femenino en la escritura.

Nota

1. "Our bodies are identical... Aren't men the vestiges of woman? For every fetus starts out female before it differentiates itself, and men's bodies forever keep the trace of this, the useless tips of breasts that never grew, the line that divides the scrotum and climbs the perineum to the anus, tracing the place where the vulva closed to contain ovaries that having descended, evolved into testicles, as the clitoris grew unrestrainedly".

Obras citadas

Aguilar, Rosario. 2013. *La niña blanca y los pájaros sin pies*. Managua: Hispamer.
Asturias, Miguel Ángel. 1992. *Hombres de maíz*. Edición crítica de Gerald Martin. Madrid: Colección Archivos.
Butler, Judith. 1990. *Gender Trouble. Feminism and the Subversion of Identity*. New York: Routledge.
———. 2010. *Marcos de guerra: las vidas lloradas*. Traducido por Bernardo Moreno Carrillo. Barcelona: Paidós.
Guha, Ranajit. 2002. "Las voces de la historia". En *Las voces de la historia y otros estudios subalternos*, 17–32. Traducido por Gloria Cano. Barcelona: Crítica.
Kristeva, Julia. 1996. "Women's Time". En *Women, Explorations in Feminist Knowledge, and Reality*, editado por Ann Garry y Marilyn Pearsall, 61–83. New York: Routledge.

Littell, Jonathan. 2009. *The Kindly Ones*. New York: Harper and Collins Books.

Malabou, Catherine. 2013. "Go Wonder. Subjectivity and Affects in the Neurobiological Times". En *Self and Emotional Life. Merging Philosophy, Psychoanalysis and Neurocience*, editado por Adrian Johnston and Catherine Malabou, 12–72. New York: Columbia UP.

Ramírez, Sergio. 2018 [1977]. *Te dio miedo la sangre?* Editorial Costa Rica. Kindle. https://books.google.com.ni/books.

Saez Tejafuerce, Bebonya, ed. 2014. *Cuerpo, memoria y representación. Adriana Cavarero y Judith Butler en diálogo*. Barcelona: Icaria.

JEFFREY BROWITT

Escenas de desamor

El funcionamiento del afecto en las obras de tres escritoras centroamericanas

"...who shall measure the heat and violence of the poet's heart when caught and tangled in a woman's body?"
Virginia Woolf, *A Room of One's Own* (48)

ESTE ENSAYO FUE ESCRITO originalmente para responder al título del simposio[1] que se llevó a cabo en mayo de 2019: "Escritura(s) en femenino—¿Una cuestión de género?" La convocatoria del simposio se basó en una serie de preguntas, una de las cuales dio principio a este ensayo: "¿Se diferencian las producciones literarias y artísticas realizadas por mujeres de las producciones masculinas y, en qué radicarían sus diferencias?" O sea, si hay una escritura femenina (más allá de la firma de la autora): ¿qué forma toma? ¿Cómo se reconoce? Las preguntas son importantes. Si podemos establecer que sí existe una escritura femenina, ¿para qué sirve más allá de la política de la diferencia y del debido reconocimiento a la literatura escrita por mujeres? Por otra parte, ¿sería oportuno pensar *en* una o unas escrituras en femenino? Y si así fuera, ¿cuáles serían los elementos que la identificaran? ¿En qué nivel funcionan?

El presente ensayo responde a estas preguntas desde el lado del afecto y la teoría del mismo. La teoría del afecto aquí empleada se centra más en la formación y la disolución de la subjetividad y su interrelación con la esfera doméstica y amorosa que en la concepción de ésta como una herramienta para entender la operación del poder a nivel de discurso político nacional o del capitalismo y las inversiones afectivas que crea a través del consumismo materialista.² Teorizar el afecto no se traduce necesariamente en acción política, pero puede revelar el funcionamiento de la experiencia encarnada que no es siempre captado al nivel de la crítica ideológica y de las preocupaciones estadistas. Empezaré con unas reflexiones sobre la teoría y su utilidad para la crítica literaria, con el propósito de establecer su validez para abordar el texto literario. Luego discutiré las opiniones de algunas escritoras e intelectuales que han teorizado sobre la escritura femenina. Por último, examinaré las obras de tres reconocidas escritoras centroamericanas: la guatemalteca Denise Phé-Funchal, la salvadoreña Jacinta Escudos y la costarricense Catalina Murillo.³

Escritura en femenino

Comencemos de una vez con la tesis central del ensayo: sí, existe una escritura femenina, pero su distinción no está en la materialidad del discurso, es decir, la textura del lenguaje, la sintaxis, el léxico o el fraseo, sino en los afectos imbuidos en la temática y los personajes. Una preferencia femenina por diferentes géneros de escritura no equivale a un estilo o uso del lenguaje de escritura diferentes. Y aunque se pueda encontrar una diferencia de estilo, es dudoso que se le pueda investir con una importancia simbólica sin caer, de nuevo, en estereotipos de género. Ha habido estudios sobre la frecuencia de cierto estilo lingüístico en la escritura de mujeres, pero los resultados son concluyentes (Cameron 2016; Hiatt 1977; Koppel et al. 2002; Rybicki 2016).⁴ Es más: un estudio empírico de las tendencias lingüísticas en la escritura de mujeres identificadas en sondeos reveló que hay una correlación fuerte entre lo que los lectores presumen o saben del sexo del/de la escritor/a y lo que en realidad ven o no ven en la obra de un "él" o una "ella". En "Do Women and Men Write Differently?", Debbie Cameron opina al respecto: "lo que hace que la escritura sea percibida como 'masculina' o 'femenina' puede tener menos que ver con las características objetivas del lenguaje que usa un escritor y más con la tendencia de los lectores a seleccionar e interpretar datos de una manera que refleja sus expectativas" (2016, s.p.). Cameron alega que esta tendencia guarda una relación estrecha con el nombre que lleva el libro: si es de una mujer o de un hombre, enseguida activa un proceso subconsciente de selección basado en las expectativas acondicionadas. El estudio cita como ejemplo los casos de mujeres y hombres que utilizan seudónimos y su efecto sobre la recepción.⁵ Sin embargo, Cameron no medita sobre la cuestión de los afectos imbuidos en la temática y los personajes. Sophie Gilbert, como ejemplo contrastante, reflexiona sobre la novela de crimen y el deseo de muchas escritoras de explorar la dimensión afectiva de los abusos de la intimidad hogareña:

> En los últimos cinco años, el éxito estratosférico de libros como *Gone Girl* de Gillian Flynn (según se informa, el libro número 25 más vendido en la historia) y *The Girl on the Train* de Paula Hawkins, ha generado un nuevo subconjunto de ficción criminal que la escritora Julia Crouch ha denominado "*noir* doméstico". Los libros de este género, dice el Dr. Ramdarshan Bold, "tienden a centrarse en la experiencia femenina, en entornos domésticos". Presentan protagonistas femeninas y, a menudo, exploran, además de la criminalidad, los matices de las relaciones y el matrimonio, áreas que Bold dice que "faltaban en gran medida en las novelas populares de crimen en el pasado". (Gilbert 2017, párr. 13)

La teoría de los afectos

Tradicionalmente, los afectos se han alineado con las emociones, como si fueran términos intercambiables. Si asumiéramos que lo son, estaríamos de vuelta ante la problemática adscripción a las mujeres de ciertas emociones, supuestamente diferentes o más comunes que las que son experimentadas por los hombres. Es decir, caeríamos de nuevo en esencialismos y la discusión podría virar hacia los conocidos estereotipos de género. Sin embargo, en la crítica cultural y literaria existe otra tradición, ya bien establecida, de teorizar el afecto como una fuerza corporal anterior al surgimiento de una emoción identificada o nombrada, o sea, previa al ser insertada en un sistema semiótico de significación. La concepción, si se la puede sostener, resulta muy útil como una herramienta crítica y práctica para dialogar y analizar la literatura (y la cultura en general). No obstante, la teoría de los afectos conlleva sus propios problemas. Veamos. ¿Cómo surge el afecto y cómo incide en la literatura? La teoría de los afectos proporciona un lenguaje conceptual para abordar la subjetividad "encarnada" que toma forma a partir de experiencias y prácticas afectivas situadas contextualmente. Para algunos teóricos, como Brian Massumi y William Mazzarella, el afecto se diferencia de la emoción en que se lo considera "pre-semiótico", una "intensidad" (Massumi 1995, 85). Es decir, el afecto no es la significación como tal, sino más bien una reacción corporal anterior a su codificación significativa. Massumi distingue claramente el afecto de la emoción, pero señala que el primero solo se puede identificar o registrar en las huellas que deja en nuestras emociones y acciones a medida que éstas se incrustan en la conciencia y se expresan en el lenguaje. Para William Mazzarella:

> El afecto nos dirige hacia un terreno que es pre-subjetivo sin ser pre-social. Como tal, implica una forma de percibir la vida social que no comienza con el sujeto acotado [*bounded*] e intencional y al mismo tiempo pone en primer plano la encarnación [*embodiment*] y la vida sensual. El afecto no es el inconsciente; está demasiado arraigado para eso. Tampoco puede alinearse con ninguna concepción convencional de la cultura, ya que todo lo importante del afecto, según sus teóricos contemporáneos más influyentes, es que a diferencia de la emoción, no siempre está mediado semióticamente. (Mazzarella 2009, 291–92)

No obstante, si no está mediado semióticamente, entonces, ¿para qué sirve como concepto analítico? Ruth Leys, en "The Turn to Affect: A Critique", se pregunta: "¿Por qué tantos estudiosos de las humanidades y las ciencias sociales están fascinados por la idea del afecto?" (Leys 2011, 435). Según Leys, dichos teóricos alegan que los filósofos del pasado han sobrevalorizado la racionalidad en la política, la ética y la estética, negando nuestra corporalidad que "influencia o acondiciona nuestras creencias políticas y otras" (2011, 436). No solo interpretamos nuestras experiencias, también las sentimos, y a menudo de formas que escapan a la expresión inmediata en el lenguaje. Así corremos el riesgo de desatender nuestras vidas afectivas y su "potencial para la creatividad ética y la transformación" que "nuestro ser encarnado [*embodied being*] puede ocasionar" (2011, 436). Leys, sin embargo, discrepa con la idea de Massumi de que hay una "disyunción o brecha" categórica (ilegítima, diría Leys) entre nuestras disposiciones afectivas y nuestros pensamientos y juicios, entre "los procesos afectivos del sujeto y su cognición o conocimiento de los objetos que los causaron" (2011, 450). Refiriéndose a Massumi, dice:

> No le interesa [a Massumi] el contenido cognitivo o el significado que las representaciones políticas, fílmicas, ficticias o artísticas puedan tener para el público o el espectador, sino sus efectos sobre el sujeto, independientemente de su significado. [...] Esta desconexión entre la "ideología" y el afecto produce como una de sus consecuencias una indiferencia relativa al papel de las ideas y creencias en la política, la cultura y el arte a favor de una preocupación "ontológica" con las reacciones afectivas corporales de diferentes personas. (2011, 450–51)

Para los teóricos del afecto, entonces:

las campañas políticas, la publicidad, la literatura, las imágenes visuales y los medios de comunicación son todos mecanismos para producir tales efectos por debajo del umbral del significado y la ideología. En resumen, según estos teóricos, el afecto tiene el potencial de transformar a los individuos para bien o para mal sin importar el contenido de la discusión o el debate. (2011, 451)

Para Leys, este paradigma "anti-intencionalista" va en contra de los estudios científicos que en su gran mayoría cuestionaron la línea de investigación en la cual Massumi y sus seguidores basan sus conclusiones sobre los afectos. Leys reconoce que los afectos juegan un papel importante en nuestras reacciones, pero no pueden separarse de los procesos cognoscitivos.

John Cromby y Martin Willis reconocen la necesaria corrección que hace Leys a la teoría dominante del afecto y su dualismo, y están de acuerdo en que, primero, no se puede separar tajantemente la dimensión afectiva de lo social y lo sicológico. Segundo, observan que "toda experiencia está co-constituida por el sentir/la sensación y, no hay ninguna facultad de razón o cognición independiente" (Cromby y Willis 2016, 486). Sin embargo, para ellos, Leys simplemente invierte el binario y sobreprivilegia la cognición. ¿Cuál es la solución? Para Cromby y Willis, quienes siguen a los filósofos Alfred North Whitehead y Susanne Langer, "el sentimiento [*feeling*] ya es intencional porque ya es uno de los múltiples procesos simultáneos que establecen conjuntamente el sujeto y el objeto como elementos mutuamente constitutivos en la particularidad de un momento dado" (2016, 488); "los sentimientos ya son intencionales, ya tienen sentido, aunque su significado completo solo se realiza en sus conjunciones vividas y contingentes con los signos, símbolos, palabras, eventos y actividades que los interpelan y que continuamente los difunden" (2016, 489).[6]

El afecto, teorizado como anterior a las emociones, es una herramienta analítica muy útil, pero solo si no es simplemente un vuelo metafísico o un pseudo-materialismo corporal. Cromby y Willis aseveran que los seres humanos tenemos "la capacidad de simbolizar u 'objetivar' los sentimientos (de manera imperfecta y parcial) utilizando el arte y el lenguaje" (2016, 485). Reitero aquí que las escritoras son escritoras *como mujeres* porque pueden simbolizar en el arte un ámbito de experiencia afectiva que los hombres simplemente no experimentan. Los hombres comparten la experiencia afectiva humana en general, pero no las experiencias y los afectos relacionados con el cuerpo femenino, la actividad sexual y las emociones amorosas sentidas a partir del posicionamiento de las mujeres en la sociedad patriarcal. No me parece controvertido decirlo; es un hecho. Es por eso, por ejemplo, que las escenas de sexo escritas por autores masculinos suelen revelar una mirada de fantasía masculina traspuesta de manera cursi o a veces incluso misógina.

De esta manera, podemos afirmar que muchas experiencias afectivas de las mujeres son diferentes a las de los hombres, aunque haya cierta superposición en algunos ámbitos. Falta añadir que los afectos tienen una dimensión tanto individual como colectiva. Por ejemplo, cuando las mujeres *sienten* su mutua opresión y subordinación tatuadas en el cuerpo: la experiencia afectiva de la violencia doméstica y social, o la desilusión sexual o amorosa, las cuales se manifiestan tanto en la subjetividad como en el cuerpo. Parece lógico, entonces, que una mujer situada dentro de las estructuras patriarcales tenga experiencias afectivas que difieran de las de un hombre. Estos afectos serían atípicos para un escritor masculino, surgidos de procesos afectivos quizás reconocidos por los hombres, pero no sentidos de igual manera.

La escritura femenina teorizada por las escritoras

Echemos una mirada a lo que dicen Virginia Woolf, Hélène Cixous y Susan Sontag, tres escritoras reconocidas globalmente, sobre la escritura de las mujeres. Woolf creía en lo que ella llamaba una "mente andrógina", que tiene la capacidad de liberar a los escritores, tanto mujeres como hombres, y de superar el modo patriarcal y masculino de escribir. Woolf retrata este modo de escribir a través de la sexualidad de sus personajes en novelas como *La señora Dalloway* (1925) y *Orlando* (1928), pero también a través de su celebrada *A Room of One's Own* (1929); una persona más liberada sexualmente, escribe más libremente, según la tesis. A través de las pulsiones del cuerpo se puede desafiar la economía masculina de la escritura. Escribir desde el cuerpo expresa una fuerza emocional y mina las identidades convencionales establecidas durante la socialización. No obstante, no todas las pulsiones del cuerpo son sexuales en el fondo, como asevera Freud. Volveré a este punto luego. Según Elizabeth Wright, la teoría de la androginia de Virginia Woolf prometía proporcionar a hombres y mujeres una escritura inconsciente del sexo, un olvido del sexo, para dar como resultado una creatividad desinhibida, "sin los prejuicios y discriminaciones que la sociedad conecta con el cuerpo" (2006, 8): "Woolf no deja dudas al lector de que la mente andrógina es el ideal creativo, pero ¿qué marca un texto como el producto de una mente andrógina?" (2006, 9). Para Woolf, la escritura andrógina es la capacidad de un escritor de cualquier sexo de representar la gama completa de rasgos de carácter humano, ya sea femenina o masculina. No obstante, esto no es lo mismo que reconocer el afecto que las mujeres pueden aprovechar debido a su experiencia encarnada en la sociedad, un afecto que no puede ser el mismo para un hombre. Surge otro problema con la teoría de la androginia: Woolf tiende a opacar una zona de diferencia femenina importante al querer colapsar lo masculino y lo femenino en una escritura felizmente liberada. Para Marilyn Farwell, Woolf yerra en un momento clave en su teorización.[7]

Mediante el concepto de *écriture féminine*, la feminista francesa Hélène Cixous coincide con Woolf en reconocer el poder liberador de las experiencias del cuerpo transmutadas en la escritura de las mujeres, que puede resistir y combatir el lenguaje patriarcal. Para Sylvia Cutler-Laboulay:

> El concepto de Woolf de escribir la fluidez sexual en la identidad es amplificado aún más por Cixous en la teoría de la *écriture féminine*. Cixous afirma que la escritura cíclica, no obstaculizada por las inscripciones sociales de género y los modos de lenguaje patriarcales, libera a los individuos para escribir la verdadera esencia de su ser. Escribir desde las experiencias corporales conduce a lo esencial, una fuerza significativa y emotiva que rechaza la mediación de construcciones sociales de identidad. (2017, 26)

No obstante, ¿no es el yo continuamente construido por uno mismo y por la sociedad (lo simbólico, diría Lacan) en lugar de ser una "esencia" que hay que encontrar o revelar? Es un viejo cuento infundado teorizar un yo "esencial" escindido de los condicionamientos de la sociedad; el psicoanálisis diría que es al revés. Por eso mismo, la *écriture féminine* ha sido criticada por un esencialismo del cuerpo. Para Peter Barry, la noción plantea muchos problemas: "El reino del cuerpo, por ejemplo, es visto como algo inmune a la condición social y de género y que es capaz de emitir una esencia pura de lo femenino. Tal esencialismo es difícil de igualar al feminismo que enfatiza la feminidad como una construcción social" (Barry 2002, 128). Pero si cambiamos el enfoque a los afectos y no reducimos las pulsiones solo a la sexualidad (*pace* Freud), es más fácil entender y aceptar que los afectos se registran en el cuerpo y son generados por él y, en consecuencia, influencian la mente y por extensión la escritura, de allí la posibilidad de una escritura femenina.

Por su parte, la escritora norteamericana Susan Sontag, entrevistada en la revista *Rolling Stone* en 1979, criticó la concepción de una literatura características femenina afirmando:

> Sin duda pienso que alguna diferencia hay, no mucha, entre la sensualidad masculina y la femenina, una diferencia que todo en nuestra cultura contribuye a incrementar. Quizás haya una diferencia de raíz ligada a las distintas fisiologías y los distintos órganos sexuales. Pero no creo que exista una escritura femenina o masculina... Si las mujeres han sido condicionadas para pensar que deberían transcribir sus sentimientos, que el intelecto es masculino, que pensar es una cosa brutal y agresiva, entonces por supuesto que escribirán otro tipo de poemas, de prosa o de lo que sea. Pero no veo la razón por la cual una mujer no pueda escribir cualquier cosa que escriba un hombre y viceversa. (Sontag, cit. en Cott 2013, 69)

Aunque Sontag está en contra de la postura de Woolf y Cixous, al igual que ellas, reduce los impulsos corporales a la sexualidad. Sin embargo, hay toda una gama de afectos no encapsulada en ese enfoque sexual y allí es donde hay una clara diferencia en cómo escriben, o pueden escribir, las mujeres en comparación con los hombres. Aunque los comentarios de Sontag no se presentan como teoría, hay una teoría detrás de ellos, y aunque ella tenga razón, hasta cierto punto, cuando dice "no veo la razón por la cual una mujer no pueda escribir cualquier cosa que escriba un hombre y viceversa", todavía detrás de su afirmación hay un binario.

Tres escritoras centroamericanas escribiendo

Comencemos con *Ana sonríe* (2015) de Denise Phé-Funchal. La novela trata de 12 horas en la vida de tres hermanas antes del suicidio de la mayor, Ana. En el capítulo, "Ana observa", hay escenas muy afectivas con uso ocasional del discurso indirecto libre. Ana está paseando su perro cuando por casualidad alcanza a ver a una mujer a través de la ventana de una casa. La mujer está limpiando los muebles. La escena no tiene ningún vínculo causal con nada, pero al igual que muchos de los eventos fortuitos de la novela, desencadena recuerdos afectivos claves a través de la libre asociación. La mujer no se da cuenta de que Ana la está mirando. Dice la narradora omnisciente:

Está concentrada, tan metida en calcular el tiempo exacto para terminar de pulir la estantería y colocar las estatuillas, la foto, la porcelana en el lugar preciso, en el lugar que a él le gusta porque la luz pega acá y allá, porque en este ángulo—y no en otro—se nota este detalle de la foto desde el sillón de lectura del señor. La mujer termina de colocar las cosas en su lugar, da unos pasos hacia atrás y contempla—Ana supone que sonriente—la obra maestra del orden. (102)

La focalización se mueve a través de la conciencia de la mujer, de Ana y del hombre ausente: "en este ángulo—y no en otro—se nota este detalle de la foto". La perspectiva es del hombre ausente fijada en la mente de la mujer para la limpieza "correcta". La focalización vuelve a Ana a medida que la ensoñación de la mujer, cuando coloca los objetos valiosos en el orden exacto dictado por el hombre, se interrumpe con un grito inesperado, el sonido de algo que se rompe, un autobús que pasa y de repente, "la señora tiene en brazos a un chiquillo, uno de esa edad en la que gatean, y regaña a una muchacha morena de blusa sencilla a la que le entrega al muchachito vestido de azul" (102). ¿Por qué todos estos detalles? Esta escena incita en Ana una cadena de recuerdos afectivos sobre sus propios hijos, sobre sus hermanas y el apoyo de su madre para cuidar a sus hijos, sobre las noticias de la histerectomía de su hermana Lucrecia; también los recuerdos de su trabajo en la fábrica textil del señor Abe, la emoción de mostrar sus habilidades artísticas creativas y la posterior desilusión cuando fue forzada por Abe a producir diseños populares comerciales para el mercado local, en lugar de hacerlos para clientes en el extranjero: "Ana, necesito diseños para madres, nada elaborado ni muy fino, algo más bien infantil. Las palabras del señor Abe vuelven a sonar y la rabia comienza a escalar por el cuerpo de Ana" (104). ¿Qué tenemos aquí? Tenemos un conjunto de eventos micro-narrativos reunidos a través de los afectos generados por la asociación libre, que existen como pequeñas "criptas" en la mente y el cuerpo de Ana y que tienen vínculos en una cadena de afectos que contribuyen a su caída, a su eventual suicidio.

A medida que se cierra el capítulo, la narradora omnisciente nuevamente toma control total de la focalización cuando el perro de Ana percibe su angustia, tira de su correa y la devuelve al presente, llevándola a las calles de la iglesia, "en la que dos días después, por decisión de Lucrecia, se celebrará su misa de cuerpo presente" (104). Ahora podemos volver hacia atrás a la escena de la mujer que desempolva los muebles, su tarea de limpiar y poner las cosas en orden para un hombre que tiene tiempo libre para leer y contemplar objetos favoritos, lo que se liga al recuerdo de Ana de sus esperanzas artísticas arruinadas por otro hombre, el señor Abe. Ana parece incapaz de analizar todo esto de manera consciente y coherente: más bien una ola de afecto se apodera de su cuerpo y da expresión indefinida a experiencias afectivas registradas en su memoria y su cuerpo. Dudo que un hombre pueda configurar un ambiente afectivo femenino tan complejo porque le faltaría la experiencia del afecto generado cuando uno vive subordinado dentro de un mundo dominado por hombres.

Ana sonríe se compone principalmente de rastros de afecto en los objetos y en los movimientos físicos, como, por ejemplo, la evocación magistral de la soledad mezclada con la nostalgia, el arrepentimiento y la ansiedad, en el capítulo titulado "Loreta llora". Aquí el privilegio masculino y el patriarcado están más directamente a la vista. La narrativa en tercera persona se focaliza a través de Loreta. Ella se sienta a escribir con la pluma estilográfica de su padre en la mano y una hoja de papel en blanco delante. Sin embargo, las palabras no vienen. La taza verde que descansa sobre el escritorio evoca el pasado y trae a la mente a Gregoria, su madre. Mientras tanto, los sonidos del final de la jornada laboral se transforman, absorbidos por el cuerpo de Loreta subiendo en sinestesia por los escalones e impregnando las paredes del edificio de oficinas:

> No es todos los días que Loreta usa la taza verde de Gregoria. Solamente recurre a ella cuando necesita sentir a su madre cerca, cuando extraña el silencio que las acompañó por años de ser madre e hija viviendo como si todo lo demás no existiera, como si los prolongados silencios de Ana y de Lucrecia, ocupadas con sus vidas, fueran cosa de siempre, de todos los días, desde el inicio. Loreta escucha los pasos de sus compañeros de trabajo y siente el nerviosismo del fin de semana subir por las gradas, colarse por las paredes y resonar junto a las ventanas. Los escucha enjuagar las tazas, cerrar la gavetas, retirar de las máquinas los últimos papeles, sellar los sobres que se enviarán el lunes por la mañana y oye que se despiden, que se dicen adiós, hasta el lunes, nos vemos, que tengan buen fin de semana y la puerta se cierra una y otra vez y los pasos se pierden en el camino de piedra que lleva de la casa de madera a la calle principal. (105)

Hay un estado de ánimo inconfundible, un profundo afecto, que Phé-Funchal hace bien en no expresar y no explicar abiertamente. La taza está metonímicamente ligada a la hoja de papel en blanco y la pluma como portadores y estímulos de un afecto indeterminado, cuya intensificación evoca una obstrucción, experiencias pasadas de pérdida, arrepentimiento y decepción en una compleja estructura de sentimientos, de la que ni Loreta ni la narradora pueden tomar conciencia completamente, pero que el lector, sea hombre o mujer, debe contemplar y es invitado a "sentir". La frase clave es "siente el nerviosismo del fin de semana". ¿Qué se entiende aquí? ¿Fines de semana de soledad sin familia propia? Encontramos una pista más adelante. Loreta imagina las manos nudosas de su madre y sus uñas acariciando la taza verde cuando recuerda la vez en que Gregoria le contó que lamentaba haberse casado con su padre, don Santiago: "Todo lo había dejado por Don Santiago y diciendo, casi disculpándose al decir, que lo único bueno para ella, eran ellas, sus tres hijas, que siempre se había preguntado—y en este punto parecía disculparse más—que si de volver el tiempo atrás, si de saber lo que le esperaba, volvería a recorrer el mismo camino, si volvería a fugarse, a dejarlo todo" (106). Gregoria ha internalizado la culpa, otro legado de abnegación por un hombre. Este es el capítulo en el que se recuerda la amargura de la ruptura de Loreta con su novio, el inútil Edgar.

El antagonismo que impulsa la novela de Phé-Funchal es la diferencia entre el mundo idealizado de las "buenas costumbres" (el título del libro de cuentos de Phé-Funchal escritos antes de la novela) y los roles de género tradicionales: la abnegación, la rectitud, el honor familiar, el deber, la castidad, etcétera, a los cuales las mujeres están históricamente encadenadas, frente a la realidad de su vida doméstica diaria, con la amenaza siempre presente de la violencia física y verbal, el fruto amargo del autoritarismo masculino. Phé-Funchal esboza una realidad social en la que a las mujeres se les inculca la jerarquía y el deber de género. Es difícil imaginarse a un autor de sexo masculino que haga un ataque tan sostenido contra la masculinidad. Es posible, como un experimento en la imitación, pero poco probable. Así que, para mí, esto es escritura *en* femenino.

En su novela *El desencanto* (2001), Jacinta Escudos presenta situaciones impactantes de la iniciación de una joven mujer en el mundo amoroso. En la primera experiencia sexual, contada en "El hombre que tiene manos de mujer", la narradora nos informa, casi de manera fría y sicoanalítica, que Arcadia es una virgen de diecinueve años que nunca ha tenido novio. Conoce a un hombre de cuarenta y tantos años que es notable por sus uñas bien mantenidas, aunque el resto de su aspecto físico es poco atractivo. En el bosque, el hombre de repente decide besarla. La focalización es a través de las sensaciones de Arcadia. Siente cierta repulsión: "Siente asco de su bigote" (14). Pero ella deja que la bese de todos modos, manteniendo los ojos abiertos todo el tiempo, mirando la cara del hombre. La focalización se traslada a la narradora:

> Pero Arcadia no está allí. Ella no está en esos labios, en ese beso. Llega a la forzada, necesaria conclusión, que entre lo que hacen los cuerpos y los sentimientos, no hay relación verdadera, estrecha, absoluta. Luego de besarla, el hombre la abraza y aprieta su cuerpo contra el de Arcadia. Mete su rostro entre el largo pelo de la mujer. Y ella, rígida como un palo, también lo deja hacer. (14)

Cuando el hombre se excita sexualmente, ella lo empuja alegando que alguien podría verlos, aunque la narradora nos dice que está realmente preocupada por la vergüenza de ser vista con un hombre un poco feíto. Las cosas no van más allá. En otra ocasión, cuando regresan a casa después de una excursión en automóvil, el hombre intenta otro avance, acariciando sus senos y poniendo su mano entre las piernas de ella: "Ella se deja hacer otra vez sin sentir nada" (14). La narradora nos advierte que ella permite los avances del hombre porque:

> ella no sabe cómo decir que no. Nadie le ha hablado de tales cosas. Nadie le ha hablado sobre estas cosas. Nadie le ha hablado de los hombres, de las cosas que hacen cuando están a solas con una mujer. De lo que debe hacer una mujer en esas ocasiones. Ninguna amiga le ha confiado ese tipo de intimidades. Tampoco su madre. (14)

Arcadia solo conoce una versión idealizada de la intimidad que se aprende a través de los medios populares: películas, libros, canciones. No siente ninguna emoción por este hombre, ni por ningún otro: "Y no entiende, (quizás, en el fondo, jamás lo logre)", nos explica la narradora, "qué es lo que tiene que ver el cuerpo con el amor, si el amor es un sentimiento y el cuerpo es materia" (15). Sería raro encontrar una focalización semejante y verosímil a través de los afectos de una mujer en novelas escritas por hombres.

En el cuento, "Blá, blá, blá", dos mujeres hablan de cómo se finge un orgasmo:

> ¿Tú crees que el hombre no se da cuenta cuando finges?
> —No lo sé ... la verdad es que el hombre está tan absorto en su propio placer que no sabe ni nota la diferencia ... Al final, te preguntan si te gustó. Y tú debes responder que sí. A veces te preguntan cuántas veces lo tuviste ... cuando dices que has tenido 2 orgasmos, te preguntan si estás segura de que no fueron 3. (46)

Escudos crea escenas en las que la protagonista se encuentra atrapada en un espacio ambiguo entre las pulsiones del cuerpo (no todas libidinales) y unas vagas ideas sobre las relaciones entre los hombres y las mujeres. Dichas ideas vagas se expresan como afectos imprecisos. La focalización a través del ambivalente entendimiento que Arcadia tiene de sus propios sentimientos expone la implantación en ella de las expectativas hacia los juegos de amor condicionadas por la sociedad convencional. Otra vez, es dudoso que un hombre escriba tal escena desde esta óptica femenina.

En una de las escenas más intensas en "Las ratas serán buenas madres para ti, hijo mío", la regla de Arcadia se ha tardado. Espera, hasta que algo dentro de su cuerpo le dice que está embarazada: "El asco, el insuperable asco por las mañanas y la pérdida del apetito. Una sensación de pesadez, de lentitud en el cuerpo" (57). El cuerpo toma el centro del escenario, la pura materialidad del cuerpo es un personaje en sí mismo. Ella decide ir a una consulta médica:

> Es la primera vez que acude a un ginecólogo en toda su vida. Es la primera vez que tiene que quitarse la ropa para que la contemple un hombre que no va a acostarse con ella. Es la primera vez que tendrá que montarse en ese armatoste, digno de las torturas de la Inquisición, donde ella debe acomodar los pies, abrir las piernas y tener toda su genitalidad abierta al frío aire del consultorio y la mirada petrificada del galeno, quien le advierte que los espéculos que tiene son muy grandes para ella, pero que tendrá que usarlos de todos modos porque no tiene otros. Con particular brutalidad, el hombre los acomoda entre los labios vaginales de Arcadia, que se estremece ante el frío del metal y la incomodidad del dolor y la vergüenza infinita de aquel extraño prácticamente metiendo sus narices en su intimidad genital. (59)

La imagen es de tortura. Como la mayoría de las experiencias corporales de Arcadia, es una sorpresa desagradable: "la peor tragedia del mundo ocurriéndole única y precisamente a ella" (60). Esto está muy lejos de la ideología de la maternidad que la cultura popular le/nos ha vendido. Según Iris Marion Young, esta alienación del cuerpo no es infrecuente en las mujeres:

> Las modalidades de la existencia corporal femenina tienen su raíz en el hecho de que la existencia femenina experimenta el cuerpo como una simple cosa: una cosa frágil, que debe ser levantada e impulsada al movimiento, una cosa que existe cuando se mira y se actúa sobre ella. Sin duda, cualquier cuerpo vivido existe como una cosa material, así como un sujeto trascendente. Sin embargo, para la existencia corporal

femenina, el cuerpo a menudo se vive como una cosa que es diferente a ella, una cosa como otras cosas en el mundo. (2005, 39)

De cualquier manera, Arcadia ha decidido que el niño no nacerá: "No quiere ser mamá de nadie. No quiere parecerse a su propia madre, jamás" (61). Decide abortar. Un día de fuertes lluvias y calles desiertas (la proyección del desencanto sobre el paisaje urbano desolado) y sin haber comido, llega a la clínica. El médico le informa que el legrado tomará una hora. Es anestesiada, pero se despierta mientras la operación continúa: "No siente dolor, pero algo revuelve el hombre dentro de su vientre y lo escucha tirar cosas dentro de un cubo de latón... Luego nota que el médico se levanta, tira lo que hay dentro del cubo en el inodoro y empuja la palanquita del agua" (64). Arcadia imagina al feto viajando por las tuberías hacia la alcantarilla de la ciudad, donde "vivirá como un habitante subterráneo" (65). También piensa que "se lo comerá una rata o que se revolverá con la mierda de todos los capitalinos o que en realidad, cuando todo termine, el doctor le dirá que no era un bebé, que era un tumor benigno, una malformación genital, cualquier otra cosa menos un bebé" (65). El médico le dice que se acueste y duerma, que todo va bien, pero aún no ha terminado. Ella entra en una especie de delirio. Cuando se despierta, el médico le informa que todo salió bien y que puede irse a casa y descansar. *El desencanto* está destinado a sorprender y ser un correctivo a las fantasías sociales sobre las mujeres y sus reacciones a la sexualidad, el embarazo y la maternidad. Es un retrato sombrío de la contracara de la imaginación popular. Uno se imagina que la mayoría de los hombres no solo se sienten inquietos frente a esta narrativa, sino que también se sienten un poco culpables mientras se miran en el espejo de su propio comportamiento.

Los relatos de Arcadia sobre sus experiencias sexuales están llenos de afecto, salpicados de insinuaciones de violencia y explotación y, están vinculados entre sí por Escudos de manera compleja: placer y dolor, disfrute y asco, atracción y repulsión; se trata de la estética de género en su forma más enredada. *El desencanto* ofrece una política del cuerpo, del tacto, de la mirada que desea y, a la vez, expone los horrores de encuentros sexuales malos e insatisfactorios. Es importante señalar que la escritura de Escudos no es literatura *queer*: sus mujeres ficticias son heterosexuales.[8] Y Escudos ha declarado públicamente que no es una escritora feminista ni una escritora marcada por el género; escribe y punto. No obstante, Escudos escribe desde un espacio y una experiencia que un escritor masculino apenas podría evocar sin caer en el clisé, debido a los efectos de proyección de la mirada masculina. Esta literatura es simplemente demasiado íntima para ser escrita por un hombre: el lenguaje quizás no tiene género, pero el afecto sí.

En *Tiembla memoria* (2016), Catalina Murillo retrata la educación sentimental de una joven inmigrante costarricense, Catalina ("Cata") Botellas, en España y su maduración agridulce, el legado de una aventura llevada a un abrupto final. La historia se abre a un tratado sobre el amor y el autoengaño y un retrato de cierto tipo de masculinidad egoísta, que si bien es español y contemporáneo, encuentra un eco universal. El arco afectivo trazado por los cinco capítulos de la novela va desde la idealización de los sueños y las esperanzas (especialmente en relación con el amor) hasta su colapso en el engaño, el desencanto y la realidad sobria y, de allí a una reflexión literaria y filosófica sobre el amor y el deseo.

Cata Botellas vive una desesperada vida en Madrid en busca de una plenitud amorosa y un novio que pudiera quedarse, especialmente uno que pudiera cumplir sus ideales del hombre romántico y fiel. La estrategia de Cata, cuando se siente emocionalmente sobrecargada, es dividirse en dos, ya sea ella y la narradora (que no es otra que la propia Cata) o ella y "Patiño", su amiga íntima, de hecho su alter ego, o mejor dicho, su Superego en términos freudianos. Este mecanismo de afrontamiento [*coping mechanism*] le permite exteriorizar sus malos sentimientos, su soledad y su ardiente deseo de amar y ser amada, pero también acentúa su desesperación y soledad cuando su versión idealizada del amor no es recíproca. Ya sea directamente o a través de Patiño, Cata adopta una perspectiva separada de su propia experiencia. Este escenario le permite a Murillo sondear, con precisión quirúrgica, las profundidades de cómo se siente este proceso de autoengaño y las ilusiones que fabrican nuestras emociones cuando pasamos por etapas de *shock*, negación, desolación, aceptación y recuperación. La narración está cargada de humor sexual tragicómico, sin adornos, sardónico, burlón y a veces un patetismo melodramático y romántico del siglo XIX, que aligera el tono de lo que en realidad es una pequeña tragedia emocional.

Cata está en conflicto con lo que debe ser; es una paradoja andante: "Soy una mujer presa en un cuerpo de mujer" (20). En una noche rociada por alcohol, conoce a Juan Valiente, "el hombre entre los hombres, el protohombre" (49). Juan le pregunta cuánto tiempo ha estado en España: "Unos quinientos años" (53), responde Cata; y de dónde es: "De allende los mares, pero fue mala puntería. Yo tenía que nacer en Madrid" (53). El juego verbal da resultado.

Él sonríe. Está interesado. Ambos comparten cierto cinismo hacia la vida y la vanidad de la "esperanza", "el opio de los cobardes" (53). Juan invita a Cata a regresar a su mansión de 18 habitaciones, abandonada por sus padres. La danza del amor comienza. Cata cree que Juan es diferente a la mayoría de los hombres: "Una náufraga, he sido siempre, errante y desaforada. Una huérfana desarraigada agarrada a un madero. Hasta llegar a Juan. Al coronarse con Juan, el vía crucis de mi vida cobra sentido" (64). Pero su amiga Patiño no está convencida y la acusa de un "kitsch romántico monstruoso" (65). Cata persiste en su fantasía: "Desde la plataforma velluda del pecho de Juan Valiente el mundo nunca volverá a parecerme un lugar inhóspito y cruel" (65). Pasan tres meses y Juan le pide a Cata que se case con él. Ella se muda a su mansión y planean una boda en otoño, aunque Cata había dicho que nunca se casaría, ni siquiera por amor.

Pasan los meses y Cata se encuentra un poco fuera de lugar en la mansión vacía, "la chiquita ninfómana y melancólica que le parece escondida en los escondrijos de su nueva casa" (75–76), mientras Juan se ha ido a filmar a África: "Allá vas, mi hombre, a la caza del mamut; aquí te espera en la gruta, tu mujer" (75). Se intercambian cartas y con el ceño febril, Juan continúa declarando su amor eterno; Cata también. Pero cuando Juan regresa, las cosas han cambiado: "Ya no estoy enamorado de ti" (79). A medida que la conmoción comienza a hundirse, Cata ya ni siquiera puede mantener su equilibrio. No hay forma de expresar la profunda angustia y la sensación de traición. Está en el infierno:

> "No. No. No. No". Balbuceé. Una fuerza telúrica me empujó de abajo hacia arriba, me tiró de la silla en la que estaba y después caí al suelo. Me aferré a sus rodillas: "¡Divídete en dos, amor mío!", fue mi primera reacción. "¡Por favor, haz lo que quieras, me da igual, pero divídete en dos! ¡Sígueme queriendo!" Juan espantado. Pero Juan firme, sin dudas. Juan que, con aquella frase, se empezaba a alejar. (82)

Murillo se mofa del melodrama de su protagonista, pero uno sospecha una perspectiva agridulce.

En su larga recuperación, Cata se da cuenta de que había abandonado no solo a sus amigos durante su delirio de amor, sino también sus intereses creativos. Comienza a ver a un psicoanalista que le ayuda no solo a enfrentar su dolor sino a sí misma, enterrada bajo la sobreinversión en fantasía romántica: "¡Rechace la esperanza! Le impedirá avanzar. Muy en el fondo de usted, quizás abrigue la esperanza de que él va a volver" (101). "Ni tan en el fondo"

(101), responde Cata. El tratamiento de choque funciona y pronto, desde el vecindario de clase trabajadora donde ahora vive, Cata comienza a ver a través del espejismo de la vida de clase media de Madrid y comienza a saborear las pequeñas alegrías de la existencia diaria, sintiendo una vez más el afecto inicial que sintió por la ciudad. Ahora se ve a sí misma cómicamente y desde la distancia: "el enamoramiento es un estado de imbecilidad transitorio, tenían razón los griegos" (156). Sin embargo, Cata se encuentra sin dinero, por lo que solicita un trabajo en una agencia supuestamente creada para conectar a las personas con posibles parejas para el matrimonio. Rápidamente se da cuenta de que es solo una fachada para un centro de llamadas telefónicas para el sexo. A pesar de eso, acepta el trabajo y solo tiene que satisfacer las fantasías masculinas por teléfono y mantener a los hombres en espera el mayor tiempo posible por la exorbitante tarifa de minutos de las llamadas. El trabajo le proporciona más información sobre las espeluznantes fantasías sexuales de los hombres. La ironía no podría ser más reveladora: desde su noción idealizada de amor incondicional con Juan Valiente hasta el cinismo del sexo mercantilizado, las relaciones hombre-mujer se reducen a lograr un orgasmo por el costo de una llamada telefónica y sin condiciones.

Tiembla memoria es claramente autoficcional, pero al igual que sucede en el caso de las otras dos escritoras estudiadas aquí, la experiencia personal no solo se explora en sus dimensiones afectivas, sino también en su capacidad para generar escritura literaria: "Allí donde termina la historia del amor, la escritura comienza" (82), nos dice Cata. Superar el pasado, entonces, no es solo el tema de la ficción: la ficción misma es la superación. El afecto generado en los juegos de amor no es un proceso racional, sino una experiencia totalmente encarnada y profundamente libidinal. Aunque *Tiembla memoria* recrea esto desde un punto de vista decididamente femenino (aun feminista al nivel autorial), deja al lector en un lugar donde no sabe exactamente cómo sentirse o qué pensar, si reír o llorar, si rechazar burlonamente la inmersión de Cata en una historia amorosa autodestructiva (como la Arcadia de Escudos), o sentir empatía por su desencanto. Le toca a cada lector/a adoptar una postura al respecto. Al final, puede que Cata/Murillo todavía no sepa "¿Cómo se debería ser?", tomando prestado el título autoficcional de Sheila Heti (*How Should a Person Be?: A Novel from Life*), pero por ahora, al menos, sabe cómo no se debería ser.

Las obras de Denise Phé-Funchal, Jacinta Escudos y Catalina Murillo pueden leerse en muchas dimensiones. Este ensayo ha resaltado la dimensión afectiva como un conducto hacia un tipo de intimidad femenina en forma ficcional que los hombres escritores apenas pueden vislumbrar y mucho menos calcar sin caer en el clisé. En lugar de un simple análisis racional y desapasionado de las fallas de la masculinidad y su impacto en la vida de las mujeres, en las tres novelas nos embarcamos en viajes afectivos ficticios que nos invitan a imaginar distintas resoluciones posibles por los desencantos experimentados cuando uno se entrega a las imágenes estereotípicas del amor feliz que circulan en la sociedad convencional. Dichas resoluciones pueden dar como resultado una comprensión reflexiva edificante, como en el despertar redentor en *Tiembla memoria*, o en la desilusión melancólica, como en *El desencanto* y, en el peor de los casos, la autodestrucción en la forma de suicidio, como en *Ana sonríe*. Ninguna de las novelas carece de patetismo y sentimentalismo, pero todas, a través de su impulso afectivo, nos llaman a reaccionar, sentir y tomar una posición sobre esos sentimientos. Los afectos que surgen en escenas de desamor y violencia dentro del contexto del patriarcado diferencian la escritura de mujeres de la de los hombres. Queda por ver si la diferencia es universal o solo un aspecto de culturas literarias occidentales heterosexuales.

Notas

1. El simposio se organizó en el marco de Centroamérica Cuenta 2019, celebrado en San José, Costa Rica, 13–17 de mayo.

2. Véase, por ejemplo, *El lenguaje de las emociones* (Moraña y Sánchez Prado eds. 2012), en el cual los colaboradores exploran la utilidad de la teoría del afecto para la transformación política y social al nivel colectivo-nacional en relación con la institucionalización del poder, el populismo, el autoritarismo, los movimientos sociales, el arte de la violencia, etc. Una preocupación similar inspira a Sara Ahmed en *The Cultural Politics of Emotion* (2004): "¿Por qué es tan difícil lograr la transformación social? ¿Por qué las relaciones de poder son tan intratables y duraderas, incluso frente a formas colectivas de resistencia?" (Ahmed 2004, 12).

3. Todas las traducciones que aparecen en este trabajo son mías, J.B.

4. Un importante estudio sobre la categorización por estilo en relación con el género, es el de Koppel et al. (2002), quienes investigaron la posibilidad de clasificar automáticamente por algoritmos textos escritos, sin revelar la identidad del autor para tratar de determinar si están marcados por diferencias de género: "Mostramos que estos modelos clasifican textos invisibles según el género del autor con una precisión de aproximadamente el 80% [...] 920 documentos en inglés británico etiquetados tanto por género de autor como por género de libro: ficción y varios géneros y subgéneros

de no ficción" (403). Sin embargo, los resultados son menos que iluminadores; son más bien decepcionantes: "La imagen que emerge es que los indicadores masculinos son en gran medida especificadores de sustantivos (determinantes, números, modificadores), mientras que los indicadores femeninos son en su mayoría negación, pronombres y ciertas preposiciones" (408). Es decir, en términos semánticos, los resultados son poco significativos en cuanto al contenido porque los investigadores buscan listas de palabras individuales. El estudio de 2016 de Jan Rybicki, inspirado por el de Koppel et al., llega a la conclusión aleccionadora de que "tal vez la erudición literaria tradicional nunca lo ha expresado tan claramente como la investigación cuantitativa que dice que las nociones de 'escribir como un hombre' y 'escribir como una mujer' están en un flujo tan constante que corren el riesgo de volverse bastante problemáticas. Esto es lo que parece sugerir el que este estudio no pueda producir un 'canon' estable de palabras clave masculinas y femeninas que sobreviviría a un cambio de corpus o cambios en la evolución literaria" (759). Es decir, aun las palabras clave, que no tienen suficiente extensión semántica para ser útiles, son en sí mismas problemáticas.

5. "Cuando la escritora Catherine Nichols estaba buscando un agente literario, lo puso a prueba enviando exactamente el mismo manuscrito con su propio nombre y un nombre masculino ficticio. Ella descubrió que lo que los lectores decían sobre su lenguaje dependía de lo que creían que estaban leyendo. Mientras que las oraciones de Catherine fueron descritas como 'líricas', las de su alter ego 'George' estaban 'bien construidas'. Fue la escritura de 'George' la que fue más positivamente recibida: diecisiete expresiones de interés en comparación con dos para Catherine. Él fue, como observa Nichols secamente, 'ocho veces y media más exitoso que yo al escribir el mismo libro'" (Cameron 2016, s.p.).

6. Nótese que Cromby y Willis parecen conceptualizar el "sentimiento" como la acción involuntaria de "sentir", y la "emoción" como la semiotización de dicha acción. En este respecto siguen a Massumi, para quien los afectos se diferencian de las emociones por el nivel de "intensidad". Las emociones representan la subjetivización de lo afectivo. Dice Massumi: "Emotion is qualified intensity, the conventional, consensual point of insertion of intensity into semantically and semiotically formed progressions, into narrativizable action-reaction circuits, into function and meaning. It is intensity owned and recognized" (1995, 28). Es importante señalar que no hago una distinción tajante y binaria entre el afecto y la emoción, sino que los veo más bien como distintos momentos en un continuo.

7. "Su miedo a ser llamada feminista crea ambivalencias en su propio enfoque y lleva, al final del libro y después de las páginas sobre la singularidad de las escritoras, a

un concepto de androginia en el que se le pide a la escritora que entierre los elementos que la hacen identificable" (Farwell 1975, 436).

8. No se niega que un relato aparentemente escrito desde la óptica heterosexual-femenina pueda ser *queer*, aunque quizás no *stricto sensu*.

Obras citadas

Ahmed, Sara. 2004. *The Cultural Politics of Emotion*. New York: Routledge.

Barry, Peter. 2002. *Beginning Theory: An Introduction to Literary and Cultural Theory*. New York: Manchester UP.

Cameron, Debbie. 2016. "Do Women and Men Write Differently?". *Debuk*, acceso el 21 de febrero de 2019. https://debuk.wordpress.com/2016/03/06/do-women-and-men-write-differently/

Cixous, Hélène. 1976. "The Laugh of the Medusa". *Signs* 1, n° 4: 875–93.

Cott, Jonathan. 2013. *Susan Sontag: The Complete Rolling Stone Interview*. New Haven: Yale UP.

Cromby, J. & M. E. H. Willis. 2016. "Affect—or Feeling (After Leys)". *Theory & Psychology* 26, n° 4: 476–95.

Cutler-Laboulaye, Sylvia. 2017. "The Sexual Spectrum of the Androgynous Mind in Virginia Woolf's *Mrs. Dalloway*". *Criterion: A Journal of Literary Criticism* 10, n° 2: 23–33.

Echevarría, Ignacio. 2014. "A vueltas con la escritura femenina". *El Cultural*, 3 de octubre. Acceso 19 de febrero de 2019. https://elcultural.com/A-vueltas-con-la-escritura-femenina.

Escudos, Jacinta. 2001. *El desencanto*. San Salvador: Dirección de Publicaciones e Impresos, Consejo Nacional para la Cultura y el Arte.

Farwell, Marilyn R. 1975. "Virginia Woolf and Androgyny". *Contemporary Literature* 16.4: 433–51.

Gilbert, Sophie. 2017. "Why Men Pretend to Be Women to Sell Thrillers". *The Atlantic*, 3 de agosto. Acceso 19 de febrero 2018.

Heti, Sheila. 2012. *How Should a Person Be?: A Novel from Life*. New York: Henry Holt and Company.

Hiatt, Mary P. 1977. *The Way Women Write*. New York: Teachers College Press.

Koppel, Moshe, Shlomo Argamon, y Anat Rachel Shimoni. 2002. "Automatically Categorizing Written Texts by Author Gender". *Literary & Linguistic Computing* 17, n° 4: 401–12.

Kotrosits, Maia. 2015. *Rethinking Early Christian Identity: Affect, Violence and Belonging*. Minneapolis: Fortress Press.

Leys, Ruth. 2011. "The turn to affect: A critique". *Critical Inquiry*, 37, n° 2: 434–472.
Massumi, Brian.1995. "The Autonomy of Affect". *Cultural Critique* 31, n° 2: 83–109.
———. 2002. *Parables for the Virtual. Movement, Affect, Sensation*. Durham: Duke UP
Mazzarella, William. 2009. "Affect: What is it Good For?". En *Enchantments of Modernity: Empire, Nation, Globalization*, editado por S. Dube, 291–309. London: Routledge.
Moraña, Mabel e Ignacio M Sánchez Prado, eds. 2012. *El lenguaje de las emociones: afecto y cultura en América Latina*. Madrid/Frankfurt am Main: Iberomaericana/Vervuert.
Murillo, Catalina. 2016. *Tiembla memoria*. San José: Uruk Editores.
Phé-Funchal, Denise. 2015. *Ana sonríe*. Guatemala: F&G Editores.
Rybicki, Jan. 2016. "*Vive la différence*: Tracing the (Authorial) Gender Signal by Multivariate Analysis of Word Frequencies". *Digital Scholarship in the Humanities*31, n° 4: 746–61.
Sontag, Susan. 1979. "Susan Sontag: The Rolling Stone Interview". Jonathan Cott. October 4. Acceso 19 de febrero de 2018. https://www.rollingstone.com/culture/culture-news/susan-sontag-the-rolling-stone-interview-41717/.
Woolf, Virginia. 1981. *A Room of One's Own*. New York: Harcourt.
———. 1925. *Mrs Dalloway*. London: Hogarth Press.
———. 1928. *Orlando: A Biography*. London: Hogarth Press.
Wright, Elizabeth. 2006. "Re-evaluating Woolf's Androgynous Mind". *Postgraduate English* 14: 2–25.
Young, Iris Marion. 2005. *On Female Body Experience: "Throwing Like a Girl" and Other Essays*. Oxford: Oxford University Press.

JUAN PABLO GÓMEZ LACAYO

Política, afectos y memoria
El diario de Vidaluz Meneses durante la guerra de los ochenta en Nicaragua

El viernes 20 de mayo, salimos eufóricamente despedidos alrededor de las diez y media de la mañana, en un camión IFA del Ejército Popular Sandinista (EPS). Lo abordamos vestidos con ropa militar, llevábamos mochilas, sacos militares de cuyos bordes sobresalían los vuelos blancos con trencilla roja de los trajes folklóricos, guitarras, blocks de papel de los pintores, la *Antología de poesía nicaragüense*, mis poemarios y la libreta para los apuntes del diario que me había sido encomendado. (Meneses 2006, 13)

ANOTANDO LA EUFORIA CARACTERÍSTICA de los años ochenta, Vidaluz Meneses relata en esta cita el inicio de su viaje a una zona de guerra como integrante de la Brigada Cultural "Leonel Rugama".[1] Confieso que, hasta antes de leer *La lucha es el más alto de los cantos*, el título del diario encomendado, me resultaba difícil imaginar a la poeta vistiendo el verde militar. Una fotografía tomada con seguridad minutos antes de subir al camión IFA, publicada en las primeras páginas del diario, despejó toda duda al respecto. Allí la veo, con su sonrisa crecida en optimismo, camiseta color verde, pantalón y botas de uso militar. Junto a varios y varias integrantes de la brigada, sostiene una manta abierta horizontalmente que en mayúsculas dice: "La lucha es el más alto de los cantos". Abajo, el nombre del autor del verso: Fernando Gordillo, poeta, ensayista y líder estudiantil, miembro de La Generación de la Autonomía.[2]

Un grupo de personas con rostros juveniles, tal vez dos decenas, arengan cual multitud y despiden como héroes a los brigadistas con aplausos, gritos y canciones. Aunque en el diario no hay más fotografías que documenten este momento, imagino a Meneses con esa sonrisa sostenida a lo largo del camino. Aunque de sello propio, creo acertar si afirmo que la sonrisa de porvenir utópico fue característica de un tiempo de cambios, cuando lo ideal se sentía alcanzable. Por citar solo un ejemplo, es también la sonrisa de los jóvenes al ir y regresar de la Cruzada Nacional de Alfabetización, como diciendo: esta sonrisa modela el porvenir que nos espera. Advierto, sin embargo, que esa sonrisa también anticipó una exploración a la guerra y, con ello, otro escenario: el de la muerte. En su diario, Meneses escribió no estar preparada para ese escenario: "No estábamos preparados para toparnos con la muerte a pesar de estar conscientes de dónde estábamos. No veíamos lo que mirábamos, sino lo que queríamos o necesitábamos ver" (Meneses 2006, 30).

El camión IFA con los y las integrantes de la Brigada Cultural salió de las oficinas de la Asociación Sandinista de Trabajadores de la Cultura (ASTC), ubicadas en la ciudad de Managua. A pesar de llevar las conocidas indumentarias militares, el contingente tenía una misión cultural. En lugar de cargar armas, llevaban trajes de folklore, guitarras, papel para pintar y libros de poesía. Especial mención merece en este inventario una libreta, asignada específicamente a Meneses para elaborar un diario que documentara el día a día de la misión. El propósito de la brigada no era combatir en las zonas de guerra, sino animar y "levantar la moral" de quienes, en palabras de la poeta, "estaban llevando la peor y más arriesgada parte de la lucha armada en defensa del proyecto revolucionario" (Meneses 2006, 13).

Para el año en que se conformó la brigada, 1983, existían ya quiebres sustantivos en el proceso revolucionario. Frances Kinloch señala tres de ellos. Primero, las negociaciones políticas entre el gobierno nicaragüense y el de Estados Unidos se rompieron en 1982; en consecuencia se intensificaron la hostilidad política y la guerra. Segundo, la política gubernamental se mostró intolerante a la disidencia, calificándola como contrarrevolucionaria. Evidencia temprana de ello fue la censura a la libertad de expresión ya en 1982 y, especialmente, el violento desalojo de poblaciones miskitas realizado ese mismo año. Tercero, las relaciones con la empresa privada y la iglesia católica se encontraban muy deterioradas (Kinloch 2016, 320–22). Solo un par de meses antes de la salida de la brigada, en marzo, la visita del papa Juan Pablo II al país generó una fuerte tensión política. Las disputas por lo sucedido y los significados de esta visita se mantienen abiertas hasta hoy.

La intensificación de la guerra marcó también el "predominio de la lógica militar" en la sociedad (Kinloch 2016, 323). En septiembre de 1983 surgió otro foco de tensión con la promulgación de la Ley de Servicio Militar Patriótico "que establecía la obligatoriedad de todo ciudadano entre los 17 y 25 años a prestar dos años de servicio militar activo, con penas de tres meses hasta dos años de prisión a los evasores" (Kinloch 2016, 326).

En sus memorias, Meneses señala que tanto el Servicio Militar Patriótico (SMP) como la "militarización de la población" (2016, 204) se impusieron como una "necesidad", dado que el proceso revolucionario se enfrentaba a una guerra de agresión por parte, principalmente, del gobierno norteamericano. Aquí adquiere más sentido el señalamiento ya anotado de Kinloch acerca del predominio de la lógica militar. Esta lógica impregnaba las interacciones sociales de una energía progresivamente bélica imponiendo, entre otros asuntos, control social, disciplina y movilización constante. Así leo las siguientes palabras de Meneses: "Cada año, funcionarios y empleados públicos éramos movilizados a los cortes de café y algodón; los militantes del partido que eran la mayoría eran enviados en brigadas a los frentes de guerra para realizar trabajo político" (2016, 204). La lógica militar implicaba disciplinamiento, jerarquización y movilización ordenada de la población, ya fuese a los frentes de producción o de guerra, al trabajo productivo, político o militar. La vida social fue subsumida en una lógica de defensa de la nación, y convirtió, como bien señala Irene Agudelo, a "toda la población en un recurso militar" (2017, 27).

Como consecuencia de la acentuación de la lógica militar, la guerra trascendió a los dos cuerpos armados enfrentados. La población civil se militarizó progresivamente. Meneses brinda testimonio de esta atmósfera en la introducción a su diario, al afirmar que "en la medida que el proceso bélico se agudizaba, la nación entera fue estimulada a integrarse de distintas formas a la defensa de la soberanía, definida así en una de las consignas de esos años: 'La Patria, la Revolución'" (2006, 12). Así, a la movilización del Ejército Popular Sandinista (EPS) se sumaron los Batallones de Reserva, población civil organizada en Milicias Populares y el sector cultural, integrado en Brigadas Culturales.

Hago acopio para mi análisis de la fusión entre patria y revolución indicada en la consigna antes citada por Meneses y disparada por el imperativo de defensa de la soberanía nacional. En *Balada para Adelina*, título de las memorias de Meneses publicadas en 2016, ella evoca esta misma consigna, "La Patria, la

Revolución", y cuestiona su carácter problemático de fusión entre partido y Estado. Ya en un pasaje de su diario del miércoles 25 de mayo de 1983, Meneses anota que, al concluir un homenaje a jóvenes caídos en unos ataques de La Contra, "una escuadra de Compas disparó una ráfaga al aire y procedimos a cantar el himno del FSLN" (2006, 46). Entre paréntesis apunta lo siguiente:

> (ahora que leo mis apuntes del Diario, en perspectiva, me pregunto, ¿por qué cantábamos el himno del partido FSLN y no nuestro Himno Nacional?) Cabe recordar la consigna: "La Patria, la Revolución" expresión que propició la arriesgada confusión (Estado-partido) que tendría repercusiones en el fallido segundo intento histórico de construcción de la nación. (2006, 46)

Hablo entonces a lo largo de este trabajo de la defensa de la Patria/Revolución—en mayúscula y singular—para identificarlas tal y como fueron utilizadas: como una entidad monolítica y anudada de poder.

La integración del sector cultural a la defensa militar de la Patria/Revolución tuvo lugar en el marco de la creación de una nueva cultura nacional y sandinista en la que, como señala Werner Mackenbach, los intelectuales fueron protagonistas. Como bien indica este autor, en los contextos de revoluciones en Centroamérica los términos poeta y guerrillero fueron sinónimos. La escritura militante y comprometida se sostenía en una relación de lucha contra el Estado autoritario y militar. Pero en una revolución victoriosa, como la nicaragüense, la cultura se puso al servicio, orgánicamente, de la política cultural impulsada desde el Estado (Mackenbach 2018, 20). La trayectoria intelectual de Meneses ilustra este devenir cultural de "fusión-fundición" entre campo cultural y estatal (Mackenbach 2018, 21). Buena parte de *Balada para Adelina* está dedicada a sus memorias de "la gran aventura del Ministerio de Cultura" (Meneses 2016, 156), como califica a sus años de funcionaria en dicho ministerio, creado por primera vez en el país a raíz del triunfo de la revolución.

Meneses también formó parte de la Asociación de Trabajadores de la Cultura (ASTC) y fue desde esta instancia organizativa que se movilizó. En su diario explica cómo la Asociación respondió positivamente a la convocatoria para sumarse a la movilización hacia los frentes de guerra: "Las y los artistas y escritores fuimos convocados a conformar Brigadas Culturales de animación y apoyo a las heroicas tropas de combatientes defensores de un proyecto de vida que, miles de nicaragüenses decidimos desarrollar y defender a cualquier costo" (2006, 10).

La misión era, en concreto, "contribuir a mantener en alto la moral de los combatientes y como gesto de solidaridad" (Meneses 2016, 204). Además de considerar como acertado animar moralmente a los heroicos combatientes, en sus memorias comparte otro criterio decisivo para integrarse a la brigada: "Yo no era militante del Frente Sandinista como ya lo he dicho, pero me había propuesto libremente cumplir con todas aquellas tareas que éticamente considerara correctas y me integré a las brigadas culturales que se desplazaron a los distintos frentes de guerra" (Meneses 2016, 204).

En esta cita podemos ver que el deseo de cumplir con un marco ético fue decisivo para que Meneses se integrara a las brigadas culturales, y se movilizara a los territorios en guerra, dejando a un lado temporalmente sus responsabilidades como funcionaria del Ministerio de Cultura. En su diario encuentro una cita complementaria que ayuda a comprender con mayor detalle el componente ético que le estimuló para integrarse a las brigadas:

> Mi opción por la revolución fue por mi formación cristiana, no solo se trataba de cambiar el régimen de Anastasio Somoza Debayle, sino de construir una sociedad con justicia y equidad; Ernesto Cardenal, Ministro de Cultura, mi jefe y amigo, había dicho en una ocasión: "Comunismo o Reino de Dios en la tierra"; esta frase yo la interpretaba como nuestra particular misión de refundar la Iglesia original de la que nos hablan los Hechos de los Apóstoles: "Todos los creyentes vivían unidos y compartían todo cuanto tenían". La verdad, (sic) es que en la revolución, creyentes y no creyentes, sentíamos un imperativo ético, nadie se podía negar a colaborar, mucho menos cuando otros asumían la peor parte en defensa de un proyecto justo. (Meneses 2006, 19)

En esta cita encontramos la vertiente de pensamiento que conectó a Meneses con la revolución sandinista. Pertenecía al grupo de los cristianos en la revolución.[3] Su formación cristiana invitaba a involucrarse activamente en la transformación de su sociedad, una actitud de cambio y no solo de contemplación. Este marco de acción coincidió con el contexto de lucha política antidictatorial. Esto último, sin embargo, era solo un medio a través del cual alcanzar el objetivo central: la nueva sociedad; el reino de dios en la tierra; la refundación de la "Iglesia original", en las palabras de Meneses, o "comunismo o reino de Dios en la tierra", en las de Ernesto Cardenal. Religión y política, convicción cristiana y acción revolucionaria se compaginaron.

"Tiempo lleno de contenido": la brigada cultural y el diario de campaña

En *Balada para Adelina*, Meneses rememora quiénes conformaban la brigada cultural "Leonel Rugama":

> La que me correspondió llevaba el nombre de "Leonel Rugama" y estuvo integrada por el Grupo Pancasán de música; el Grupo de Teatro "Justo Rufino Garay"; por la danza, el grupo folklórico "Ruth Palacios"; por los artistas plásticos, Leonel Vanegas, cofundador del grupo Praxis, Arnoldo Guillén y Francisco Rueda, por los escritores, mi persona a quien le correspondía escribir el diario de campaña. Nos asignaron la Región I, que era Nueva Segovia, aunque luego regresamos a Managua por Somotillo. Este diario que relata el día a día de la brigada, lo publiqué en el año 2006. (Meneses 2016, 204–05)

Grupos de música, teatro, folklore, artistas plásticos y escritores integraban el cuerpo de brigadistas. En conjunto, un grupo de artistas e intelectuales que, tanto por la calidad de su trabajo como por su compromiso político, son fundamentales para comprender la cultura nacional del último tercio del siglo XX. Conocer sus aportes y comprender su labor en la configuración de un poder cultural movilizador de lo político es fundamental, aunque hasta ahora no han sido suficientemente investigados.

Si bien la principal misión del cuerpo de brigadistas era animar y levantar la moral de los combatientes del EPS, se daba por sentada su flexibilidad para asumir cualquier tarea que se les asignara. Según las anotaciones del diario, estando ya en zona de guerra, Roberto Sánchez, conocido historiador y cronista urbano, para entonces con cargo militar de capitán, informó a la brigada que eran "parte de la estructura combatiente, parte valiosa" (Meneses 2006, 24) y que debían ser "flexibles para asumir la tarea que nos asignen en el momento que sea" (Meneses 2006, 24). Por tanto, formar parte de la brigada cultural significaba integrarse a la estructura combatiente y regirse por la disciplina militar.

En la cita de arriba también se puede constatar que la principal misión de Meneses era elaborar un diario de campaña. Llamativamente, Meneses no publicó el diario hasta 2006, más de veinte años después de su elaboración y en una Nicaragua posrevolución. Ni en el diario ni en sus memorias encuentro alguna explicación de esta tardía publicación. Antes de publicar el diario convocó a sus compañeros y compañeras brigadistas a leerlo junto a ella, permitiéndose además comentar el documento, reflexionar sobre asuntos seleccionados, y hacer adiciones al texto original. Esto último indica que, sumado a la revisión del documento, Meneses consideró valioso visitar el pasado vivido de manera comprometida, no hacerlo en soledad sino en comunidad, y darse la oportunidad de leer sus sentidos y sinsentidos a la luz del primer quinquenio del siglo XXI.

Retomar el diario indica que el pasado en él contenido seguía teniendo importancia, con todo y el paso de los años y los cambios vividos en el país. Siguiendo la voz poética de Meneses, "el tumultuoso tiempo de la revolución" (2002, 35) aún era un significante que ordenaba y daba sentido. Si bien la revolución no existía como presente, sí lo hacía como un pasado-aún-presente en los afectos de "apasionada entrega, día sin horas / tiempo lleno de contenido" (2002, 35). El pasado se prolongaba en el deseo poético de "no ahogar la memoria", ni olvidar las "voces que claman por el reino / que no hemos podido construir" (Meneses 2016, 262), para decirlo con los versos del poema "Muro de lamentaciones", escrito al calor de la derrota electoral del Frente Sandinista de Liberación Nacional (FSLN) en las elecciones de febrero de 1990.

Recordemos también que, en el pensamiento de Meneses, el reino es político y religioso. Por tanto, escuchar las voces que claman por lo no logrado fue también aceptar que la misión de refundación de la iglesia original no se concretó. Pero la decisión de "no ahogar la memoria" simbolizó no enterrar el pasado modélico, sino empujarlo hacia el futuro, manteniéndolo vivo. Retomar el diario décadas después de su elaboración—como epítome del "tiempo lleno de contenido"—, fue una forma de recuperarlo y actualizarlo al calor de los nuevos tiempos. El propósito fue escuchar "la furia de los impotentes", como Meneses verbaliza en el poema ya citado "Muro de lamentaciones". Regresar es revivir esa *furia* con la mirada y sensibilidad del tiempo presente. Qué acertado es Michael Pollack cuando dice: "el presente tiñe el pasado" (2006, 24).

Leer el pasado en comunidad y en voz alta veinte años después

"[El diario] recoge día a día esa intensa experiencia en la vida de todas y cada una de las personas que integramos la brigada, que la vivimos junto a miles de heroicos y generosos combatientes" (Meneses 2006, 11). En su artículo,

"Lectura y subjetividad", Silvana Rabinovich afirma que "la lectura es siempre acto de memoria" (2008, 199). Su postulado ilumina teóricamente el ejercicio de Meneses de leer su diario como acción detonante de un viaje al "día a día de esa intensa experiencia", como señala en la cita de arriba. Siguiendo a Rabinovich, leer es un acto intersubjetivo de memoria, en este caso conectado a siete exbrigadistas que en el año 2006 activaron su pasado común de las brigadas culturales. La propuesta de Meneses fue leer su diario en comunidad y en voz alta, conformando una comunidad afectiva de memoria. Así, citando nuevamente a Pollack, 2006 representa una "coyuntura favorable para las memorias" (2006, 24).

Además de constituirse en una comunidad interpretativa, su acción subraya el carácter intersubjetivo y plural de las memorias. Si bien Meneses decide visitar *su* pasado a través de una lectura activa de las notas de *su* diario, toma en cuenta el carácter grupal y colectivo de *su* experiencia. Aunque es un diario firmado a título individual, las notas que lo componen están entrelazadas a un marco social. Cómo no recordar, al respecto, la afirmación de Elizabeth Jelin: "las memorias individuales siempre están enmarcadas socialmente" (2002, 20).

La invitación de Meneses a rememorar en comunidad y en voz alta es también una manera de validar sus notas y, por ende, también sus recuerdos. Cito nuevamente a Jelin cuando afirma que "quienes tienen memoria y recuerdan son seres humanos, individuos, siempre ubicados en contextos grupales y sociales específicos" (2002, 20). Esta cita ilustra oportunamente la decisión de Meneses. Ella encuentra una "coyuntura favorable" para regresar a su diario y convertirlo en un vehículo de rememoración. Pero lo hace ubicándose en marcos sociales y grupales más amplios. Uno de estos marcos sociales es su brigada cultural, los y las artistas que la conformaron. Otro es la atmósfera social de intensificación de la guerra y militarización de la nación y de la población civil, proceso que se vivía agudamente en 1983 y sin el cual es difícil comprender, como ya señalamos, que artistas, intelectuales y trabajadores de la cultura hayan decidido movilizarse a los territorios de guerra, regirse bajo la disciplina militar y convertirse en activos militares.

Al convocar a una lectura colectiva con sus compañeros y compañeras exbrigadistas, Meneses activó un pasado relevante no solo para ella, sino para un país entero. Jelin argumenta que los procesos de activación del pasado "[...] ocurren en individuos insertos en redes de relaciones sociales, en grupos, instituciones y culturas" (2002, 19). Siguiendo la cita de la intelectual argentina, identifico a Meneses como integrante activa del campo cultural e intelectual revolucionario. Antes vimos que, a pesar de que señala nunca haber sido militante sandinista, a lo largo de la década revolucionaria tuvo diversos cargos en el sector de cultura, en particular, en el Ministerio de Cultura. Sumemos como dato importante de ubicación su posicionamiento como cristiana en la revolución. Si bien su trabajo sobre el pasado es individual, lo hace como parte de estas redes, grupos y comunidades, asunto que subraya el carácter intersubjetivo y relacional de las memorias.

Pero aún estas redes y comunidades de memorias están vinculadas a marcos sociales más amplios. Es preciso enmarcar las memorias de Meneses en el contexto de los cambios políticos y culturales trascendentales que se produjeron en Nicaragua entre la fecha de elaboración del diario, 1983, y la de su publicación, 2006. Entre estos cambios es fundamental mencionar la desmovilización de la Resistencia Nicaragüense acordada en 1989 y la ya mencionada derrota del FSLN en las elecciones de 1990. Ambos pusieron término a una guerra que cobró miles de vidas humanas, y dejó una herida devastadora hasta hoy. Como antes anotamos, estos hechos también marcaron el final del "tumultuoso tiempo de la revolución" (Meneses 2002, 34), el proceso social en que Meneses elaboró su diario. El tiempo del "día sin horas", "tiempo lleno de contenido" de la revolución (Meneses 2002, 34) dio paso al "tiempo de llorar" de la posrevolución (Meneses 2016, 262).

"Las voces que claman por el reino"

Los estados anímicos, los afectos y sentimientos también marcan el cambio político. El hecho que disparó el "tiempo de llorar" en Meneses significó un triunfo político para otro sector del país. Con la victoria de Violeta Barrios de Chamorro, candidata por la Unión Nacional Opositora (UNO), se inició una transición política que produjo significativas transformaciones a nivel político, económico y cultural. Además de la administración de Barrios de Chamorro, dos más de similar signo ideológico siguieron en los siguientes dos quinquenios: la dirigida por Arnoldo Alemán (1996–2001) y por Enrique Bolaños (2002–2006), ambos en representación del Partido Liberal Constitucionalista (PLC).

El paso de los años y el giro político-cultural de la sociedad nicaragüense hicieron que, en la introducción del diario escrita previamente a su publicación, Meneses escribiera desde otros lugares afectivos. En el noventa, la tristeza profunda da cuenta del cambio político. La consigna es residual y dicta permitirse llorar sin contención. La pregunta punzante es: ¿para qué tanto sacrificio? En 2006, en cambio, su tono es de reflexividad distanciada y hasta cierta asepsia hacia la revolución. Su deseo está centrado en que la guerra no se repita. La revolución sandinista pasó a ser un "fenómeno histórico". Es pasado, no presente y, en sus palabras, "como toda experiencia humana está llena de luces y sombras" (Meneses 2006, 12). Sin embargo, ese pasado que ya forma parte de la historia también contiene experiencias meritorias de ser legadas al futuro. Para Meneses, ese lugar es ocupado por la vida de quienes murieron en nombre de la revolución. Es a ellos y ellas a quienes rinde homenaje con la publicación de su diario. Así lo argumenta:

> A veintisiete años de haberse instalado el primer gobierno revolucionario en Nicaragua, decidí publicar este Diario de Campaña de la Brigada Cultural Leonel Rugama, en homenaje a los miles de hombres y mujeres muertos que generosamente dieron su sangre por lo que consideraron justo y de beneficio para Nicaragua y a quienes sobreviven y me los encuentro en las nuevas batallas ciudadanas tratando de preservar los ideales que nos unieron sin distingos políticos, bajo la bandera y el ejemplo del General de Hombres Libres, Augusto C. Sandino y la soberanía cultural instaurada por el poeta Rubén Darío. (Meneses 2006, 12)

Meneses no rinde homenaje a la revolución como "fenómeno histórico", sino a "miles de hombres y mujeres" que dieron sus vidas por lo que "consideraron justo y de beneficio para Nicaragua". El hilo narrativo con el que el presente "tiñe el pasado", recordando a Pollack, no es la identidad granítica de La Revolución —en mayúscula y singular—. Tampoco lo es el FSLN. Son las personas y, específicamente, la gesta sacrificial de quienes dieron su vida por una causa que consideraron justa —"las voces que claman por el reino"—. Son estas las voces dignas de transmitir y proyectar al futuro. Este es el sentido del pasado que para Meneses interesa activar y preservar.

Además de rendir homenaje a quienes generosamente ofrendaron sus vidas en el pasado, en la cita Meneses construye un puente intersubjetivo entre quienes ofrendaron sus vidas y los sobrevivientes que, en el nuevo siglo, libran "nuevas batallas". Así, conecta las luchas del pasado de la revolución con las de la posrevolución. Las primeras se realizan en clave insurreccional y militar. Las segundas en clave de ciudadanía. Las primeras se realizan bajo la bandera del FSLN y al calor de la polarización extrema. Las segundas se califican sin distingo partidario, bajo la sombrilla de la memoria larga de Sandino y Darío. La bandera que cobija a estas ciudadanías ya no es la de la Patria/Revolución de los ochenta. Es la de un pasado común más lejano: el de la libertad, representada en Sandino, y la soberanía cultural, representada en Darío. La revolución ya no es el principal referente de inteligibilidad de las luchas sociales.

La activación del pasado de los ochenta en clave interpretativa sirvió como un homenaje a la vida entregada por miles de hombres y mujeres, a sus ideales de justicia y bienestar, así como a quienes siguen manteniendo estos ideales y los persiguen como ciudadanos y ciudadanas. La experiencia transmisible es la vida entregada, a título individual y por una causa común, pero no subordinada o inteligible en el marco de una vanguardia política. Es la entrega y sacrificio de la vida lo que vale la pena seleccionar del pasado para traer al presente. Llama la atención que no califica como víctimas de la violencia política o de la guerra a quienes murieron. Se trata por entero de una entrega generosa de la vida. Ello impide que en el discurso de Meneses aparezcan conceptos como responsabilidad, derechos humanos, justicia. El deseo de que la guerra no se repita se expresa en un registro exclusivamente moral: "Fuimos una generación enfrentada con nuestros propios hermanos y hermanas, yo diría que ambas partes nos enfrascamos en una lucha, defendiendo lo que creíamos mejor para Nicaragua. Ojalá que esto, nunca más se repita en nuestra historia" (Meneses 2006, 13).

A diferencia de la calificación de la guerra de los ochenta como una guerra de agresión y defensa de la Patria/Revolución, en la introducción a su diario escrita en 2006, Meneses consideró la guerra como un enfrentamiento entre iguales, hermanos y hermanas nicaragüenses que defendían proyectos contendientes. Hay aquí un reconocimiento y validación de adversarios inexistente en el discurso oficial de los ochenta, como argumenta extensamente Agudelo en su libro *Contramemorias* (2017). Sin embargo, con respecto al imperativo de la no repetición, parece bastar su conjuración para garantizar que no se repita. Esto último merece sin duda un análisis aparte.

Maternidades combativas y delegadas

El diario es uno de los géneros literarios más ligados a la intimidad y la subjetividad. A *La lucha es el más alto de los cantos*, sin embargo, es preciso reconocerle también su carácter de documento oficial puesto que, como antes indiqué, fue una tarea asignada a Meneses en su carácter de miembro de la Asociación Sandinista de Trabajadores de la Cultura (ASTC). A lo anterior vale sumar que la lectura colectiva del diario realizada previamente a su publicación también fortalece el marco social del diario, lo que margina su dimensión biográfica e intimista. Teniendo en cuenta lo anterior, en este acápite analizo las notas del diario dedicadas a la situación de las mujeres en la revolución y, particularmente, en la guerra.

En un artículo publicado en 1985, Maxine Molyneux afirmó que el proceso revolucionario nicaragüense fue, a excepción de Vietnam, el que contó con mayor participación de las mujeres a nivel mundial (1985, 227). De su trabajo rescato el término de "maternidad combativa", una identidad que desde su perspectiva se configuró en la politización posterior al terremoto de 1972. A pesar de responder a un proceso de movilización y politización heterogéneo en su composición socioeconómica, el FSLN institucionalizó y se apropió de la fuerza política de la maternidad, y congeló a las mujeres como Madres de los Héroes y Mártires, un grupo de apoyo parte de la base política sandinista (Molyneux 1985, 228). La conducción política de la maternidad inició en la etapa insurreccional y continuó después del triunfo revolucionario, hasta llegar a la etapa de la defensa militar de la Patria/Revolución. Mi interés reside en esta última etapa. Como mostraré a continuación, al indagar sobre la situación de las mujeres movilizadas a la defensa militar, Meneses puso especial interés en conocer más sobre el ejercicio de sus maternidades.

En las notas del "Martes, 24 de mayo de 1983", Meneses escribió sobre una conversación sostenida durante el desayuno con "la Responsable de Cuadros", una mujer que, como parte de sus responsabilidades, se movilizaba "constantemente por los lugares donde están desplegados los combatientes" (2006, 37). Ese día, las labores iniciaron muy temprano y con disciplina militar. Así lo narra en el diario: "Nos levantamos a las 5:30 am, nos mandan a formar de emergencia y anuncian que no habrá matutino, ni baño, vamos a desayunar para aprovechar salir a Ocotal con las Tropas Especiales para garantizarnos protección" (Meneses 2006, 37).

Lo primero que asalta mi atención es que, a pesar de señalar que la Responsable de Cuadros se movilizaba constantemente por los lugares donde estaban desplegados los combatientes, no existen huellas en el diario que sugieran que Meneses abordó a la Responsable sobre sus tareas militares. Las notas archivadas en el diario levantan el perfil de una "madre combativa":

> Es madre de dos hijos y se integró a la lucha antes del triunfo de la revolución. Durante el periodo de la guerra de liberación, dejó a sus hijos con

una amiga, su esposo era un médico de Estelí que se fue a vivir a México. La amiga a quien confió a sus hijos, los había regalado a otra persona. Cuenta que en Condega la hirieron y allí le llevaron a sus niños. En esa ocasión el menor la desconoció lo que fue un gran impacto para ella. La relación con sus hijos ha mejorado y ahora que está movilizada, ellos han quedado bajo el cuidado de compañeras que comprenden la misión que ella está cumpliendo. (Meneses 2006, 37–38)

Las notas dibujan el drama de una madre que, con el fin de integrarse a la lucha revolucionaria, puso a sus hijos bajo el cuidado de otras personas de su confianza. La primera ocasión fue durante la lucha contra la dictadura somocista. La segunda, muy poco tiempo después, en la guerra de los ochenta.

Llamo la atención sobre el dato de que la militancia de la Responsable de Cuadros en la causa revolucionaria inició desde las luchas antidictatoriales y no después de la victoria de 1979. Ello agrega valor a su testimonio. Quien habla no es novata en las ligas bélicas nacionales, sino una guerrillera fogueada. Su testimonio ilustra la problemática que vivieron miles de mujeres que se politizaron en los años setenta y se enfrentaron conflictivamente, como señala María Teresa Blandón, al "desafío de 'armonizar' los roles tradicionalmente asignados, con las expectativas emergentes de participación" (2018, 104).

El diario levanta datos acerca de la problemática de las "maternidades combativas" y, paralelamente, establece la receta para solucionarla. En el caso de la Responsable de Cuadros, el conflicto suscitado entre política y maternidad se resolvía delegando esta última a una red femenina de cuido, confianza y solidaridad. En las dos ocasiones, la maternidad fue delegada a mujeres amigas. Por su parte, la fuga del padre médico, que sale del país, es a todas luces un dato menor y ni siquiera susceptible de valoración, ni por la testimoniante, ni por Meneses. La paternidad es un espacio vacío.

Un elemento de tensión se introduce en el testimonio de la Responsable de Cuadros cuando su amiga regaló a sus hijos, rompiendo así el lazo de confianza establecido. Sumado a ello, la herida sufrida durante la guerra en Condega propició un nudo dramático. Estando herida, sus hijos la visitan y el menor de ellos la desconoce como madre. Este es un momento culminante del nudo dramático puesto que pone en entredicho su misma maternidad. La realidad se muestra descarnada. Paradójicamente, aunque la acción revolucionaria dice perseguir la vida, en ese momento se vive como un doble riesgo de muerte: muerte física, al estar herida en un enfrentamiento armado, y muerte afectivo-simbólica a partir de la pérdida del reconocimiento como madre. A pesar de esta situación dramática, la Responsable no declinó en su compromiso político. Prueba de ello es que Meneses la encontró movilizada en 1983. Aunque en su testimonio confesó que sentirse desconocida como madre le causó un gran impacto, es claro que, visto como dilema, su elección principal fue la revolución.

Apoyándonos en el testimonio en cuestión, es posible inferir que las redes femeninas de cuidado no resolvían por entero la tensión entre la movilización política y la maternidad. Sin embargo, las notas de Meneses expresan que el problema no era la incompatibilidad de uno y otro mandato, el político y el materno, sino la ausencia de comprensión y cumplimiento por parte de la red femenina de cuidados que debía sustituir la maternidad biológica. En vista de ello, para integrarse a la contienda bélica en 1983, la Responsable de Cuadros delegó el cuido de sus hijos en "compañeras que comprenden la misión que ella está cumpliendo".

La tensión entre política y cuidados expresada en este caso fue individualizada y feminizada. Individualizada porque el peso del cuidado de la niñez de una sociedad en guerra fue depositado sobre una o varias personas que debían asumir, en solidaridad con la causa, los trabajos de cuidado. Y feminizada porque es evidente que también se naturalizó el hecho de que las responsables de la puericultura eran las mujeres. Así, la liberación de la patria, primero, y la defensa de la misma, después, frenó la problematización de la feminización de la puericultura y los cuidados. La persistencia de patrones tradicionales de género en las estructuras de militancia y participación revolucionaria, así como en la lógica diferenciada del sacrificio, parecen no ser abordadas. Así lo indican al menos las notas del diario de Meneses.

Si bien Meneses se interesó en el testimonio de la Responsable de Cuadros como caso que ilustraba un problema para las mujeres revolucionarias, parece que su fin último no era tomarlo como ejemplo para discutir los límites con respecto a los derechos y autonomía de las mujeres movilizadas. Su prioridad fue dictaminar que el problema era solucionable en el marco establecido por la revolución. El problema en cuestión no recaía en patrones tradicionales de poder que podían persistir en la lógica emancipadora entonces en marcha. La solución del problema era competencia de las mujeres. Eran ellas las llamadas a solucionarlo. En el caso de la Responsable, por ejemplo, la solución era encontrar redes femeninas que sí comprendiesen la "misión" de defensa militar de la patria. Es claro, en consecuencia, que el bien social prioritario a defender es la Patria/Revolución, y que las militantes debían sacrificar su maternidad en aras de su defensa. A pesar de no haberse publicado en los ochenta, el diario pretendía comunicar esta postura a la población civil. Visto así, el diario muestra cómo la cultura estuvo al servicio de los objetivos estratégicos de la defensa revolucionaria.

Puericultura y feminización de los cuidados

La Responsable de Cuadros no fue la única mujer que Meneses abordó respecto de la maternidad. Durante el mismo desayuno del martes 24 de mayo de 1983, la poeta anotó detalles de conversaciones sostenidas con dos compañeras más. Como en el caso de la Responsable, tampoco en estas dos conversaciones encontramos notas al respecto de las labores militares y políticas de las compañeras. Las notas archivadas por Meneses acerca de la conversación sostenida son las siguientes: "Otra compañera, que es oficinista tiene una hija que la deja con su mamá y otra tiene un varoncito de tres años que permanece con la mamá de su compañero en Estelí. El sacrificio de la mujer en la lucha es enorme" (Meneses 2006, 37–38).

En sintonía con el caso antes analizado, frente a la dificultad de conciliar la defensa militar de la Patria/Revolución con el ejercicio de la maternidad, las dos compañeras optaron por ceder a su hija e hijo, respectivamente, al cuidado de las abuelas materna y paterna. Los padres, nuevamente, no son siquiera mencionados, ni como vínculos en la red de cuidados, ni como lazo afectivo. No obstante, Meneses no hace ningún comentario al respecto. Simplemente, no existen. Es preciso, además, anotar la ausencia a lo largo de las 65 páginas del diario, de preguntas a los compañeros acerca de su paternidad, y de cómo conciliaban la defensa militar con el ejercicio de sus responsabilidades y afectos paternos.

Meneses subraya el sacrificio enorme de la mujer en la lucha política y militar. La lógica con la que es señalado dicho sacrificio, sin embargo, propicia que su peso sea depositado en la individualidad de las mujeres, ya como madres o abuelas, restando en consecuencia peso a la sociedad y, específicamente, a los compañeros revolucionarios. Esto coincide con lo señalado en *25 años de cuidados en Nicaragua (1980–2005)*. Las autoras de la investigación afirman que las "redes familiares descansan en el trabajo, remunerado o no, de madres, hijas, tías y abuelas, y que no necesariamente están conformadas por el matrimonio o la convivencia entre mujeres y hombres" (Martínez Franzoni 2012, 3). Así, la idea del sacrificio como lógica de participación de las mujeres en la defensa de la revolución rozaba problemáticamente con la esfera de sus derechos, su autonomía y sus afectos. Su incursión en la vida pública cargó de trabajo corporal y afectivo, las más de las veces no remunerado, a una red femenina de solidaridad familiar y extrafamiliar. Subrayo que el peso de este trabajo no lo asumió el Estado, sino las mujeres. El análisis del régimen de cuidados realizado en la investigación arriba citada deja muy claro que "el papel del Estado en el cuidado es muy pequeño en comparación con el papel desempeñado por los arreglos altamente familiarizados" (Martínez Franzoni 2012, 115). Además de beneficiarse de los arreglos familiares y de la abundante solidaridad, el Estado mantuvo a las madres combativas y a las comunidades afectivas gestionadas bajo los lineamientos estratégicos político-militares. Bajo la prioridad de defensa de la Patria/Revolución, se desarrolló un biopoder que, como señala Ana del Sarto analizando la relación entre trabajo y afecto, "produce redes sociales, formas de comunidad y formas de pertenencias, reconfigurando en esos procesos las subjetividades afectadas" (Sarto 2012, 55).

La gubernamentalidad sobre las madres y las comunidades afectivas, como parte del fomento a la participación de las mujeres en la revolución, una línea más amplia de trabajo, no era precisamente aséptica en términos de identidades de género. Como bien indica Ileana Rodríguez, dicha gestión se realizaba desde un modelo "homosocial corporativo y masculino" (2018, 53) que expulsaba atributos físicos, subjetivos y afectivos que podían "obstaculizar" la defensa de la Patria/Revolución. Los tres casos antes vistos sugieren que la maternidad era uno de estos atributos y que la misma era indigerible para la lógica de defensa. Como analiza Agudelo, la masculinización se convirtió en ruta de entrenamiento e identificación corporal durante la guerra. Las mujeres debían parecerse a los hombres "en sus cuerpos, destrezas y apariencias" (2019, 82).

Bernardita Llanos detecta que la maternidad es la experiencia que cristaliza de manera extrema el cruce entre política y subjetividad (2012, 97). En nuestro caso, un cruce conflictivo. La política revolucionaria se muestra incapaz de absorber las subjetividades escindidas entre la transgresión de los mandatos de género y su aceptación e incluso su disfrute. La opción por lo público implica sacrificar lo privado, delegarlo o cederlo a redes femeninas de confianza. Pero lo supuestamente público es realmente una gestión de intereses corporativos homosociales. Por tanto, no solo la figura paterna es inexistente. También, la responsabilidad de otros hombres en la cadena de cuidados es implícitamente ausente, invisible, asunto inexistente en la discusión pública. Para participar en política y en la defensa militar de la revolución, las mujeres debían sujetarse a un biopoder que reconfiguraba sus subjetividades, recordando las palabras antes citadas de Del Sarto. En el caso que aquí interesa, poner la maternidad entre paréntesis. Congelarla. Más adelante veremos cómo esta tensión se muestra en la misma persona de Meneses.

Además de que el sacrificio recaía sobre la individualidad femenina, ella misma resultaba ser el principal objeto de sensibilización. Recordemos al respecto el caso de la Responsable de Cuadros. Su reflexión sobre el momento en que su hijo la desconoció como madre muestra que la responsabilidad cayó por entero en la red femenina de cuidados por no estar a la altura ni comprender la misión de la compañera. No se dice nada sobre la responsabilidad social o los cuidados como una tarea socialmente compartida. El interés de Meneses radicó en señalar que la mujer, a pesar de tener que sacrificar incluso su maternidad, decidió participar en la defensa de la Patria/Revolución. Al no comentar nada al respecto de la obvia división genérica del trabajo y de su persistencia en la estructura de defensa de la revolución, ni en 1983 ni tampoco en 2006, terminó aportando a su naturalización y perduración. Ello coincide con la afirmación en Martínez Franzoni de que los grandes cambios políticos vividos en la historia reciente del país no han trastocado las estructuras tradicionales del trabajo femenino ni la feminización de los cuidados y la puericultura. Es el trabajo de las mujeres, remunerado o, en la mayor parte de los casos, no remunerado, el pilar de los cuidados y la sostenibilidad de la vida a nivel nacional (Martínez Franzoni 2012, 4).

Es importante subrayar las condiciones políticas de producción del diario. La mirada de la Patria/Revolución demandaba comunicar una imagen de la revolución en la que sus participantes, en este caso las madres movilizadas, sacrificaban sus más preciados afectos por un afecto mayor: la defensa de la soberanía. Si bien existían fuertes tensiones, como la maternidad, había una red de apoyo y solidaridad consciente de que "la lucha era el más alto de los cantos". La excomandante sandinista Leticia Herrera lo dice en sus memorias: "todos a la defensa, lo demás viene después" (2013, 364). La mirada etnográfica de Meneses respondió a esta postura. Su mirada detecta y describe a la militante ejemplar que incluso sacrificaba sus afectos maternos por un bien mayor que era la revolución. Aunque en el camino se presentaban dificultades—como la amiga que decide regalar al hijo bajo su cuidado—, la militante lograría resolver estos obstáculos, encontrando, por ejemplo, compañeras que sí comprendían el sacrificio.

El carácter oficial del diario favoreció que las tensiones identificadas en territorio de guerra, como las maternidades combativas, fuesen resueltas de forma favorable a la revolución y su modelo militar de defensa de la paz. El diario mismo era un artefacto cultural puesto que funcionaba como terreno de resolución de las tensiones existentes a favor de la causa revolucionaria y, a la vez, como vehículo de difusión de esta postura en un público destinado a leerlo. Muy probablemente, el futuro lector o lectora no participaba directamente en la guerra, pero sí vivía las tensiones constitutivas de la misma.

No debemos descartar la posibilidad de que el diario tuviese entre sus objetivos promover la simpatía de la ciudadanía con respecto a los combatientes y, en particular, sensibilizar en torno a los sacrificios que realizaban las mujeres en la defensa de la soberanía y la revolución. Recordemos que el viaje de la brigada cultural y el diario mismo sucedieron el año de la promulgación del Servicio Militar Patriótico (SMP) que desde su inicio fue un tema espinoso en la discusión pública. Además de sensibilizar, también es probable que el diario tuviera el propósito de estimular a otras mujeres jóvenes, de extracción urbana, a integrarse a la lucha militar.

Lo que sí queda claro es que el diario no pretendía señalar posibles problemáticas del proceso político, mucho menos si se trataba de asuntos relacionados a la guerra. Al contrario, el diario era parte de las producciones culturales que entonces propiciaron la continuidad de un discurso de subordinación de las mujeres que venía de las luchas insurreccionales y que continuaba durante la revolución, como bien lo indica Rodríguez cuando afirma que si "durante el período de la clandestinidad, la seguridad y la obediencia fueron la prioridad; durante la revolución, fue la defensa" (Rodríguez 2018, 53–54). Cabe resaltar sus consideraciones en torno a que las mujeres se constituyen como identidad subsumida, subordinada, en este caso a la lógica de la defensa militar de la Patria/Revolución, lo que indica una persistencia en la masculinización de lo social y una "defensa de sus intereses corporativos homosociales" (Rodríguez 2018, 53–54).

A contrapelo de lo anterior, en la lectura del diario que Meneses realizó más de dos décadas después, reflexionó sobre este pasado desde una postura más centrada en sus sentimientos y en las huellas de este pasado en su humanidad que en el sacrificio generoso. Para el primer quinquenio del siglo XXI, la subjetividad militante de los ochenta aparece en retirada. Se configura otra subjetividad, más abocada a la individualidad y más sensible a la dimensión afectiva. Así, se da el permiso de preguntarse qué fue necesario hacer para cumplir con el mandato ético de la revolución y del cristianismo. Los tonos grises, las luces y las sombras aparecen. Disminuye el fervor de la defensa de la patria con la vida. Con este cambio en el estatuto de la subjetividad también aparecen las huellas afectivas. Se muestra la capacidad de verse y sentirse afectada personalmente por el pasado, como veremos a continuación.

Reconstrucción del diario y lo afectivo

El 19 de mayo de 1983, el cuerpo de brigadistas llegó a la ciudad de Somoto, ubicada en el departamento de Nueva Segovia. Allí aprovecharon para enviar telegramas a sus familias. Algunos incluso lograron comunicarse por teléfono. Al leer las notas de su diario más de dos décadas después y activar sus recuerdos de ese momento de conexión familiar en medio de la guerra, Meneses anotó lo siguiente:

> Ahora que reconstruyo este Diario, me doy cuenta que al menos yo, para tomar la decisión de irme con la brigada congelé, por decirlo así, mis sentimientos. "No le puse mente", como me diría un compa más adelante, a los riesgos de morir y dejar a mis hijos dentro de una familia desintegrada. Mi hija mayor de 15 años estaba en los Estados Unidos, no quiso quedarse en Nicaragua después que me divorcié de su padre. Mi hijo de 14 años quedó en casa de su padre y su nueva esposa. Mi hija de 11 años y el menor de 9, quedaron en mi casa junto con mi tía abuela de 90 años, Adelina Valle, bajo el cuido de Teresa Pérez Morales, excelente y fiel compañera que realizaba las tareas domésticas y su único hijo de 10 años, Eddie. Mi hija Vidaluz, de 11 años, estaba totalmente integrada a la Juventud Sandinista, era muy valiente, siempre ha tenido una personalidad muy definida desde niña y una especial identificación con todo lo que yo hago. (Meneses 2006, 18)

Interpreto la frase "ahora que reconstruyo este Diario" en clave de memoria, es decir, como una activación reflexiva del pasado—a través de su lectura y rememoración—realizada desde un presente/ahora con expectativas de futuro. El diario condensa el pasado, la experiencia vivida que interesa reconstruir y situar en la escena cultural nacional a través de su publicación. Al respecto, recuerdo a Jelin cuando afirma que "es la agencia humana la que activa el pasado, corporeizado en los contenidos culturales" (2002, 37). Pienso el diario como el contenido cultural del que habla Jelin, y la lectura por parte de Meneses como la acción que activa el pasado en él contenido. Vale aquí también recordar a Rabinovich y su idea de la lectura como "acto de memoria", y con ella subrayar que cuando aquí me refiero a una lectura que activa el pasado significa que la misma "interpela, inquieta al yo, dislocándolo, exigiéndole atención" (2008, 199). La lectura como "acto de memoria" no es placentera. Cuestiona el significante que ordena; no tiene como propósito afirmar lo vivido, sino inquietar la experiencia y demandar atención sobre aspectos antes no valorados. El resultado es una relación entre el pasado rememorado y el "ahora", así como entre el yo del pasado y el del presente que lo interpela y le exige atención sobre aquello que hasta entonces no fue percibido o lo que no tenía en "cuenta". Tal es el caso del congelamiento afectivo en el que cae en cuenta Meneses al rememorar el momento de conexión familiar en la parada de los brigadistas en Somoto.

La examinación del diario provoca giros en la escritura del pasado. Antes, la decisión de viajar a una zona de guerra se basó en una decisión concordante con una ética política y de fe. Ahora, Meneses se da "cuenta" de que su decisión, a todas luces lógica, en realidad tuvo de trasfondo una demanda política: "congelar" su capacidad de sentirse afectada por el mandamiento de cuidar y proteger a sus hijos, sus ideas de una familia integrada e, incluso, su propia vida. La demanda era congelar no un sentimiento sino un bloque de sensaciones vivas en sí mismas. Solo congelando su sensibilidad a este bloque sensorial logró convertirse en un activo militar.

Además de giros, la escritura de memoria revela nuevos sentidos para comprender y valorar el pasado. Muestra que existía una tensión afectiva entre la demanda ético-política y la familiar. Si, como afirma Lauren Berlant, lo afectivo trata de la receptividad activa del cuerpo a la intensidad del tiempo presente (2008, 846), en este caso dicha receptividad bifurcaba el cuerpo entre la intensidad política y la energía materna. Sobre el cuerpo se desarrollaban ambas zonas de intensidad, sus umbrales y horizontes. Uno y otro eran procesos en competencia, instancias de sujeción. Mientras la escritura diarística de los ochenta silenció este campo de fuerzas, la realizada a inicios del presente siglo lo nombra y valora, llevándolo, además, a escena pública.

En la reconstrucción de su diario, Meneses expuso una sensibilidad especial a la sujeción materna, familiar e incluso personal que concuerda con el carácter de sensibilidad y receptividad que Rabinovich otorga al sujeto que recuerda (2008, 201). Gilles Deleuze y Félix Guattari relacionan la capacidad de alcanzar el afecto a la autonomía del ser, la ausencia de una deuda con respecto a los marcos de lo experimentado (Deleuze y Guattari 1997, 169). Esto encuentro en la escritura de Meneses. En lugar de seguir sustentando su narrativa en torno a la lógica de concordancia entre determinación y marco ético, la sujeto que recuerda opta por exponer sus energías y miedos reprimidos. Ya no se debe por completo al marco de experiencia significante. Pertinente es aquí el cuestionamiento de Agudelo: "por qué sustraer el papel del amor, el sexo y el afecto de la participación en la revolución" (2019, 87). En el caso de Meneses, no sustraerlo provocó un descongelamiento afectivo y un reconocimiento—registrado en el mismo plano de la escritura—de ser sensible a sujeciones convencionales, como la maternidad, la familia, el cuido de hijos e hijas y hasta el miedo a perder la propia vida—esto último a contrapelo de la retórica de heroísmo y entrega generosa de la vida—.

Huellas afectivas

Finalicé el acápite anterior afirmando que el descongelamiento significó reconocerse afectada por una sujeción. Además de un reconocimiento consciente, el descongelamiento alude a un bloque de sensaciones cuya perennidad va encontrando un espacio no solo consciente, sino corporal. Rodríguez lo conceptualiza como "sensibilidad lastimada". Vista en clave de memoria, ya que es realizada *a posteriori* de la experiencia, la sensibilidad lastimada es un vehículo a través del cual "las mujeres discuten nociones de derechos y comportamientos políticos" (Rodríguez 2008, 19). Rodríguez señala lo anterior en su estudio de memoria y ciudadanía en testimonios de guerrilleras colombianas.

La "sensibilidad lastimada" es una huella afectiva que, tanto en el caso de estudio de Rodríguez como en el mío contribuye a un ejercicio crítico al distanciarse de las interpretaciones deterministas, heroicas y sacrificiales sobre los pasados revolucionarios. Las sensibilidades y las huellas son modos de conocimiento sobre los significados y persistencias del pasado en el presente que acentúan campos de fuerzas constituidos por intensidades de la política y sus contrapuntos afectivos. Estas huellas también las encuentra Gilda Waldman en su análisis de testimonios de mujeres militantes de izquierda en Argentina y Chile. Waldman subraya la subordinación de la vida personal y familiar de las mujeres militantes al proyecto colectivo revolucionario. En sus palabras, la política militante "parecía no dejar espacio en la subjetividad para ninguna otra dimensión que no fuera la entrega total de tiempo, intereses, sangre, espíritu y palabra al movimiento" (2011, 88).

Por otra parte, la huella afectiva marca un distanciamiento subjetivo con respecto a la interpretación determinista y heroica del pasado, como la única existente o legítima. Dicho distanciamiento aflora la existencia de "memorias subterráneas", para usar el concepto de Pollack (2006, 18). Como antes mencioné, estas memorias aguardan "coyunturas favorables", momentos oportunos para salir a luz pública. En Meneses, lo subterráneo hace referencia a lo afectivo que transita, a través de la escritura, del subsuelo de lo guardado y reprimido al espacio público. Apoyándome en Pollack, la emergencia del sustrato subterráneo descongela sentimientos y sufrimientos hasta entonces difíciles de expresar públicamente (2006, 19).

La escritura de memoria propicia el encuentro con el subsuelo afectivo. Como un movimiento de placas tectónicas, la subjetividad se reacomoda al abrirse a lo hasta entonces silenciado. La publicación del diario, por su parte, traslada lo subterráneo de lo privado a lo público, debatible, contencioso. La cultura instala lo afectivo en el discurso público. Por tanto, lejos de ser un ejercicio exclusivamente personal, la huella afectiva del yo también tiene algo que decir con respecto a los significados y legados sociales del pasado. Como resultado, la interpretación oficial se abre necesariamente al debate, la pluralidad y la lucha interpretativa.

Es preciso subrayar que las reflexiones de Meneses sobre el congelamiento de sus sentimientos tienen un carácter personal. Al menos en este caso, el registro de la huella afectiva se limita al ámbito del yo, inhibiéndose de hacer generalizaciones.[4] El recurso a la primera persona y el formato intimista de la escritura diarística favorecen esto último. Aun así, la huella afectiva tiene el poder de revelar las tensiones subjetivas suscitadas por la intensificación de la guerra y la militarización de la política. Quizá sin proponérselo, el resultado es un desafío al marco de escritura e interpretación del pasado revolucionario que, en líneas generales, no ha puesto atención a los dilemas afectivos y emocionales que acarreó el "tumultuoso tiempo de la revolución" (Meneses 2016, 153), mucho menos cuando esto significaría un ejercicio de pensamiento crítico y una aceptación de doble estándar para medir a hombres y mujeres. La escritura de Meneses marca así un ejemplo de "la fuerza simbólica de la memoria", como Isabel Piper y Leyla Troncoso llaman a su capacidad de desafiar narrativas instaladas y producir nuevas subjetividades y sentidos (2015, 67).

Además del desafío anterior, también está sugerido implícitamente otro lugar de rememoración y enunciación. Ni el lugar acrítico de la revolución victoriosa erigida sobre el cuerpo de un enemigo, ni tampoco la nostalgia del paraíso perdido. El lugar para hilar el pasado es la tensión que constituye la experiencia, debatida entre imperativos, relaciones de fuerza que conviven en un mismo ser, subjetividades escindidas, guerras dentro de la guerra, parafraseando a Agudelo (2019, 87). Ni siquiera en una misma persona la revolución fue unidimensional. No puede, por tanto, escribirse en singular y con mayúscula, sino "en base a historias propias", como la misma Meneses sugirió hacerlo en la entrevista concedida a Irene Selser que fue publicada en *Confidencial* el 1 de junio de 2016. En dicha entrevista, Meneses afirmó que "cada quien vivió [...] su pedazo de revolución" (Selser 2016).

La confesión que realizó Meneses acerca de la necesidad de congelar sus afectos familiares para cumplir con un marco ético indica la dificultad del modelo Patria/Revolución para compaginar la política y lo afectivo, especialmente en el caso de las mujeres. La defensa de la Patria/Revolución era *el* afecto permitido. Recordando a Waldman, no había espacio en la subjetividad para otras dimensiones afectivas. Era legítimo que las mujeres movilizadas, por ejemplo, mostraran su capacidad de ser afectadas por la generosidad de los combatientes que sacrificaban su vida por amor a la patria. Pero no debían permitirse igual afectación frente a las pasiones familiares, vistas como tradicionales. Mente y cuerpo, razón y emoción, acción y pasión debían concentrarse en el amor más grande: la defensa del proyecto revolucionario, política y militarmente hablando. Otros mandatos afectivos, como la maternidad, se subordinaban o congelaban. Eran puestos entre paréntesis.

Aunque Meneses es ejemplo de quien vivió con intensidad la política revolucionaria, el paso de los años muestra la huella y persistencia de los afectos congelados y los conflictos acallados, hacia afuera y hacia dentro de sí misma. A medida que el afecto a la Patria/Revolución fue tornándose cabizbajo y en retirada, la huella afectiva irrumpió en otras dimensiones. Por ello, la lectura del diario dos décadas después representó una "coyuntura favorable" para sacarla a luz pública. Tiene razón Pollack cuando afirma que "el largo silencio sobre el pasado, lejos de conducir al olvido, es la resistencia que una sociedad civil impotente opone al exceso de discursos oficiales" (2006, 20).

No es casual que la maternidad haya sido la experiencia detonante de la huella afectiva. En el estudio ya citado de Waldman, se subraya que la maternidad es la experiencia que con mayor fuerza conecta subjetividad y política;

el mayor foco de tensión entre los mandatos femeninos, la moral partidaria y la subjetividad de las militantes. En sus palabras, "la maternidad fue uno de los aspectos que mayor huella dejó en las mujeres, al punto que este fue, en muchos casos, uno de los grandes ejes organizadores de los relatos" (Waldman 2011, 90).

Aunque en el caso de Meneses la maternidad no se convierte en un eje que organiza su narrativa, sí funciona como instancia crítica de la narrativa diarística de los ochenta. Como indica Mabel Moraña en su "Postscriptum" a *El lenguaje de las emociones*, el afecto permite problematizar formas de conocimiento, procesos de institucionalización del poder y sus asentamientos subjetivos (2012, 323). Pensando con esta autora, los afectos ligados a la maternidad interpelan y problematizan la identificación emocional de Meneses con la retórica oficial. En la memoria, el pasado aparece más como un aterrizaje forzoso que como un vuelo placentero. Pero más que un registro al servicio de "completar" la interpretación del pasado, encontrar vacíos que llenar, lo afectivo es una instancia de problematización que, citando a Deleuze y Guattari, "susurra al oído del porvenir las sensaciones persistentes que encarnan el acontecimiento" (1997, 178). La huella afectiva florece en el tiempo del ahora, desde una visita crítica del pasado y con expectativas de porvenir y futuro. Así entiendo a Rabinovich cuando afirma que la lectura—como acto de memoria—"tiene algo del orden de la justicia" (2008, 200). El pasado es redimido por la escritura de memoria realizada en tiempo presente, haciendo audibles las protestas del pasado, las luchas siempre retomadas, las luchas de ayer que se siguen librando hoy. El susurro al oído del porvenir tiene la cara del advenimiento de la justicia. Es el susurro de las "voces que claman por el reino / que no hemos podido construir".

Notas

1. Dejo constancia de mi agradecimiento a Irene Agudelo por sugerirme explorar las memorias de Vidaluz Meneses.

2. El poema de Gordillo se titula *El precio de una patria*. Lo copio completo a continuación: "3.000.000 es el precio de una Patria / si alguien quiere venderla. / Y hubo quien quiso y la vendió. / Más tarde dijeron que sus hijos / nacieron para cantarla. / Como si la lucha no es el más alto / de los cantos, / y la muerte el más grande" (1989, 37). La Generación de la Autonomía se desarrolló en la década de 1960 como un movimiento cultural y político. En la producción cultural encontró su principal

frente en la Revista *Ventana*, dirigida por Sergio Ramírez (1942) y Fernando Gordillo (1941), y publicada entre 1960 y 1964, bajo el apoyo del entonces Rector de la Universidad Nacional Autónoma (UNAN), Mariano Fiallos Gil. Su propuesta cultural abogó por la creación de una literatura nacional que fusionara compromiso estético con la lucha por el cambio de estructuras sociales injustas. En lo político, su principal foco de atención fue alcanzar la autonomía universitaria y apertura democrática. Ello significó una postura crítica con respecto a la permanencia de la familia Somoza en el poder, así como frente al cierre de espacios de participación política y constantes fraudes electorales. Fundamental para la creación de este frente político y cultural fue la masacre contra estudiantes universitarios cometida por la Guardia Nacional el 23 de julio de 1959 en la ciudad de León.

3. Al respecto puede consultarse la conocida entrevista realizada por Marta Harnecker a Luis Carrión en 1986, publicada bajo el título, *Los cristianos y la revolución sandinista*.

4. Ello no significa que Meneses no haya sido consciente de que sus conflictos personales también fueron vividos por muchas mujeres que decidieron participar en política. En el documental *Un secreto para mi sola* (1988), dirigido por Rossana Lacayo y basado en el testimonio de Meneses, ella afirma: "Acepté contar mi vida por responsabilidad histórica, ya que a veces la realidad es más sorprendente que la imaginación, y en mi caso se resume la problemática que se da en una buena cantidad de mujeres. Soy como ellas, mujer de transición, aprendiendo a vencer nuestras contradicciones en el seno de un pueblo heroico e inclaudicable" (26:58–27:20).

Obras citadas

Agudelo Builes, Irene. 2017. *Contramemorias. Discursos e imágenes sobre/desde La Contra, Nicaragua (1979–1989)*. Managua: IHNCA-UCA.

———. 2019. "Narrar la guerra en clave de género. Mujeres contras y sandinistas en los ochenta". *Revista de Historia* 36, primer semestre 2019: 76–88.

Berlant, Lauren. 2008. "Intuitionists: History and the Affective Event". *American Literary History* 20, 4: 845–60.

Blandón, María Teresa. 2018. "Relación del movimiento de mujeres y feminista con el movimiento y gobierno sandinista de Nicaragua durante los últimos 40 años". *Monograma. Revista Iberoamericana de Cultura y Pensamiento* 21: 97–128.

Deleuze, Gilles y Félix Guattari. 1997. *¿Qué es la filosofía?* Barcelona: Anagrama.

Gordillo, Fernando. 1989. *Obra*. Managua: Editorial Nueva Nicaragua.

Harnecker, Marta. 1986. "Los cristianos y la revolución sandinista. Diálogo con el comandante de la Revolución, Luis Carrión". *Revista Encuentro* 29: 85–92.

Herrera, Leticia, Montserrat Sabater y Antonia María. 2013. *Guerrillera, mujer y comandante de la revolución sandinista: memorias de Leticia Herrera*. Barcelona: Icaria.

Jelin, Elizabeth. 2002. *Los trabajos de la memoria*. Madrid: Siglo Veintiuno Editores.

Kinloch Tijerino, Frances. 2016. *Historia de Nicaragua*. Managua: IHNCA-UCA.

Lacayo, Rossana. Dir. 1988. *Un secreto para mi sola. Basada en el testimonio de Vidaluz Meneses*. Managua: Instituto Nicaraguense de Cine (INCINE).

Llanos, Bernardita. 2012. "Memoria, afectos y género en documentales argentinos y chilenos". *Revista de Historia* 27, primer semestre 2012: 93–105.

Mackenbach, Werner. 2018. "Literatura y revolución: la literatura nicaragüense de los años ochenta y noventa entre política y ficción". *Monograma. Revista Iberoamericana de Cultura y Pensamiento* 21: 13–44.

Martínez Franzoni, Juliana. 2012. *25 años de cuidados en Nicaragua (1980–2005): poco Estado, poco mercado, mucho trabajo no remunerado*. San José: Guayacán.

Meneses, Vidaluz. 2002. *Todo es igual y distinto. Poemas 1992–2001*. Managua: Centro Nacional de Escritores.

———. 2006. *La lucha es el más alto de los cantos*. Managua: Anamá Ediciones.

———. 2016. *Balada para Adelina* (Memorias). Managua: Anamá Ediciones.

Molyneux, Maxine. 1985. "Mobilization Without Emancipation? Women's Interests, the State and Revolution in Nicaragua". *Feminist Studies* 11, 2: 227–54.

Moraña, Mabel. 2012. "Postscriptum. El afecto en la caja de herramientas". En *El lenguaje de las emociones. Afecto y cultura en América Latina*, editado por Mabel Moraña e Ignacio Sánchez Prado, 313–39. Madrid: Iberoamericana.

Piper, Isabel y Lelya Troncoso. 2015. "Género y memoria: articulaciones críticas y feministas". *Athenea Digital* 15, No 1: 65–90.

Pollack, Michael. 2006. *Memoria, olvido, silencio. La producción social de identidades frente a situaciones límite*. Buenos Aires: Ediciones Al margen.

Rabinovich, Silvana. 2008. "Lectura y subjetividad: actos de memoria". En *Memoria y ciudadanía*, editado por Ileana Rodríguez y Mónica Szurmuk, 195–207. Santiago de Chile: Editorial Cuarto Propio.

Rodríguez, Ileana. 2008. "Ciudadanías abyectas: intervención de la memoria cultural y testimonial en la *res publica*". En *Memoria y ciudadanía*, editado por Ileana Rodríguez y Mónica Szurmuck, 15–39. Santiago de Chile: Editorial Cuarto Propio.

———. 2018. "La prosa de la contrainsurgencia". *Monograma. Revista Iberoamericana de Cultura y Pensamiento* 21: 45–60.

Sarto, Ana Del. 2012. "Los afectos en los estudios culturales latinoamericanos. Cuerpos y subjetividades en Ciudad Juárez". *Cuadernos de Literatura* 32, julio-diciembre: 41–68.

Selser, Irene. 2016. "Cada quien vivió su propia revolución". *Confidencial*, 1 de junio. Acceso el 8 de mayo de 2019. https://confidencial.com.ni/cada-quien-vivio-su-propia-revolucion/.

Waldman, Gilda. 2011. "Voces vivas de la militancia femenina en los 60 y 70: tensiones de la subjetividad". *Taller de Letras* 48: 81–93.

IRENE AGUDELO BUILES

Masculino-femenino en el relato sobre las guerrilleras sandinistas y las combatientes contras

JOSHUA GOLDSTEIN SEÑALA EN su libro *War and Gender. How Gender Shapes the War System and Viceversa* que, contrariamente a lo que ocurre en los ejércitos regulares —constituidos principalmente por hombres—, las guerrillas incorporaron a las mujeres en sus filas en roles guerreros, y no solamente como enfermeras, madres, trabajadoras sexuales o colaboradoras (2006, 83). En Centroamérica y Chiapas, las mujeres han sido parte significativa de los movimientos armados. Ya en 1985, Maxine Molyneux había dicho en su conocido artículo sobre las mujeres y los intereses de género que el 30% de la guerrilla sandinista estaba conformada por mujeres. Hasta entonces sólo en la guerrilla de Vietnam se habían contabilizado números tan altos de mujeres combatientes (Molyneux 1985, 227). Karen Kampwirth estima la misma cifra para Nicaragua: el 30% de los combatientes y gran parte de los altos mandos guerrilleros del Frente Sandinista de Liberación Nacional (FSLN) fueron mujeres; en México, en el Ejército Zapatista de Liberación Nacional (EZLN), durante el primer alzamiento, las mujeres constituían la tercera parte de los combatientes y en El Salvador, el 40% de los miembros del Frente Farabundo Martí para la Liberación Nacional (FMLN) fueron mujeres, el 30% fueron combatientes y el 20% fueron líderes militares (Kampwirth 2007, 16).

En Nicaragua, la memoria de las combatientes sandinistas ha gozado de amplia difusión y estudio, sin embargo, poco se sabe de las combatientes de las filas de La Contra. Ni el relato sobre los contras hecho por la narrativa sandinista, ni la propia narrativa de La Contra dan cuenta, hasta hoy, de la participación de las mujeres en esa organización. Apenas hay alusiones a su presencia, pero sus voces, por lo general, no hacen parte de la historia. Es a causa de ese relato en masculino que se tiene una imagen de La Contra como un ejército irregular donde solo había hombres. El relato de las combatientes recién empieza a conocerse y por ello, sus memorias y testimonios ocupan un lugar significativo en la configuración de la literatura centroamericana.

Esta investigación explora aportes del testimonio y la memoria al campo cultural, particularmente interesa cómo el género tiene una capacidad de intervención importante a considerar; también indaga sobre cómo la masculinidad fue exigida a las mujeres integradas a la lucha armada en Nicaragua, sandinistas o contras, y se pregunta si de esa manera se desestabilizaba el binario masculino-femenino. Interesa especialmente analizar cómo la narrativa sandinista representó a las mujeres guerrilleras sandinistas y contras, incluso si a estas últimas solo las ignoraba porque nunca dio cuenta de su presencia. Mi archivo está conformado por testimonios y memorias publicadas de la militante Rossy López Huelva y las guerrilleras Doris Tijerino, Leticia Herrera, Mónica Baltodano, Nora Astorga y Dora María Téllez, así como por testimonios de las combatientes contras Julia Peralta, Lucila Galeano y María Elsa González.

El relato sobre las sandinistas

En *Revoluciones sin cambios revolucionarios*, Edelberto Torres-Rivas discute la idea de que fue el Frente Sandinista quien guió la insurrección popular que derrocó a Anastasio Somoza Debayle en Nicaragua, en el año de 1979. A contracorriente de lo que afirma la narrativa sandinista sobre su liderazgo ideológico como el factor decisivo del triunfo, Torres-Rivas sostiene que fue la vanguardia revolucionaria quien aprendió de las tácticas y lógicas de las masas durante la insurrección popular y que se "dejaron conducir por ellas inicialmente" (2011, 365). Torres-Rivas cita a quien llama el mayor estratega del sandinismo, el comandante Humberto Ortega Saavedra, para evidenciar tal situación pues es éste quien señala que "los comandos sandinistas no estuvieron inicialmente a la cabeza de las insurrecciones urbanas; la iniciativa fue siempre espontánea, natural, de un pueblo iracundo que sólo tenía a su favor un coraje ofensivo, una voluntad destructiva, desclasada, con dirección dispersa" (2011, 364–65). Sin embargo, el mismo Ortega Saavedra matiza de inmediato su aparente reconocimiento al añadir que las masas actuaban "con dirección dispersa", es decir, sin dirección y sin racionalidad en ausencia de "la vanguardia" (el Frente Sandinista de Liberación Nacional). Es conocido de todos que el FSLN se apropió de un largo pasado de levantamientos, revueltas y rebeliones de la población e impuso una lectura según la cual fue su dirección la que llevó al triunfo de la revolución. No es objeto de este trabajo dar cuenta de esa discusión,[1] interesa, sin embargo, señalar esa apropiación para decir también que ese discurso no solo colonizó la participación de hombres y mujeres, sino que le asignó a esa participación valor según ellas y ellos hubieran sido combatientes sandinistas. La narrativa sandinista durante los años ochenta promovió un patrón de ciudadanía basado en la participación militar y combatiente cuya máxima expresión, y reconocimiento, fue el heroísmo demostrado en la lucha contra Somoza por los guerrilleros sandinistas. Por eso la máxima expresión de heroísmo quedó congelada en la lucha contra Somoza. Esto afectó principalmente a los jóvenes que marcharon al servicio militar en la década de los ochenta y a las mujeres.

Cuando entró en vigencia la Ley del Servicio Militar Patriótico, en el año 1983, el discurso del Ejército Popular Sandinista (EPS) promovió la condición de héroes que los jóvenes nicaragüenses debían alcanzar, defendiendo, a cualquier costo, la patria de la gran amenaza que representaba la contrarrevolución armada. No obstante, habrá que anotar que, a diferencia de los guerrilleros sandinistas que lucharon contra la dictadura de Anastasio Somoza Debayle (1967–1972 y 1974–1979), los reclutas del servicio militar nunca alcanzaron la condición heroica. La posibilidad heroica, el ser héroe, quedó cerrado al triunfo de la revolución. Después de 1979, no hubo más héroes y mártires. Los muertos eran ahora caídos en combate en la guerra de agresión. Es como si "construir un conjunto de héroes implica[ra] opacar la acción de otros" (Jelin 2002, 40). No resulta casual la manera en que el discurso oficial nombrara a los reclutas del servicio militar: evocando al héroe insurgente nacional, "cachorros sueltos de Sandino", y al héroe poético nacional, Rubén Darío: "Hay mil cachorros sueltos del León Español" (Darío 2003, 38). El nombre, cachorros, los ubicaba en una suerte de edad tutelar, o en una etapa muy lejana a convertirse en "fieras".

Con relación a la participación política de las mujeres, esta adquirió valor en tanto ellas hubieran formado parte de la insurrección popular armada que tenía como vanguardia al FSLN. Fue meritorio que durante la revolución diversos proyectos registraran testimonios de las mujeres y los incluyeran en el nuevo relato del pasado, sin embargo, por lo general, en ese relato tenían la palabra solo aquellas que hablaran en su carácter de combatientes de la insurrección o como madres de los caídos en la insurrección.[2] En el conocido libro de Margaret Randall dedicado a la guerrillera Doris Tijerino, Tijerino es presentada ante todo como una mujer "militante activa" (Randall 1977, 10). Esa idea de mujer "militante activa", guerrillera y combatiente, representa el sistema de calificación desde el que se escribió la historia de la participación de las mujeres dentro del Frente Sandinista, aquellas que quedaron registradas en el relato mayoritariamente en masculino de la historia. Ese mismo sistema de calificación decidió borrar la figura de Rossy López—la "primera mujer que se afilia al FSLN" (Cruz 2017, párr. 23), según dijo Carlos Fonseca Amador—, concretamente de una fotografía en la que aparecen, juntas, en la cárcel, Rossy López y Doris Tijerino en el año de 1969. Se reprodujo una imagen en la que Tijerino aparece sola, sin su compañera de celda, pero la foto completa es menos conocida. Durante los años ochenta, López, reconocida artista plástica, pero ni guerrillera ni armada, fue borrada de la fotografía a fin de dejarle todo el protagonismo a la comandante Tijerino, jefa de la Policía Sandinista entre 1985 y 1988.

La lucha armada demandaba a las mujeres habilidades físicas y emocionales, prácticas e intelectuales sobresalientes—muchas veces por encima de las que se les exigían a los hombres—. En la narrativa que registra a esas mujeres, lo masculino—entendido como un conjunto de características supuestamente propias de los hombres, según la heteronormatividad—se apodera de esas capacidades y las inscribe como propias al decir que ellas son tan o más hombres que los hombres. Esto se observa en el relato de Francisco Rivera Quintero, el "Zorro", combatiente legendario del FSLN, cuando recuerda en su testimonio a Claudia Chamorro como la referencia de lo que él consideraba ser valiente a "la hora del combate y de la muerte":

> Y ahora es tiempo de hablar de Claudia Chamorro, la compañera Luisa. Era una muchacha que asombraba a los campesinos por su belleza. *La Yanka,* le decían, porque era alta, rubia, de ojos gatos. Ella, al principio, se disgustaba por eso [...] Hasta que se acostumbró [...] Ya dije que había entrado a la montaña en abril de 1976 [...] No tenía para entonces ningún entrenamiento militar, ni idea de lo que era la vida en la montaña [...] Pero fue cambiando *La Yanka*. Tuvo un cambio rapidísimo, y pronto dejó aquellas posturas de señorita mimada [...] Tuvo su bautizo de fuego en septiembre, cuando le tocó combatir junto a Carlos Fonseca, en la ocasión en que los jueces de mesta asaltaron el campamento en San José de las Bayas, y allí sorprendió a los demás por su serenidad

y su coraje; y cuando combatió junto a mí el 10 de noviembre, lo hizo con la misma entereza. E igual después, cuando cayó [...] En sus gritos no dejaba de insistir en que me retirara yo, porque si no, me iban a matar también. Y seguimos gritándonos así, disparando yo y disparando ella que ya estaba mal herida. Nos lanzaron varias granadas de fragmentación. Una granada voló hasta su parapeto, vi el resplandor que la envolvía, y después de la explosión, vino el silencio. Ya no gritó nada más, y se calló también su fusil. Hasta entonces busqué la retirada. Me di vuelta, descubrí un hoyo, retrocedí entre el cañal hasta alcanzar el hoyo, me desguindé por una depresión del terreno, y me fui.

Por eso sostengo que fue una mujer como ha habido pocas. Más valiente en la hora del combate y en la hora de la muerte, que muchos hombres que yo he conocido.

Y no son pocos los que he conocido. (Ramírez 2016, 136–42)

Además del valor, como el que muestra Claudia Chamorro—una mujer que fue más valiente que muchos hombres, según la describe Rivera—, la lucha armada demandaba fuerza y vigor físico. A las guerrilleras urbanas la experiencia no parece haberles exigido un *performance* de género sobre sus cuerpos como parece haberlo hecho en el caso de aquellas que pasaron por la experiencia de la montaña, como Claudia Chamorro. El testimonio de Dora María Téllez sugiere que disciplinar el cuerpo y demostrar el dominio sobre éste era no solo necesario para la supervivencia, sino que también era estratégico como fuente de respeto y reconocimiento por parte de los compañeros. Cuenta Téllez:

> Me tocó de baquiano Juancito... Él me ve blanquita, flaquita, de la ciudad, pero yo al principio voy bien pues. Pero al cabo de cinco días ya no aguanto más. A esas alturas Juancito, perspicaz, me dice "¿Le ayudo compañera?". "No, si no voy cansada, le digo, aguanto". Pensaba "Si no, no me van a respetar nunca"... Llegó un momento en que no podía caminar más y me fui a brazos: me agarraba a las ramas con los dos brazos, me jalaba, y me empujaba un poco con las piernas. Entonces Juancito me decía "Le ayudo". "No", decía yo, "aguanto todavía, yo le voy a avisar cuándo". Nunca jamás ningún compañero se burló de mí después de eso. (Murguialday 1990, 63–64)

Notemos también en el testimonio de Dora María Téllez, como en el de Claudia Chamorro, que se trata no sólo del género, ellas son mujeres de procedencia urbana, blancas y de clase social media y alta. Estos asuntos, aún poco discutidos en estudios de género, deben tomarse en cuenta. La cita de Téllez también nos lleva a otro problema: en ese imaginario masculino de mujer "militante activa", valiente, fuerte y vigorosa, también guerrillera y combatiente, no cabía el binomio mujer-madre. Para la vanguardia, el papel de guerrillera y madre era incompatible y estaba prohibido. Ileana Rodríguez encuentra en esa prohibición un procedimiento de totalización que consiste en "subordinar y reglamentar su naturaleza biológica, funciones y capacidades uterinas, y aparato reproductor, genitales y afectos" (2019, 143). La maternidad en la insurgencia, agrega Rodríguez, "escinde al sujeto revolucionario de género mujer y lo presenta como una dualidad: en primera instancia, como objeto de un relato primario, zoológico, no todavía teorizado" (2019, 143). El binomio mujer-madre es pues otro extremo del imaginario heteronormativo masculino, un extremo que, a su vez, habría expulsado a la mujer fuerte, vigorosa, guerrillera y combatiente. Lo que se observa es que este imaginario solo puede funcionar separando y fijando, no puede, por inflexible, imaginarse a una mujer que pueda ser ambas cosas.[3]

Para aquellas que se lo planteaban o les llegaba sin planearlo, la maternidad debía ser aplazada, negada o puesta en segundo lugar. Sabemos por muchos testimonios de guerrilleras, incluso el de Doris Tijerino, que ellas debían, por mandato de sus superiores, dejar a sus hijos al cuido de otras personas—muchas veces ni siquiera familiares ni conocidos, quizás simplemente militantes o colaboradores—.[4] En su testimonio, la militante, guerrillera y combatiente Leticia Herrera relata la "entrega" de su hijo David al cuido de otros. Dice Herrera:

> Y ya David, cuando él nació, a él lo inscribimos con el nombre de Denis Mauricio Sánchez, con el segundo apellido mío, y así se bautizó. Así tiene la fe de bautismo. No podía poner el nombre correspondiente, y verdadero porque significaba estar señalando a la guardia que allí estaba yo, elemento clandestino del FSLN. Hubiera sido ponerme en bandeja servida y consecuentemente al niño también. No le podía poner el nombre de Tejada por el nombre del padre por la misma razón y porque, realmente, nosotros no sabíamos hasta qué punto, incluso los curas podían estar también trabajando con la guardia. Yo me voy para Subtiava de nuevo, para la casa de Vilma Mercado. De modo que al niño, la condición que a mí me habían puesto [el Frente Sandinista] es que yo lo tenía que entregar a los tres meses y ya tiene un mes. Los siguientes dos meses

yo los paso con él en Subtiava. Inmediatamente, yo me reintegro al trabajo, y mi trabajo yo lo hice andando con ese niño. Al cabo de los tres meses yo entrego al niño. (González, Sabater y Trayner 2013, 51)

El precio de esas maternidades fue alto. Nora Astorga, por ejemplo, contó que separarse de sus hijas era lo más difícil de sobrellevar cuando decidió y aceptó entrar a la clandestinidad: "Yo sabía que después de aquello no podría regresar a mi vida, que no podría regresar con mis hijas—una tenía 6 años y otra 2—y eso era lo que más me costaba" (Astorga 1988, párr. 36). "Aquello" de lo que habla Nora Astorga es uno de los operativos más mediáticos del Frente Sandinista en el que ella fue protagonista. Se trata del operativo para secuestrar al jefe del Estado Mayor de la Guardia Nacional, el general Reynaldo Pérez Vega, el 8 de marzo de 1978. Aunque la idea inicial del operativo era secuestrarlo para intercambiarlo después por presos políticos, la situación salió de control y decidieron matarlo. Pérez Vega llegó al encuentro con Nora Astorga atraído por una supuesta cita amorosa a sostener. El suceso alimentó la voracidad de los medios oficiales por semanas porque ella era una reconocida abogada, provenía además de una conocida familia y su padre era un general liberal, amigo de Somoza. A causa de esta acción, ella tuvo que pasar a la clandestinidad y fue enviada al Frente Sur.

Al dolor de esas separaciones se sumó el resentimiento y reclamo que hijas e hijos de guerrilleros y guerrilleras han hecho mayoritariamente a sus madres, no tanto así a los padres. No es casual que a las madres se les reclame con mayor severidad. La sociedad reclama con distinto rasero la ausencia de la madre que la del padre.

Sobre lo femenino guerrillero Mary Louise Pratt anota que "es un femenino que en los hombres pasa por el masculinismo y el privilegio masculino y se vuelve entonces irreconocible" (Pratt en Rayas Velasco 2009, 22), es decir, se desdibuja de mujer, se *desmujeriza*. Gracias a sus dotes y capacidades guerreras sobresalientes, a ellas se les permite participar mientras son ejército irregular, pero la situación da una vuelta de tuerca cuando la guerrilla se convierte en ejército regular o se desmoviliza. Con el triunfo de la revolución, la participación de las mujeres armadas es "reencausada". En Nicaragua, la vanguardia desmovilizó a las comandantes guerrilleras y las destinó a labores no armadas, en contra de las voluntades de ellas. Llamo la atención sobre el hecho de que esta subvaloración de las mujeres sandinistas para la guerra sucede en el momento en que dejan de ser guerrilla y se convierten en ejército regular, en el año de 1979. ¿Cómo entender de otra manera que la dirigencia sandinista no destinara a ninguna de ellas como parte del Estado Mayor del Ejército Popular Sandinista (EPS) y la Policía Sandinista (PS),[5] cuando habían sido precisamente ellas quienes dirigieron, conjuntamente con algunos hombres, el frente interno en la lucha contra Somoza? Dora María Téllez, entre ellas, la número dos en la toma del Palacio Nacional, el 22 de agosto de 1978, a sus 22 años de edad.

La desmovilización de las mujeres resultaba un sinsentido no solo por las probadas capacidades que ellas tenían, sino que también contrariaba el deseo expreso de dos de ellas: las comandantes Leticia Herrera y Mónica Baltodano. Herrera aborda este tema en sus memorias:

> Inmediatamente que se dio el triunfo sobre la dictadura, a las tres [mujeres que componían el Estado Mayor del Frente Occidental Rigoberto López Pérez] nos sacaron prácticamente del Ejército. ¿Y eso qué significaba? Que entonces seguíamos siempre con el hecho de que siempre teníamos que seguir subordinadas, o desempeñando cargos que eran de segunda categoría. Entonces, ¿qué puertas abrió el movimiento revolucionario? El movimiento revolucionario sí las abrió, pero, como vuelvo a repetir, los obligamos a que nos abrieran las puertas, pero también a la menor oportunidad nos las fueron cerrando. (González, Sabater y Trayner 2013, 14)

Igual anhelo expresa Mónica Baltodano en el libro *Guerrillas* de Dirk Kruijt:

> Tengo que decirte que yo quería quedarme en el Ejército. Y la razón que no me quedara en el Ejército fueron los asesores cubanos. Que eran muy machistas. Sí, los cubanos no tenían el concepto del comando de una mujer. Yo era comandante guerrillera. Si yo me quedaba no me podían poner como jefe de tropa, me tenían que poner en el Estado Mayor, en un cargo alto. Pero me pusieron al trabajo político, de verdad. Al principio yo me resistí un poco, pero después lo acepté. (2009, 91)

Cuando inició la guerra de los años ochenta, con el reclutamiento de los hombres en las milicias, el servicio militar y las fuerzas de La Contra, se dio una mayor feminización de la fuerza de trabajo rural y también urbana. Las mujeres asumieron el trabajo político, los ministerios sociales y el trabajo de retaguardia. Los datos de la edición del 16 de agosto de 1988 del diario oficial *Barricada*[6] resultan contundentes sobre este punto: las mujeres constituían el 75% de cortadores de café, el 60% del algodón y el 80% del personal de la industria textil (Ferrari 1988, 3). Sin embargo, los elementos de discriminación persistieron: "doble jornada, normación inadecuada, marginación de los programas de capacitación, chovinismo masculino, entre otros" (Vilas 1994, 225). A ello se agregaría la reducida participación de las mujeres en los cuerpos directivos de las cooperativas, a más de otra discriminación, como es el papel asignado a las mujeres en la defensa de la nación.

En 1986 centenares de mujeres se integraron al Servicio Militar Patriótico de manera voluntaria. Se calcula que alrededor de 2.000 mujeres fueron al servicio militar; sin embargo, nunca las enviaron al campo de batalla (Navarrete y Navarrete 2018). Mientras 2.000 reclutas aguardaban ser llamadas a los frentes de guerra, los comunicados del Ejército Popular Sandinista (EPS) se referían a las mujeres, las más de las veces, en un rol de madres; las llamaban las "heroicas y sacrificadas madres". El binomio problemático para los dirigentes de la guerrilla sandinista devenía en binomio legitimado para los dirigentes de la revolución y reducía a las mujeres a un rol reproductivo. Esta representación estaba disociada de la realidad, las mujeres estaban al frente de múltiples tareas, además de que muchas de ellas fueran madres. Las mujeres mostraron su inconformidad con este discurso de muchas maneras. Una de ellas fue durante una asamblea celebrada el 8 de marzo de 1988 entre los dirigentes sandinistas, a la que llegaron más de 3.000 mujeres, procedentes de toda Nicaragua. En esa asamblea, las mujeres hablaron de los derechos del cuerpo, el aborto, el paritarismo, entre otros temas, y demandaron la disponibilidad de anticonceptivos. Ante esta última demanda la respuesta de Daniel Ortega fue decirles que ellas debían parir para reponer a los muertos de la guerra, según relata Sofía Montenegro en el documental *Nicaragua, una revolución confiscada* (Ott y Bataillon 2013).

Ileana Rodríguez, en su ya clásico trabajo *Women, Guerrillas & Love. Understanding War in Central America* (1996), cuestiona el papel asignado a las mujeres dentro de la "patria sandinista" y lo califica de negligente. Ella observa que no había cambios en las maneras en que fue concebido el papel de la mujer. En ese sentido, lo que hubo fue una continuidad y no un cuestionamiento al patriarcado.

El relato sobre las contras

"¿Tenés el valor de disparar un arma?" fue lo primero que le cuestionó uno de los comandantes de La Contra a Julia Peralta. Era el año de 1982 y ella, de 16 años, hasta entonces nunca había tenido un arma en las manos. Fue por eso que, cuenta: "Me dio un ataque de nervios y me dio disparadera. Me tuvo que quitar la pistola el comandante" (Romero 2018, párr. 1). En el testimonio de Julia Peralta, es evidente su determinación para convertirse en mujer armada. También la tuvieron muchas otras mujeres que, como Julia, desempeñaron un rol protagónico en La Contra, tanto a nivel militar como operativo. Sin embargo, su presencia ha sido ignorada tanto en la literatura sobre La Contra, como en la literatura sobre las mujeres en la política nicaragüense. Dos autoras han insistido en el rol participativo de las mujeres dentro de La Contra: Angélica Fauné y Karen Kampwirth. Kampwirth ofrece valiosa información sobre el "amplio rango de papeles de apoyo, incluyendo aquellas de mensajeras, operadoras de radio, paramédicas y cocineras" que ejercieron las mujeres contras (Kampwirth 2001, 80). También es en su texto donde se ofrecen proyecciones sobre el porcentaje de mujeres que conformaban las filas contras:

> Un comandante contra estimaba que alrededor del 10% de quienes murieron en la lucha fueron mujeres, mientras que otro afirmaba que el 15.6% de las combatientes eran mujeres. Una tercera fuente sugiere que las mujeres constituían el 7% de los combatientes contras. La representación de las mujeres en las filas de los trabajadores de apoyo de La Contra era considerablemente mayor, al menos el 39% de quienes se desmovilizaron al final de la guerra en 1990 eran mujeres. (Kampwirth 2001, 80)

El que la participación de las mujeres contras fuera desestimada responde, en parte, según Angélica Fauné, a que "la vanguardia revolucionaria ignoraba que las mujeres campesinas estaban jugando un papel determinante en la organización de la Resistencia. Pensaban que no eran capaces de cumplir ninguna función" (Fauné 2014, párr. 40). Esa invisibilización responde no sólo a la discriminación de género, que lee a las mujeres como piezas de ajedrez de una lucha entre hombres, despojadas de agencia; también evidencia el clasismo y racismo propios de muchos habitantes del Pacífico urbano de Nicaragua. La integración a La Contra campesina,[7] tanto para hombres como mujeres, se daba en compañía de familiares cercanos: hermanos, hijos, primos, sobrinos y parejas.

Julia Peralta y su hermana, originarias de San Juan de Río Coco, Madriz, se fueron a Honduras para alcanzar a sus cuatro hermanos, miembros del Frente Democrático Nicaragüense (FDN). Los hermanos habían sido perseguidos por la seguridad del Estado antes de vincularse a La Contra. Después, la persecución fue contra ellas, por lo que decidieron irse. Diversos testimonios permiten conocer que el acoso a las familias de quienes se fueran a Honduras era una práctica usual por parte de los aparatos de seguridad del gobierno sandinista. Usuales fueron también las detenciones y, en muchos casos, las torturas psicológicas y físicas. Según cuenta Julia Peralta (Romero 2018, párr. 6), su padre fue acusado de ser contrarrevolucionario y estuvo preso durante siete años.

Similar fue la integración de Lucila Galeano. Se fue a La Contra en 1981, con apenas 14 años, para alcanzar al primero de sus cuatro hermanos. Galeano es un apellido asociado a la Resistencia, Lucía es prima de Élida María Galeano, comandante *Chaparra*, y de Israel Galeano, comandante *Franklin*. Ella cuenta que aprendió a defenderse a punta de armas en las bases militares contras y fue ahí también donde se capacitó para ser paramédica y operadora de radio. En la montaña se enamoró y crió a su hijo. El niño pasaría sus primeros cinco años de vida en una base militar, durmiendo en hamacas mientras ella atendía a los heridos (Romero 2018, párr. 13).

Los testimonios evidencian los estrechos vínculos de parentesco y afecto que existían entre la tropa contra. Muchos leen un gesto amoroso en la participación de las mujeres en La Contra, una intención de continuidad en su relación de pareja o de familia, no se lee igual cuando se trata de los hombres. Diversos testimonios publicados dejan saber que la integración a esta fuerza irregular se daba en compañía de los propios hijos, hermanos, de familiares cercanos o de amigos. En Nueva Segovia hubo una familia en la que los nueve hijos se fueron a La Contra. El afán que descalifica la idea del amor como un incentivo para unirse a la lucha es sesgado.

En el libro *Una tragedia campesina* (1991) de Alejandro Bendaña aparece uno de los primeros testimonios de una mujer combatiente contra: María Elsa González, alias *Yuri*. En su relato encontramos la huella de otras mujeres combatientes por las que María Elsa expresa admiración. Ella recuerda a las mujeres armadas como mujeres que se conducen como hombres, por ello resultan "admirables". El testimonio de María Elsa González lleva a pensar, como el testimonio de las combatientes sandinistas en la montaña, que para las combatientes contras también resultó estratégico desempeñarse con tanta o más eficiencia que los hombres. Sin embargo, su eficiencia en las labores de la guerra no es reconocida sino procesada desde el imaginario heteronormativo masculino. Desde ese imaginario, ellas son hombres, y cuando no son presentadas como casi hombres, son reconocidas por su vínculo familiar o amoroso con un hombre; luego se hablará de su capacidad militar, medida por la posibilidad de igualar a los hombres: "era como un hombre", "combatían a la par de los hombres". En palabras de *Yuri*, estas destrezas se observaban en lo siguiente: "Las mujeres que combatían directamente eran bárbaras, y algunas hasta comandantes eran. Una de ellas era la hermana de *Franklin*, la conocí en el cerro de Puntas, por el lado de Wanawás; otra era la mujer del comandante *Pantera*, que ya es difunto, la comando que le decían *Daysi*" (Bendaña 1991, 121).

No deja de ser significativo que a pesar de ser adjetivada como "bárbara", Elida María Galeano, comandante *Chaparra*, Fundadora de la Legión 15 de Septiembre y miembro del FDN, sea presentada por su relación de hermandad con un hombre: Israel Galeano, jefe del Estado Mayor de la Resistencia Nicaragüense, conocido como *Franklin*. De igual modo, la otra mujer de quien se habla, la Comando *Daysi*, es presentada como la mujer del comandante *Pantera*.

El relato sobre Elida María Galeano, comandante *Chaparra*, continúa así:

> Esa hermana de *Franklin* dirigía una tropa como de 80 hombres, y a pesar de ser bajita tenía la misma capacidad que cualquier hombre. Esa mujer era como un hombre. Y si es la comando *Daysi* también era tremenda, lo mismo una que le decían *Tanqueta*, y otras como la *Blanca*, la *Reyna*, la *Maritza*... las que yo conocí. Estas mujeres combatían a la par de los hombres, siempre iban adelante, a la par de los hombres. (Bendaña 1991, 121–22)

Estas mujeres, como también las combatientes sandinistas, desnaturalizan la lectura cómoda de que las mujeres son menos capaces de participar en las luchas armadas porque son mujeres. En el caso de las combatientes contras se agrega otra discriminación, la que existe hacia la mujer campesina y que la concibe como un ser sin agencia. Su condición de ruralidad fue leída como ignorancia y atraso.

Una vez que las guerras terminan y se restaura la paz, el viejo orden de las relaciones de género se restablece rápidamente. El testimonio de María Elsa González, *Yuri*, ya desmovilizada en 1990 cuando la entrevistaron, permite notarlo cuando plantea lo bien que se siente de estar en su casa y que reflexiona sobre la posibilidad de una nueva maternidad: "Todavía no sé si me gustaría tener más niños [...] Pero ahora que estamos construyendo la paz me siento de a verga, porque estoy tranquila, porque estoy en mi casa" (Bendaña 1991, 126).

Este trabajo observa la persistencia de estilos de poder que se mostraban inmunes a los cambios políticos y sus identidades; el poder según el cual quien lo ejerce tiene atributos y beneficios particulares; el poder patriarcal que continúa fiel a los viejos escencialismos con relación a las mujeres, que afirmó las masculinidades hegemónicas en desmérito del bienestar de las mujeres y que legitimó las divisiones binarias androcéntricas y heteronormadas entre hombres y mujeres.

En el texto que Nora Astorga escribió para la revista *Envío*, poco antes de morir en 1988, contaba que ella había dicho a Margaret Randall: "No escribás sobre las que nos hemos hecho famosas. Escribí sobre las mujeres que escondían las bombas de contacto en su delantal y burlaban a la guardia con su astucia. La mayoría participó así y así fue como hicimos la revolución, con esas mujeres" (Astorga 1988, párr. 68). Los estudios sobre las guerrilleras, y este texto también, desafían el relato oficial y masculino al escuchar a las combatientes de las que hablaba Astorga; también lo hacen quienes recogen los testimonios de las combatientes contras, cuyas experiencias apenas comenzamos a conocer.

Svetlana Alexiévich relata en su libro *La guerra no tiene rostro de mujer* (2015) la participación de las mujeres que combatieron como francotiradoras, tanquistas, pilotos, enfermeras, zapadoras, ametralladoristas, entre otras, en el Ejército Rojo durante la Segunda Guerra Mundial. A pesar de las distancias geográficas y temporales que separan las experiencias de las mujeres rusas y nicaragüenses, parece haber también muchas similitudes. Alexiévich encontró que a diferencia del relato masculino—centrado mayoritariamente en las grandes hazañas, las técnicas de combate y los nombres de los comandantes— el relato femenino comunica las transformaciones que experimentaron los cuerpos de las mujeres, el sufrimiento, los afectos, la deshumanización y el posterior ostracismo al que se sometieron y les sometieron. Para las mujeres, la guerra se libró también, y aún se libra, en gran medida, en el campo del género.

Notas

1. Esta idea de las revueltas de la sociedad nicaragüense apropiadas por el discurso del FSLN en su narrativa sobre la guerra de liberación fue desarrollada en el artículo "Revueltas de abril: Narrativas, redes y espacios en disputa" de Irene Agudelo Builes y Jessica Martínez Cruz, en Manuel Ortega Hegg, Irene Agudelo Builes, Jessica

Martínez Cruz et al. *Nicaragua 2018. La insurrección cívica de abril*. Managua. UCA Publicaciones.

2. Uno de estos proyectos fue el de Historia Oral de la Insurrección Popular Sandinista, dirigido por el Comité de Investigaciones Históricas (Vannini 2015).

3. En el caso de las guerrilleras argentinas, la experiencia fue diferente: la maternidad no estaba mal vista, a muchas de ellas los hijos les acompañaban en la clandestinidad (Martínez 2015).

4. El ejercicio de las maternidades durante la revolución, en particular la de aquellas mujeres que debieron separarse de sus hijos e hijas para cumplir con las tareas que demandaba el proceso revolucionario, es un asunto que Juan Pablo Gómez explora en su texto "Política, afectos y memoria. El diario de Vidaluz Meneses durante la guerra de los ochenta en Nicaragua", que aparece también en esta publicación.

5. Seis años después del triunfo de la revolución, en el año 1985, Doris Tijerino Haslam fue nombrada jefa de la Policía Sandinista. Estuvo en el cargo hasta el año 1988.

6. El diario *Barricada* fue el órgano de prensa del Frente Sandinista de Liberación Nacional (FSLN). Fue fundado el 25 de julio de 1979.

7. La Contra, después conocida como Resistencia Nicaragüense, es el nombre que recibía el ejército irregular opuesto al gobierno revolucionario sandinista. En La Contra confluyeron diversos sectores e intereses: la Guardia Nacional (GN), sectores de la burguesía, disidentes sandinistas, indígenas de la Costa Caribe y campesinos del norte y centro del país. Diversos grupos contras recibieron ayuda militar directa e indirecta de Estados Unidos, bajo el gobierno del presidente estadounidense Ronald Reagan (1981–1989). Los Acuerdos de Sapoá llevarían en el año de 1987 a un cese al fuego entre La Contra y el Ejército Popular Sandinista. Fue hasta 1990, bajo el gobierno de Violeta Barrios de Chamorro, que el ejército contra se desmovilizó (Agudelo 2017, 33–35 y Rueda 2015, 66–82).

Obras citadas

Agudelo Builes, Irene. 2017. *Contramemorias. Discursos e imágenes sobre/desde La Contra, Nicaragua 1979–1989*. Managua: IHNCA-UCA.

Agudelo Builes, Irene y Jessica Martínez Cruz. 2020. "Revueltas de abril: narrativas, redes y espacios en disputa". En *Nicaragua 2018. La insurrección cívica de abril*, Manuel Ortega Hegg, Irene Agudelo Builes, Jessica Martínez Cruz, et al., 21–72. Managua. UCA Publicaciones.

Alexievich, Svetlana. 2015. *La guerra no tiene rostro de mujer*. Madrid: Debate.

Astorga, Nora. 1988. "Nora Astorga: el orgullo de ser nicaragüense", *Envío*, no. 82. https://www.envio.org.ni/articulo/559. Consultado 20 de agosto de 2020.
Bendaña, Alejandro. 1991. *Una tragedia campesina*. Managua: Editarte.
Cruz, Eduardo. 2017. "Rossy López: la primera militante del FSLN". *La Prensa*. 12 de noviembre de 2017.
Darío, Rubén. 2003. *Cantos de vida y esperanza*. El Cid Editor: Córdoba.
Fauné, Angélica. 2014. "En la Nicaragua campesina se han ido acumulando engaños, decepciones y enojos". *Envío*, no. 386. Consultado 24 de marzo de 2015.
Ferrari, Sergio. 1988. "Nicaragua: una nueva concepción de la mujer". *Barricada*. 16 de agosto de 1988.
Goldstein, Joshua S. 2006. *War and Gender. How Gender Shapes the War System and Vice Versa*. New York: Cambridge UP.
González Casado, Alberto, María Antonia Sabatar Monserrat, y María Pau Trayner Vilanova. 2013. *Guerrillera, mujer y comandante de la revolución sandinista: memorias de Leticia Herrera*. Madrid: Icaria. La mirada esférica.
Jelin, Elizabeth. 2002. *Los trabajos de la memoria*. IEO: Lima.
Kampwirth, Karen. 2001. "Women in the Armed Struggles in Nicaragua: Sandinistas and Contras Compared". En *Radical Women in Latin America. Left and Right*, editado por Victoria González & Karen Kampwirth, 79–109. Pennsylvania: The Pennsylvania State UP/University Park.
———. 2007. *Mujeres y movimientos guerrilleros. Nicaragua, El Salvador, Chiapas y Cuba*. Madrid: Plaza y Valdes.
Kruijt, Dirk. 2009. *Guerrilla: guerra y paz en Centroamérica*. F&G: Guatemala.
Le Breton, David. 1997. *El silencio*. Sequitur: Madrid.
Martínez, Paola. 2015. *Género, política y revolución en los años setenta. Mujeres del PRT-ERP*. Buenos Aires: MAIPUE.
Molyneux, Maxine. 1985. "Mobilization Without Emancipation? Women's Interests, the State and Revolution in Nicaragua". *Feminist Studies* 11, 2: 227–54
Murguialday, Clara. 1990. *Nicaragua. Revolución y feminismo*. Talasa Ediciones: España.
Navarrete, Julián y Óscar Navarrete. 2018. "Las cachorras del servicio militar en la guerra de Nicaragua". *La Prensa*. 4 de marzo de 2018.
Ott, Clara y Gilles Bataillon, (dirs.). 2013. *Nicaragua: una revolución confiscada*. Calisto Production.
Ramírez Mercado, Sergio. 2016. *La marca del Zorro. Hazañas del comandante Francisco Rivera Quintero contadas a Sergio Ramírez*. Managua: Sergio Ramírez Mercado.
Randall, Margaret. 1977. *"Somos millones..." La vida de Doris María, combatiente nicaragüense*. México: Editorial Extemporáneos.

Rayas Velasco, Lucía. 2009. *Armadas. Un análisis de género desde el cuerpo de las mujeres combatientes*. México: El Colegio de México.

Rodríguez, Ileana. 1996. *Women, Guerrillas and Love. Understanding War in Central America*. Minneapolis: U of Minnesota P.

———. 2019. *La prosa de la contra-insurgencia. "Lo político" durante la restauración neoliberal en Nicaragua*. Carolina del Norte: A Contracorriente.

Romero, Keyling. 2018. "Las mujeres que lucharon en la Contra de Nicaragua". *La Prensa*. 4 de marzo de 2018.

Rueda, Verónica. 2015. *Recompas, recontras, revueltos y rearmados. Posguerra y conflictos por la tierra en Nicaragua 1990–2008*. México: Instituto Mora.

Torres-Rivas, Edelberto. 2011. *Revoluciones sin cambios revolucionarios*. Guatemala: F&G Editores.

Vannini, Margarita. 2015. "Las políticas públicas de la memoria en Nicaragua, 1979–2016". *Revista de Historia* 36, primer semestre 2019: 76–92.

Vilas, C. 1994. *Mercado, Estado y revoluciones. Centroamérica 1950–1990*. México: Colección Alternativas-UNAM.

SILVIA GIANNI

Gritos, susurros, miradas
Maternidad y escritura en Rosario Aguilar y Cristina Rivera Garza

La interrogante sobre la existencia de una estética típicamente femenina sigue siendo objeto de estudios y de debates que contribuyen a ampliar y profundizar la aproximación teórica sobre este tema. En la región centroamericana, la presencia cada vez más determinante de las mujeres como figuras literarias y culturales, así como de temáticas consideradas de claro corte "femenino", ha impuesto una serie de reflexiones puntuales alrededor de las producciones literarias realizadas por mujeres, de las posibles caracterizaciones que las diferencian de una escritura masculina, o de su indeterminación sexual/genérica.

El *boom* de la producción textual de mujeres ha dado origen, entre otras expresiones, a una escritura *en* femenino que en muchos casos se ha convertido en una escritura de *lo* femenino, cargando este adjetivo de todos los estereotipos temáticos con los que se pretende representar este tipo de textualidad: cuerpo, intimidad, sexo, maternidad, etc. Se origina así una clasificación que, más que a exigencias teóricas, responde a demandas mercantiles que crean espacios de homogeneización que van del empoderamiento de la mujer a la instrumentalización generalizada de la diferencia, sacrificando la complejidad de lecturas que de ahí debería proceder.

Mi interés es analizar la maternidad, consagrada por la tradición como un espacio femenino, para resaltar la existencia de una escritura abierta, múltiple y heterogénea que amplifica las mutaciones del sujeto, desmantela posicionamientos rígidos, verticales, y establece una relacionalidad activa entre quien escribe y sus personajes. Me enfoco en cómo la narrativización de la maternidad puede dar origen a una feminización de la escritura o a una escritura heterosexual, alterando categorizaciones y condicionamientos biológico-sexuales basados en la autoría. Privilegiando la esfera vocálica y visual, más que la semántica, centro mi análisis en las estrategias discursivas desarrolladas en la novela *Rosa Sarmiento* (1968) de la nicaragüense Rosario Aguilar, y en el cuento "El día que murió Juan Rulfo" (2002), de la mexicana Cristina Rivera Garza. A través de una poética construida sobre las dos expresiones sensoriales, las autoras logran penetrar en lo más hondo, oculto y verdadero de sus personajes. En el primer caso, el oído atento de la novelista permite diseccionar los diferentes componentes sonoros para escuchar la débil voz de Rosa Sarmiento, la madre de Rubén Darío; sintonizándose en ella, empieza a relatar el proceso de disidencia identitaria y la ritmicidad de lo femenino-pulsional que envuelve a la protagonista, lo que Nelly Richard define como una "feminización de la escritura" (1994, 135). Rosario Aguilar, al escuchar el silencio y los murmullos de la madre del poeta, amplifica el dilema que vive Rosa sobre el rol materno; al establecer con Sarmiento una relación—entre la voz de la madre y el oído de la escritora—nos permite participar en el doloroso proceso de la transformación de Rosa, reconociendo la singularidad de su voz, porque cada voz es diferente de las otras, aun cuando se pronuncien las mismas palabras (Cavarero 2003, 10–11). La autora crea un puente: la apertura a lo vocálico desplaza la tradición logocéntrica y genera nuevos planos de relaciones, nuevas potencialidades en su devenir.

Mediante la percepción acústica, la novelista se encarga de compensar la imagen ausente de la joven y el conflicto que vive entre ser mujer o solo ser madre. Inicialmente, Aguilar discierne los susurros de Rosa entre los ruidos de la casa leonesa donde vive con el niño, los tíos y el marido; sucesivamente, sale al encuentro de la voz de la madre de Rubén, narrando las mutaciones del sujeto que desregulan el discurso mayoritario (Richard 1990, 41). Se produce así una escritura capaz de descontrolar la discursividad hegemónica.

En el cuento de Cristina Rivera Garza, en cambio, hay un continuo cambio de perspectiva sobre el tema de la maternidad a través de un desplazamiento de miradas entre un hombre y una mujer. El anuncio del embarazo de la exnovia produce una serie de transformaciones interiores que se revelan también a través de manifestaciones corpóreas. La mirada de él se yuxtapone a la de ella, estratagema que hace que el yo se movilice y que se habiten diferentes subjetividades. La perspectiva se traslada, a veces se contrapone, otras veces tiende a definirse, pero inmediatamente después vuelve a deslizarse, resultando cada vez más borrosa. El entrecruzamiento de puntos de vista da origen a una mirada íntima que penetra en lo más hondo del protagonista; la fragilidad masculina se convierte en una expresión corpórea. En lugar de descartar u oponerse a la mirada masculina, la autora intenta reapropiarse de ella, inmiscuirse con ella. La problematización de la maternidad rebasa las definiciones de género. El juego de perspectivas conjuga el desplazamiento con la transformación de los protagonistas, dando lugar a una escritura heterosexual, como la define la propia Rivera Garza (cit. en Israde 2003), que genera nuevas subjetividades.

Rosa Sarmiento: una feminización de la escritura

En una conversación con Rosario Aguilar,[1] la narradora comentó que la idea de escribir la novela *Rosa Sarmiento* nació a partir de su participación en el simposio celebrado en León en 1967, en ocasión del centenario del natalicio de Rubén Darío. Aguilar refirió que, al hablar de la biografía del vate modernista, ninguno de los relatores presentes hacía referencia a la madre del poeta. El silencio sobre este aspecto se debía, supuestamente, al hecho de ser un tema que en aquel momento parecía incomodar una conmemoración: el criticado rol materno de Sarmiento justificaba la omisión de su figura.

La reacción inicial de Aguilar, como aclaró durante nuestra conversación, fue preguntarse acerca del porqué de la exclusión de la figura materna del poeta; asimismo, empezó a figurar escenarios parecidos en épocas diferentes y relacionarlos con las dinámicas que enfrentó Sarmiento en su momento. De ahí que empezara a prestar oído a una voz que se pretendía callar, invitando a escuchar los débiles sonidos proferidos por la madre de Darío y a considerar sus dilemas acerca de su vida sentimental, sexual y maternal. Aguilar no se pronuncia sobre la decisión última de Rosa de dejar al niño al cuidado de los tíos maternos en la casa de León, mientras ella se marcha en busca de una vida que le permitiera una realización sentimental y sexual; tampoco juzga la hostilidad del entorno frente al comportamiento de Sarmiento. Solo tiende el oído a la tenue voz de la joven y, discriminándola de los ruidos y sonidos que pretendían acallarla, amplía su aspecto revelador y vital. Su posicionamiento, por tanto, se expresa en el hecho de resaltar la voz casi imperceptible de la madre del poeta a través de la cual se perciben las modificaciones que estaban ocurriendo en la conformación de la subjetividad de la joven. Nelly Richard define lo "femenino" como, "un juego de posicionalidades que responde a mutaciones del sujeto y transformaciones de roles y participaciones" (1990, 41). En *Rosa Sarmiento*, el lector asiste a la evolución del personaje que va configurándose como un sujeto en pugna consigo mismo y con el entorno, en el intento de constituirse como sujeto integral. Aguilar no toma una posición abierta a favor de Rosa, solo la escucha y permite que la escuchen. Su posicionalidad se expresa estableciendo una relación, a través del oído, con la débil voz de la madre; eschuchándola, crea un puente que ayuda a entender la diversidad de actitudes e identidades dentro de la noción mujer, concepto que Richard denomina "feminización de la escritura" (1994, 135). Entendiendo con esta definición cualquier literatura que se practique "como disidencia de identidad respecto del formato reglamentario de la cultura masculino-paterna; cualquier escritura que se haga cómplice de la ritmicidad transgresora de lo femenino-pulsional" (1994, 135). La posicionalidad de la autora aflora mediante una escritura afectiva que emplea un lenguaje que transmite sosiego y ternura frente a la rigidez de las convenciones sociales. Al mismo tiempo, Aguilar opta por mantener la distancia necesaria para que no haya identificación directa con los avatares de la protagonista y por esto recurre a un narrador omnisciente masculino para relatar los hechos.

La maternidad de Rosa es presentada como una maternidad que sustrae, porque en nombre de ella la madre de Darío se ve obligada a aceptar una relación marital que mortifica sus deseos y borra toda esperanza de una vida afectiva y sexual satisfactoria. El narrador de la novela no da juicios sobre la aceptación de la maternidad, tampoco hace especulaciones alrededor de si ésta representa la plenitud de la experiencia femenina o, por el contrario, si constituye una depredación; no interviene, solo escucha con atención los susurros e interpreta las omisiones, restituyendo a Sarmiento un lugar propio y el reconocimiento y respeto por su singularidad, en el sentido que nadie puede tener una vida idéntica a otro, ni vivir la vida de o por otro. Cada voz es única e irrepetible, denota absoluta diferencia (Cavarero 2003, 9).

Es así porque la voz no engaña. Adriana Cavarero (2003) recuerda que los discursos occidentales dominantes se volvieron sordos al sonido singular y siempre corpóreo de la voz. Lo racional y lo visible se han asociado tradicionalmente con la masculinidad; la voz hablada, la voz con acentos, tonalidades, susurros y afectos particulares, en cambio, se ha asociado predominantemente al cuerpo femenino. Y si la voz es cuerpo, significa que está vinculada al origen físico del cuerpo que la produce. Por consiguiente, ninguna voz puede ser idéntica a otra.

Por lo tanto, escuchar y distinguir los susurros y silencios de Rosa Sarmiento, permite llenar las omisiones y dar espacio a la evolución del comportamiento de una madre que vive la disyuntiva de seguir su existencia bajo las convenciones sociales, o buscar el camino de una vida en plenitud, renunciando a criar al niño Rubén para no involucrarlo en su "pecado": "La madre piensa, la amante piensa, la hija adoptiva piensa... y durante toda una noche trata de encontrar la solución para su gran conflicto" (Aguilar 1999, 177).

Como en el cuento de Italo Calvino, "Un re in ascolto" (El oído del rey, o El rey oreja en su traducción al español),[2] donde el rey, obsesionado por mantener su poder, prestaba oído a todos los sonidos del mundo circundante en el intento de clasificar y aislar hasta el mínimo silbido proferido, así el narrador de Aguilar transforma la casa y los escenarios de la vida de Rosa en una suerte de gran pabellón auricular con el cual filtra los diferentes sonidos: gritos, llantos, susurros y silencios. Si bien unos quieren neutralizar otros, el narrador logra captar hasta el mínimo ruido y a cada uno le confiere dignidad, ya que cada uno es expresión de una identidad, única e irrepetible.

Aislando cada sonido del "aluvión" sonoro del mundo que rodea a la madre de Darío, el estruendo ya no puede sofocar los murmullos. En la emisión vocal y la percepción acústica están comprometidos los órganos internos, por esto, como sugiere Calvino en su cuento, la voz es lo que la persona única tiene de más oculto y verdadero (Cavarero 2003, 10–11). Es así que Aguilar devuelve centralidad a una figura que, de otra forma, quedaría marginada. Porque éste era el destino de Rosa desde su llegada a León, después del parto en Metapa: "están reunidos los parientes... pero a Rosa no le hacen caso, es al niño a quienes todos quieren ver. Pasa de brazo en brazo..." (Aguilar 1999, 156). Gritos, risas, comentarios y juicios envuelven el entorno del pequeño Rubén. Solo Rosa queda callada y desapercibida. Ella misma levanta una barrera para defenderse del ambiente de la casa, desarrollando una suerte de "sordera temporal" con la cual intenta asegurar su supervivencia emocional. Mientras las otras mujeres de la casa se agitan en el ejercicio de un rol que consideran plenamente femenino, Rosa duerme, descansa y no escucha:

> Las mujeres no pueden dormir cuando el niño llora en la noche. Se mueven en sus camas. No quieren oírle pero no pueden cerrar sus vías auditivas a sus llantos. El niño llora en la noche [...]. Tan solo Rosa parece no oír, no darse cuenta. [...] No es que no quiera oírle... es que es tan joven, le duelen ya tanto los pechos... y es sabroso dormir (1999, 152).

[...] La criatura grita, con tanta fuerza, que una a una las cabezas de las mujeres de la casa comienzan a aparecer. Todas están de parte del niño, no quieren que llore, no debe llorar (1999, 151).

Entre el llanto del niño y los "gritos" de los parientes, Aguilar se posiciona escuchando y relatando el susurro de la madre, reconociendo en su tenue voz lo distintivo de su mensaje: mira hacia ella, la escucha y crea un espacio en el que se revela lo más propio de cada singularidad, enfocándose en su quién y, al narrarlo, desvela su identidad. Cavarero atribuye este tipo de narración a la mujer (Cavarero 1997, 10), porque narrar una historia de vida, donde se echa luz al "quién eres" más que al "qué eres", implica revelar una profunda atención hacia el otro. Se trata de una narración que constituye una demostración de afecto, un cuidado meticuloso hacia lo particular. Cavarero considera que las mujeres son más propensas a este tipo de narración ya que ésta es una práctica cotidiana donde el relato es existencia, relación y cuido (1997, 73). La escritura que de ahí se deriva es una escritura que resalta la experiencia del sentir, o sea, es una manera de contar al calor del afecto, exactamente como lo hace Aguilar.

Enfocándose en lo auditivo, Aguilar rescata un mundo invisibilizado, borrado y en plena evolución. En este posicionamiento—o feminización de la escritura, para volver a Richard—se van desvelando las mutaciones del sujeto, las transformaciones de roles y participaciones, o sea se va construyendo la subjetividad de la protagonista.

"El día que murió Juan Rulfo": una escritura heterosexual

El tema de la maternidad atraviesa también el cuento de Cristina Rivera Garza "El día que murió Juan Rulfo", de la colección *Ningún reloj cuenta esto*. En este caso, el acercamiento a un tema de claro matiz femenino se presenta a través de una escritura heterosexual que derriba categorizaciones genéricas. El sujeto va conformándose en base a la alteridad. No hay un juego de posicionalidad que responde a la mutación del sujeto, sino que estamos frente a un desplazamiento que permite habitar otras subjetividades y explorar la humanidad y sus debilidades a través de la yuxtaposición de miradas diferentes. Esta imbricación de miradas que compone la escritura, es lo que Rivera Garza llama "narrativa heterosexual":

He llamado a los cuentos de *Ningún reloj cuenta esto* mis narrativas heterosexuales, porque, como en ningún otro de mis trabajos, aquí hay un afán por explorar, de manera central, la debilidad tanto de hombres como de mujeres cuando se encuentran y se desencuentran en el mundo. Más que resaltar la diferencia entre hombres y mujeres, algo que por otra parte no me interesa mucho, me gustaría pensar que en estas narrativas se proponen (sic) una especie de imbricamiento o yuxtaposición de miradas e interpretaciones. El hombre visto por la mujer vista por el hombre *ad infinitum*. Y ahora que lo digo así, sospecho que en este sentido podría hablar, tal vez, de la existencia de un mecanismo interno que subvierte la heterosexualidad de las mismas. (cit. en Israde 2003)

"El día en que murió Juan Rulfo" narra la historia de un hombre—el narrador—que vivió una pasión incontrolable por una mujer hacia la cual manifestó una sumisión absoluta. Blanca Florencia Madrigal era la compañera-amante que lo retaba con provocaciones y excesos: en el amor, en el desafío a las convenciones, en la aceptación de una pareja abierta, pero solo de una parte, la de ella. Después de años de amor pasional e incontrolado, un día la relación termina; el tiempo pasa, la pareja se mantiene en comunicación, de vez en cuando se encuentra, pero el narrador ya se siente libre de la atadura que lo tenía amarrado a Blanca. La distancia emocional recobrada lo llena de complacencia. Nada ahora puede cambiar el rumbo que ha emprendido, porque "Blanca y yo sabíamos que nunca volveríamos a compartir una casa y mucho menos una vida juntos" (Rivera Garza 2002, 32).

Esta tranquilidad alcanzada sufre una repentina interrupción cuando, en el último encuentro, Blanca le comunica que está embarazada de su nueva pareja; esta revelación subvierte el equilibrio alcanzado y desordena todo lo que parecía haber encontrado orden. Alrededor del anuncio del embarazo van configurándose dos subjetividades diferentes: de un lado, la de la mujer que sin ningún entusiasmo comunica al examante una noticia que considera un acontecimiento que le desordena la vida:

—¿Te imaginas? —dijo.
—No —le contesté de inmediato.
—... ¿Qué vas a hacer?
—No lo sé todavía, pero el suicidio está descartado —mencionó en tono de broma.
La sonrisa se le congeló en el rostro. (2002, 32)

Recurriendo a un tono burlón que se tiñe de una nota sarcástica, Blanca intenta esconder el fastidio que le provoca un suceso que va a alterar su vida.

Del otro lado, la subjetividad del narrador, a quien la revelación desmantela las seguridades que pensaba haber conseguido definitivamente. En pocos instantes todo cambia. La *femme fatale*, la mujer por la cual el narrador había perdido la cabeza y que lo había llevado a hacer y aceptar cosas fuera de lo común, ahora ya no presenta ningún atractivo:

> Estoy embarazada—me anunció con los ojos clavados en su tarro de café descolorido. Sus cabellos lacios estaban resecos y sus uñas llenas de mordiscos... A través de los labios abiertos, resecos, pude observar sus dientes despostillados. Era difícil creer que alguna vez la hubiera amado; que alguna vez su algarabía y sus risotadas me hubieran mantenido pegado a sus faldas. (2002, 32–33)

La mirada de él hacia ella se hace implacable. La Blanca embarazada desmorona el pasado y el presente, dejando entrever un futuro totalmente incierto.

Si en ella hay una fría aceptación de lo que le ha acaecido, en el protagonista masculino esta noticia causa una serie de emociones que acompañan su gradual transformación: primero, al mirar a la mujer ya no encuentra rastros de lo que lo apasionó durante mucho tiempo. Pero, cual fuese un espejo, esta mirada hacia ella de inmediato se convierte en una mirada hacia sí mismo. De ahí en adelante es inevitable un constante proceso de comparación: el "rostro marchito" de Blanca y sus "movimientos torpes" se parangonan con su "nueva seguridad y autonomía. Ya no le pertenecía" (2002, 34).

Este desplazamiento inicial de miradas produce la primera evolución. La maternidad origina una mutación en la perspectiva con la cual el hombre mira a su exmujer. Pero la nueva imagen de Blanca, a pesar de teñirse inicialmente de colores nítidos con los cuales el narrador reforzaba su "nueva seguridad y autonomía", gradualmente da lugar a un ulterior desplazamiento: de fuera hacia dentro. Los tintes cristalinos van difuminándose y la mirada ahora se enfoca en lo que él siente por dentro, en las vísceras: "La sensación de asfixia se hizo tan grande que tuve que detenerme [...] El aire pasaba a mi lado como si yo no existiera, negándome a ser introducido en mi nariz y mis pulmones [...]. Pensé que estaba a punto de morir" (2002, 36–37).

La maternidad de Blanca derriba las aparentes certezas del narrador. La distancia que había tomado de ella durante un largo tiempo se desvanece en pocos momentos, lo que abre espacio a nuevas emociones: "El deseo de tener a Blanca cerca volvió a invadirme por completo. Un mudo dentro de mí alzaba los brazos, abría la boca, hacía gestos desesperados" (2002, 38). Otra vez es él que se pone al centro de la narración.

En el relato de Rivera Garza cada mirada es un desplazamiento. La imbricación de perspectivas—de él a ella a él, en una espiral que parece no terminar—desmantela certezas y definiciones. La yuxtaposición de los diferentes puntos de vista hace que se habiten diferentes subjetividades que van construyéndose desde afuera, a través de la ajenidad del otro. En un constante desplazamiento, las miradas se contraponen, sobreponen, difuminan. No hay intermediaciones: la mirada de Blanca filtrada por la mirada del narrador que mira a ella de nuevo, da origen a una subversión de posiciones que, al final, llegan a entremezclarse.

Más allá de categorizaciones genéricas

Las dos narrativas analizadas revelan que no es suficiente la autoría femenina, ni una escritura que se adentra en un tema considerado como una prerrogativa de la literatura escrita por mujeres, como lo es la maternidad, para etiquetar una producción textual con caterogrizaciones genéricas.

Por el contrario, en ambos casos mi intención ha sido develar la existencia de una escritura abierta, múltiple y heterogénea con la cual las dos autoras han incursionado en un espacio tradicionalmente considerado femenino. *Rosa Sarmiento*, así como "El día en que murió Juan Rulfo", atestiguan la existencia de una escritura que, a través de la esfera vocálica y visual, logra crear un espacio relacional donde van perfilándose, conformándose, transformándose o difuminándose las diferentes subjetividades.

Cuando vibra una voz hay alguien en carne y hueso que la emite. Sus inflexiones, su timbre, sus pausas y sus silencios nos hablan de su emisor, nos permiten reconocerlo y conocer sus intenciones, más allá del significado de las palabras pronunciadas. Aguilar establece una conexión con la protagonista que le permite amplificar el devenir constante de la voz de Rosa y su progresiva transformación. No hay ningún intento de conceptualización de la voz, pues cualquier empeño de esta índole sería una tentativa fallida porque la voz es fugaz, irrepetible, presente solo en el momento en el que aparece. Por esta razón, la novelista mantiene una sintonización auditiva a lo largo de la narración, con la sola finalidad de amplificarla y hacerla audible fuera de las paredes de la casa leonesa: la apertura a una nueva sonoridad—que se manifiesta mediante los susurros de Rosa—mueve el centro del poder, subvierte sus fundamentos y revela una disidencia identitaria. En este sentido, además de reflejar un gesto de atención y cuido hacia Sarmiento, Aguilar se vale de una estrategia discursiva que se expresa a través de un "juego de posicionalidad que responde a mutaciones de sujeto y transformaciones de roles y participaciones" (Richard 1990, 41).

En el caso del cuento de Cristina Rivera Garza, en cambio, la subjetividad femenina y masculina se modifican, combinan, desmoronan y difuminan a través de su estrecho entrelazamiento. El yo se moviliza, es una posición que puede ser habitada por una multiplicidad de seres. La mirada supera el rostro que se encuentra enfrente, se desenfoca, pierde el control rígido sobre lo que ve. Por esto no hay una visión fija de las definiciones de género; la estrecha interrelación de miradas entre Blanca Florencia Madrigal y el narrador genera nuevas perspectivas que se trasladan de ella a él, y de fuera a dentro. La subjetividad va constituyéndose desde la alteridad. Este desplazamiento de visiones *ad infinitum* del que habla la autora, hace que se genere una escritura fluctuante, heterosexual, que escudriña, desde lo más hondo—las vísceras del narrador—un tema catalogado como típicamente femenino, como lo es la maternidad.

No hay posicionamiento alguno, sino un desplazamiento interdependiente que produce una escritura que transgrede clasificaciones genéricas y abre nuevas posibilidades sobre la realidad que vive el ser humano.

Notas

1. Entrevisté a Rosario Aguilar en su casa de León (Nicaragua) el 10 de abril de 2017, junto con Ileana Rodríguez.
2. Cavarero analiza el cuento de Calvino en *A più voci. Filosofia dell'espressione vocale* (2003).

Obras citadas

Aguilar, Rosario. 1999 [1968]. *Rosa Sarmiento*. Managua: Editora de Arte.
Cavarero, Adriana. 1997. *Tu che mi guardi, tu che mi racconti. Filosofia della narrazione*. Milano: Feltrinelli.
———. 2003. *A più voci. Filosofia dell'espressione vocale*. Milano: Feltrinelli.
Israde, Yanireth. 2003. "Las certezas me aburren: Rivera Garza". *La Jornada* (21/04). Acceso el 11 de marzo de 2018.
Richard, Nelly. 1990. "De la literatura de mujeres a la textualidad femenina". En *Escribir en los bordes. Congreso Internacional de Literatura Femenina*, editado

por Carmen Berenger, Eugenia Brito, Raquel Olea, Diamela Eltit y Nelly Richard, 39–52. Santiago de Chile: Cuarto Propio.

———. 1994. "¿Tiene sexo la escritura?". *Debate Feminista* 9: 127–39. Acceso el 11 de marzo de 2018. https://www.jstor.org/stable/i40097553.

Rivera Garza, Cristina. 2002. "El día que murió Juan Rulfo". En *Ningún reloj cuenta esto*, 31–41. México: Tusquets.

MAGDALENA PERKOWSKA

Del militarismo y la melancolía al sujeto inclinado y la ética del cuidado

Roza tumba quema de Claudia Hernández

Maternal inclination could work as a module for a different, more disruptive, and revolutionary geometry whose aim is to rethink the very core of community.

    Adriana Cavarero, *Inclinations. A Critique of Rectitude*

LA MODERNIDAD FUE CRUEL para y hacia el otro, apunta Jean Franco en *Cruel Modernity* (2013). Partiendo de los planteamientos de Enrique Dussel, Franco analiza la modernidad en América Latina como una empresa patriarcal que exaltó el desarrollismo y la masculinidad, constituyendo a los que no correspondían con estos "ideales" y su agenda—los pueblos originarios, la clase trabajadora, los campesinos, los pobres, las mujeres, los niños y, también, los sujetos masculinos divergentes y/o disconformes—como sus otros, los "enajenados de la modernidad" (Franco 2013, 7).[1] El agente promotor del proyecto occidental de la modernidad fue un sujeto patriarcal que se conformaba de acuerdo con la ontología individualista de la subjetividad moderna: autónomo, independiente, coherente, contenido en sí, racional y egocéntrico. Para Adriana Cavarero, este modelo de sujeto es hechura de los dispositivos verticalizantes de la filosofía occidental, desde Platón hasta Locke y Kant (2016, 1 y 129), cuyo objetivo era la constitución del hombre (e)recto, "a subject who conforms to a vertical axis, which in turn functions as a principle and norm for its ethical posture" (Cavarero 2016, 6). En este paradigma, la verticalidad y rectitud encarnan no solo la autonomía y racionalidad del sujeto moderno, sino también su posición con respecto al *otro* y, en general, con lo que constituye el afuera de este sujeto. Siguiendo a Hannah Arendt (en "Some Questions of Moral Philosophy", 1965) y Emanuel Lévinas (en *Proper Names*, 1966), Cavarero observa que la crítica del sujeto vertical y del modelo ontológico individualista de la subjetividad que emprenden ambos filósofos no es una simple operación epistemológica, sino que es una intervención en contra de la violencia del sujeto egocéntrico y de "violent practices of domination, exclusion, and devastation of which the subject itself is an accomplice (ranging from racism to sexism, to homophobia, as well as war and other regular or irregular forms of destruction)" (2016, 12–13).

Cavarero propone que una forma de encarar críticamente la ontología individualista y la violenta verticalidad del sujeto moderno consistiría en girar e inclinarlo hacia el *otro* para plantear una subjetividad relacional y abierta, una subjetividad inclinada que se flexibiliza y desborda hacia fuera para constituirse por medio de relaciones (2016, 11), volviéndose, ella misma, vulnerable y expuesta.[2] El epítome del modelo relacional de la subjetividad es, para Cavarero, la inclinación materna (2016, 122 y 128) que, además de encarnar el altruismo, evoca también una vulnerabilidad común (2016, 129). La pensadora italiana no pierde de vista el hecho de que la imagen de la inclinación materna contiene el riesgo de reforzar el estereotipo de la maternidad como destino innato de la mujer, una predisposición constitutiva de lo femenino (2016, 10) que conlleva su autosacrificio y autoborradura (2016, 124). Este argumento fue esgrimido por el feminismo emancipador y posestructuralista en contra de la ética del cuidado, que revalora la maternidad. Cavarero contrarresta lo anterior proponiendo que el estereotipo materno, como el que se ha establecido en el imaginario popular a través de la iconología mariana, sea interrogado y explotado en todo su potencial (2016, 14). Dos operaciones permiten liberar el potencial crítico del estereotipo materno:

> To exploit it properly [...] one must accentuate the emotional and sentimental baggage of this figure so as to fix and crystallize it into a form—a simple, oblique line, the relational sign of a specific posture—. Or again—and this is precisely the challenge—one must geometrically distill the rhetoric of maternity and superimpose it, like a transparent screen, over the rhetoric of the philosophical subject, in order to highlight the differences between the two ontological, ethical, and political models. (2016, 14)

Mediante esta explotación crítica del estereotipo, se trata, en definitiva, de imaginar un orden político alternativo que, partiendo de la inclinación de los arquetipos posturales femeninos, impugne la hegemonía de los sistemas políticos creados en torno a los arquetipos masculinos, cuya geometría es vertical: "Maternal inclination could work as a module for a different, more disruptive, and revolutionary geometry whose aim is to rethink the very core of community" (2016, 131). Esta geometría relacional incluye el cuidado, la dependencia y la vulnerabilidad que Cavarero, siguiendo a Arendt, señala como una dimensión esencial de lo humano (2016, 13). Reconocerla es un gesto ético y político que faculta "an emotional pause and a mute resistance against a long record of violence" (2016, 15), la violencia infligida durante siglos por la verticalidad autoritaria del sujeto moderno patriarcal.

La fuerza política de la maternidad ocupa un lugar prominente en las reflexiones de la intelectual nicaragüense Ileana Rodríguez en *Women, Guerrillas and Love* (1996). En el capítulo 14, titulado "Solidarity in Affinity", la autora examina los testimonios de mujeres recopilados y editados por otras mujeres para afirmar:

> Este tipo de testimonio femenino demuestra la valentía de las mujeres, documenta su fuerza y desarrolla argumentos en contra de la supuesta debilidad de su género y la presunta inestabilidad de su carácter. Expone una episteme distinta, la afirmación del coraje y la constitución de una estrategia contra-axiológica. Más allá, afirma una rebelión contra las normas establecidas, señalando ausencias, como la falta del compromiso masculino, de la solidaridad entre padre e hija, y proclama la fuerza política de la maternidad. (1996, 176; mi traducción)

Rodríguez escribió estas palabras en 1996, apenas una década después de las primeras teorizaciones de la ética del cuidado como una ética feminista que instrumentalizaba el concepto conservador de la maternidad en tanto una inclinación afectiva y empática hacia el otro.[3] En el mismo momento (principios de los ochenta), pero muy lejos del "cuarto propio" donde se teorizaba, las mujeres (campesinas, obreras, indígenas, guerrilleras) centroamericanas, obligadas por el terror del Estado que defendía los privilegios de su élite, reinventaban la maternidad como una solidaridad insurgente y la familia como encarnación de deseos democráticos (Rodríguez 1996, 173). De esta manera, no solo impugnaban la geometría vertical de dominación y el *ethos* cruel de la sociedad moderna, sino que creaban un espacio de pausa emocional y resistencia, como diría Cavarero, ante una despiadada violencia ideológica. Rita Laura Segato hubiera constatado, a su vez, que esas mujeres practicaban la "politicidad en clave femenina" (2016, 26), desarrollando "una gestión vincular" (2016, 27) y repolitizando la domesticidad (2016, 25).

Casi cuarenta años después, en la novela *Roza tumba quema* publicada en 2017 en una pequeña editorial independiente colombiana, la escritora salvadoreña Claudia Hernández retoma la figura de la madre y el arquetipo de la inclinación materna para plantear la ética del cuidado como una forma de solidaridad, resistencia y esperanza en una Centroamérica (concretamente, El Salvador) de posguerra, cuando la utopía tecnocrática neoliberal ha desplazado y reemplazado las utopías revolucionarias que soñaban con una sociedad igualitaria. La novela narra la experiencia de una excombatiente del FMLN, desmovilizada después de los acuerdos de paz firmados en 1992. La historia de la protagonista y la trama permiten leer *Roza tumba quema* como una "novela del desmovilizado" (Esch 2018, 155), pero es una novela del desmovilizado en clave femenina, radicalmente distinta de un pequeño repertorio de novelas del desmovilizado en masculino que, hasta ahora, se ha impuesto como modelo único de este subgénero de la ficción de posguerra. Pertenecen a este conjunto las novelas *El arma en el hombre* y *Moronga*, de Horacio Castellanos Moya (El Salvador, 2001 y 2018), *Managua, Salsa City (¡Devórame otra vez!)* e *Y te diré quién eres (Mariposa traicionera)*, de Franz Galich (Guatemala/Nicaragua, 2001 y 2006), así como *Camino de hormigas* y *La casa de Moravia*, de Miguel Huezo Mixco (El Salvador, 2014 y 2017).

En este ensayo examino la inclinación ética, materna y solidaria de los sujetos femeninos en *Roza tumba quema*, comparando la propuesta de Hernández de una práctica política femenina con el eje vertical que estructura la postura y posición de los personajes en las novelas de Franz Galich, Horacio Castellanos Moya y Miguel Huezo Mixco. Argüyo que en las últimas, los excombatientes encarnan el militarismo, el cinismo y la melancolía que, a la vez, derivan de y afirman el paradigma de la violenta modernidad heteropatriarcal; en cambio, en la novela de Claudia Hernández, la exguerrillera protagonista y otras mujeres excombatientes, así como la madre y las hijas de la primera, trasmiten un espíritu de resistencia y esperanza que examino a través del prisma teórico de la ética del cuidado, cuya práctica relacional representa una modalidad particular de la subjetividad inclinada estudiada por Adriana Cavarero.[4] Estas mujeres, que rehúsan sentirse víctimas y ser percibidas como víctimas por otros, reconocen no obstante su marginalidad y vulnerabilidad en la sociedad neoliberal de posguerra. Reconocer su propia vulnerabilidad entraña reconocer la vulnerabilidad del otro. En la lectura que realizo, la novela de Hernández plasma la solidaridad y la ética del cuidado como prácticas relacionales de subjetivación del sujeto-mujer y reconocimiento ético del otro. El argumento se presenta en tres apartados: en el primero, expongo brevemente el contexto histórico-político imprescindible para la lectura y comprensión de las novelas; en el segundo, abordo las novelas en masculino; y, en el tercero, analizo con más detalle la novela *Roza tumba quema* de Claudia Hernández como una (re)escritura en femenino de la experiencia de las excombatientes y sus familias, confrontadas a diario con la lógica vertical del neoliberalismo y la normatividad heteropatriarcal.

Después de las guerras: la desmovilización y el desarme

Las guerras civiles en Centroamérica fueron conflictos de larga duración: 36 años en Guatemala (1960–1996), 12 años en El Salvador (1980–1992) y 8 años en Nicaragua (1981–1989). Cobraron miles de vidas, y miles de personas y familias fueron forzosamente desplazadas u obligadas a emigrar. Destrozaron comunidades, desgarraron el tejido social, destruyeron la economía e, irónicamente, porque su objetivo era revolucionario y utópico, condujeron hacia una instauración firme del sistema neoliberal en la región y con él, de una (pos)modernidad neoliberal. Eran guerras que defendían un concepto colonial (me refiero al colonialismo interno) del Estado nacional moderno (Guatemala, El Salvador) o buscaban impedir la creación de una modernidad alternativa (Nicaragua).[5] Ninguna de ellas terminó con la victoria definitiva de uno de los lados contendientes, sino que el desgaste prolongado empujó a pactar un "retorno" a la democracia que dejó sin alterar las estructuras sociales injustas de la modernidad, legitimando unas "democracias minimalistas" lastradas por la corrupción en todos los niveles del estado, una pobreza rampante, el crimen y la inseguridad (Arias 2007, 5). A esto hay que añadir una consecuente política de la "máquina oficial" (Richard 2000, 9) que promueve el olvido y el silencio en nombre de una reconciliación y un futuro que se parece demasiado al pasado y al presente.

Una de las consecuencias inmediatas de los acuerdos de paz firmados entre las guerrillas y los militares en El Salvador (1992) y en Guatemala (1996), y entre el gobierno sandinista y la Contra en Nicaragua (1989), fue la desmovilización masiva, tanto de los militantes guerrilleros como de los soldados de los ejércitos nacionales. En Nicaragua, fueron desmovilizados 65.000 soldados del Ejército Popular Sandinista (EPS) y 23.000 combatientes de la Contra.[6] En El Salvador, la desmovilización abarcó a 30.000 soldados del ejército y 8.000 guerrilleros del Frente Farabundo Martí para la Liberación Nacional (FMLN). En Guatemala, las cifras de desmovilizados alcanzaron 24.000 en el ejército y 3.600 guerrilleros de la Unidad Revolucionaria Nacional Guatemalteca (Esch 2018, 152). La desmovilización implicaba el desarme y la reintegración a la vida civil. Aunque tanto los ejércitos como las guerrillas entregaron o vendieron una cantidad impresionante de armamento de todo calibre y alcance (Esch 2018, 152), el proceso nunca ha sido completo. Por ejemplo, algunas facciones del FMLN, que no confiaban en las negociaciones y acuerdos de paz, crearon numerosos escondites de armas en El Salvador y Nicaragua (Esch 2018, 152), hecho que Claudia Hernández ficcionaliza en *Roza tumba quema*. Muchos excombatientes jamás entregaron las armas o, incluso, se hicieron de un arsenal personal antes de abandonar las filas, situaciones que se dramatizan en las novelas *Managua, Salsa City* de Franz Galich, al igual que en *El arma en el hombre* y *Moronga* de Horacio Castellanos Moya.

Por otra parte, la reintegración de los excombatientes en la sociedad civil fue accidentada, desigual e incompleta. Se crearon algunos programas de asistencia financiera o de reinserción, pero la precariedad de la economía, desgastada por la guerra, y el desinterés del Estado por el pasado y sus actores, desfavoreció el proceso, con lo que muchos excombatientes terminaron abandonados a la intemperie. Silvia Gianni cita en su ensayo sobre *Managua, Salsa City* a la hermana de Israel Galeano, comandante Franklin, uno de los jefes de la Contra, quien en 2006 afirma: "nosotros pusimos los muertos y la oligarquía puso los ministros, ahora estamos muriéndonos de hambre, pues los liberales nos abandonaron en todos estos 16 años" (2007, s.p.). Tomando en cuenta ciertas diferencias contextuales, esta afirmación evoca la situación precaria e inestable de los excombatientes en los tres países, independientemente de su orientación ideológica, de la institución u organización militar en la que sirvieron y si lo hicieron por voluntad y convicción propia o incorporados a la fuerza. En las décadas de los setenta y ochenta, estos individuos habían desempeñado un papel activo en la contienda ideológica y militar por la geometría de la modernidad que se desató entonces en América Central; en esta nueva situación, a menudo se encuentran marginados y humillados, testimoniando en carne propia el crecimiento de las desigualdades y la agudización de diferencias sociales en la realidad pos-utópica de la posguerra.

Adicionalmente, en muchas comunidades los excombatientes eran percibidos y recibidos con desconfianza e incluso resentimiento: a los exguerrilleros, en particular, después de que habían apostado la vida por un mundo mejor, se les imputaba la responsabilidad por la violencia y el sufrimiento. Confiesa el protagonista de *La casa de Moravia* de Miguel Huezo Mixco:

> Yo guardaba celosamente mi secreto. En aquellos años era frecuente que quienes volvíamos del frente ocultáramos a toda costa nuestra militancia y procedencia. Era como llevar una cruz de tile en la frente. Razones había. Además de entrañar algún peligro, nadie estaba dispuesto a darle un puesto de trabajo a un pistolero que acababa de volver de la montaña. (2017, 14–15)

Si bien este fragmento pertenece a una ficción, plasma una circunstancia que ocurría o hubiera podido ocurrir en la realidad. Es en este contexto que, desde el final de la década de los noventa, se han publicado las novelas nombradas arriba, cuyos protagonistas son los y las excombatientes de las guerras civiles centroamericanas.

La novela del desmovilizado en clave masculina: el militarismo y la melancolía

La mayoría de las novelas que dramatizan el proceso de desmovilización han sido escritas por hombres y tienen a un hombre como protagonista. Se pueden dividir en dos subconjuntos. Al primero, que podríamos llamar (anti)militarista, pertenecen las novelas de Galich y Castellanos Moya examinadas por Sophie Esch en un estudio reciente titulado *Modernity at Gunpoint* (2018). Según la autora, estas ficciones mantienen intacto el ideal de una masculinidad guerrera y violenta (2018, 167).[7] Sus protagonistas, que se encuentran a la intemperie o degradados socialmente después de la desmovilización, se sienten humillados y desilusionados, llenos de ira y desprecio hacia la sociedad que, de repente, no tiene nada que ofrecerles y en la que no encajan. Durante la guerra eran ciudadanos ejemplares que, según el discurso nacionalista-militarista de las instituciones castrenses a las que servían, "defendían a la patria". Después de la guerra, se convierten en "ciudadanos abyectos" (Esch 2018, 159) o descartados. Con una visión bélica y militarista del mundo, entrenados y acostumbrados a matar, estos excombatientes solo pueden encontrar un *modus vivendi et operandi* en tareas de seguridad, entre exmilitares dedicados en la posguerra a negocios ilícitos y en corporaciones criminales (narcotraficantes), como asesinos a sueldo o escoltas de seguridad privada; funcionan como "máquinas de guerra humanas" (Esch 2018, 161). Su "masculinidad extrema" (Franco 2013, 15), frustrada y "desocupada", se proyecta en la misoginia, actos de violencia criminal y una intimidad perversa con las armas. Esch observa que en las novelas de Galich y Castellanos Moya se solapan las armas, una identidad militar y una agresiva identidad heteronormativa y misógina (2018, 168). Galich y Castellanos Moya parecen enjuiciar la lógica militarista, pero su crítica es atenuada por la individualización de la violencia, la caracterización estereotipada del excombatiente como máquina de guerra (Robocop en *El arma en el hombre*) y un remanente de nostalgia por la cultura militarista revolucionaria junto con el mito del guerrillero-héroe (Esch 2018, 167–68).

La nostalgia es el sentimiento predominante en las novelas de Miguel Huezo Mixco que formarían el segundo subconjunto, al que propongo llamar "melancólico-nostálgico". Los personajes de sus novelas, narradas en primera persona como recuerdos de experiencias vividas, son exguerrilleros salvadoreños, hombres educados de origen urbano. El protagonista-narrador de *Camino de hormigas* luchó en el frente de guerra en Chalatenango, una de las regiones más violentas en la década de los ochenta. En el presente de la narración, 2013, se encuentra en San Francisco trabajando como cuidador en una caballeriza. El texto que leemos son sus memorias que él mismo disfraza como ficción y que envía junto con una carta a un amigo del pasado. El protagonista-narrador de *La casa de Moravia* trabaja en una agencia de comunicaciones de la que es co-dueño. Evoca su pasado en la guerrilla mientras está pasando una noche de sexo y recuerdos con la viuda de uno de sus compañeros, quien había sufrido trastornos mentales desde los tiempos de la guerra y se había suicidado poco antes del presente de la narración. A diferencia de las novelas (anti)militaristas cuya acción tiene lugar inmediatamente después de la guerra, cuando los traumas de la violencia son recientes y las dificultades de la reincorporación asedian, las novelas melancólico-nostálgicas de Huezo Mixco hablan desde una distancia temporal de más de 20 años. La primera categoría retrata la urgencia de un presente incierto; la segunda revisita el pasado desde el desencanto y el cinismo que ya no esperan nada.

La nostalgia de los personajes de Huezo Mixco es restaurativa (Boym 2001, xviii), pero nada queda de la épica revolucionaria en sus novelas. En las rememoraciones de los protagonistas no resurgen ni los ideales que impulsaron la acción revolucionaria, ni combates que sostuvo el FLMN, ni operaciones que lanzó, algunas de ellas verdaderamente audaces o ingeniosas, ni siquiera los errores estratégicos y políticos que cometió. En ambas novelas, la diégesis está encerrada en un espacio delimitado de un campamento o una casa clandestina y relata, mayormente, las proezas o complicaciones amorosas de sus protagonistas. Si tuviera que resumir la trama de estas novelas en tres palabras, parafrasearía el título de la ya mencionada inteligente lectura feminista que Ileana Rodríguez hace de las textualidades centroamericanas de las décadas de los setenta y ochenta: *Women, Guerrillas and Love* se transformaría en *Guerrillas, Women, and Sex*. Si propongo analizar las ficciones de Huezo Mixco como melancólicas, es porque creo que hay un objeto perdido que sus protagonistas no logran desplazar o introyectar, es decir, asimilarlo simbólicamente para resolver los conflictos emocionales que genera. Este objeto es la figura del guerrillero viril que los protagonistas-narradores reviven en sus relatos, haciendo del lector el testigo no solo de sus pasadas experiencias sentimentales, sino también de su *acting out* narrativo. La añoranza implícita por un tiempo pasado mejor, el que cobijaba esa virilidad guerrillera, hace que estos relatos exuden nostalgia. Quisiera creer que se trata de una mirada irónica o satírica sobre el mito del hombre nuevo, pero no encuentro en estos textos nada que fisure las construcciones del enfoque ego- y *viri*-céntrico para revelar la presencia de un metadiscurso. Si mi lectura es cierta, entonces el autor le hace un enorme favor a la máquina oficial hundiendo la lucha revolucionaria en la insignificancia del miasma sentimental y/o sexual.[8]

Las novelas del desmovilizado de Castellanos Moya, Galich y Huezo Mixco son ejemplos de ficción y escritura en masculino, no porque hayan sido escritas y sean narradas por un hombre ni porque tengan a un hombre como protagonista. Lo son porque articulan la geometría moderna del sujeto, preservando la ontología individualista de la subjetividad cuyo rasgo constitutivo es la verticalidad egocéntrica. Lo son porque los narradores y personajes se conciben como ejes únicos de una construcción centrípeta: la narración y la diégesis giran en torno a ellos, hablan de ellos, hablan por ellos; plasman su mundo, sus preocupaciones, sus acciones y deseos. Los *otros* solo existen en función de la necesidad (casi siempre operativa, económica, sexual o sentimental) de estos sujetos, o son sus rivales, a quienes hay que eliminar o, por lo menos, neutralizar. Por lo tanto, estos personajes encarnan "the violence of the egocentric subject" (Cavarero 2016, 12) y "el mandato de masculinidad" (Segato 2016, 19): son violentos no solo porque violan, roban, matan y destruyen, sino también porque encarnan el *ethos* violento de la modernidad heteropatriarcal y sus prácticas de dominación. Incapaces de reconocer su propia fragilidad, tampoco reconocen la vulnerabilidad de *otros*; incapacitados para el sacrificio y la renuncia, solo pueden actuar motivados por la pulsión destructora, el cinismo protector o la melancolía consoladora. Al leer estas novelas el/la lector(a) se ve confrontado/a con una negatividad que podría tener el potencial crítico, pero también puede ser complaciente, y casi siempre lo es. ¿Es posible encarar la realidad de posguerra, en general, y la desmovilización, en particular, de otra forma, desde una crítica de la geometría moderna de la subjetividad y su violencia intrínseca?

La novela del desmovilizado en clave femenina: el sujeto inclinado y la ética del cuidado en *Roza tumba quema*

Roza tumba quema de Claudia Hernández es, hasta ahora, el único ejemplo de una novela sobre la desmovilización escrita por una mujer, narrada desde la perspectiva de mujeres y con mujeres como protagonistas indiscutibles.[9] La novela narra la historia de tres generaciones de mujeres de una familia campesina salvadoreña, abarcando así una vasta cronología que se extiende desde la época anterior a la guerra (finales de los setenta) hasta las primeras décadas del 2000, cuando los candidatos del FMLN ganaron la presidencia en dos periodos consecutivos.[10] Tanto los personajes y su estrato social, como la estructura temporal y narrativa de *Roza tumba quema* evocan la novela testimonio *Un día en la vida* (1980), de Manlio Argueta, que narra la historia de cuatro generaciones de mujeres de una familia campesina salvadoreña, en un periodo que se extiende desde la masacre de entre 10.000 y 40.000 campesinos pipiles en Izalco, en 1932, hasta el final de los setenta, cuando los campesinos salvadoreños comenzaron a organizarse en cooperativas y prepararse para un conflicto inminente. Esta intertextualidad, si bien implícita, es relevante, dado que *Un día en la vida* es uno de los textos fundamentales de la literatura comprometida de los ochenta en Centroamérica. Los personajes femeninos encarnan en él la dignidad, la integridad y la responsabilidad, mientras que la familia es una "unidad de base" de la resistencia (Rodríguez 1996, 171–79). Es también un texto de alto valor literario en el que un testimonio real se transforma, mediante la modificación estética del material referencial, en *po(i)esis*.

El personaje central de *Roza tumba quema* es una excombatiente del FMLN, quien fue integrada a las filas de la guerrilla siendo una niña de 14 años, cuando llegó al campamento donde estaba su padre. Había salido de su pueblo huyendo de tres guerrilleros desertores que rondaban por la zona donde ella vivía con su madre y sus hermanos menores, y que violaban a las mujeres que encontraran.[11] Su incorporación se debió a factores extraideológicos, pero ella permaneció fiel, en el sentido que Alain Badiou le da a la noción de fidelidad, al ideal revolucionario y al ejemplo de su padre, a pesar de que, por ser mujer campesina y carecer de educación, sufrió discriminación e injusticia por parte de los "hombres nuevos", cuya verticalidad moderna y falta de sensibilidad la novela expone con franqueza.[12] A los 15 años, cuando ni siquiera podía vincular el sexo con el embarazo, ya que nadie se lo había explicado, quedó embarazada por un compañero 10 años mayor, que venía de la ciudad, tenía educación y detentaba un grado más alto en las estructuras guerrilleras.[13] Como el embarazo fue descubierto demasiado tarde para practicar un aborto, la organización le dejó parir, pero decidió que su bebé sería vendida en adopción (a una pareja francesa) para juntar fondos, mientras que a la madre se le había dicho que recuperaría a la niña al final de la guerra. Es importante recalcar que el relato, mediante las rememoraciones de la madre, critica las prácticas y formas concretas del funcionamiento del ejército guerrillero y la insensibilidad de sus normas patriarcales, pero reivindica tanto el ideal y la lucha como la necesidad de preservarlos en la memoria. En este sentido, la visión de Hernández es muy distinta y distante de la que elabora Huezo Mixco.

En la guerra, la madre perdió a su padre, quien pisó una mina, y a uno de sus hermanos mayores que se suicidó después de la tortura. Un hermano menor, después de haber desertado del ejército donde había sido incorporado a la fuerza, tuvo que huir del país; su segundo compañero fue asesinado en un acto de venganza después de la guerra, mientras que el tercero, cuya madre nunca la había aceptado por ser excombatiente, se fue al extranjero. Se quedó sola con cuatro niñas pequeñas. La novela narra el esfuerzo sobrehumano de esta mujer de "darles la mejor vida posible" (2017, 216), manteniendo siempre su dignidad e integridad, permaneciendo fiel al pasado y a su memoria. En comparación con las novelas en masculino, *Roza tumba quema* desafía no solo la verticalidad egocéntrica y la afectividad negativa, sino que también plasma otra estética, más acoplada a la propuesta ética de la autora.

La diégesis en *Roza tumba quema* gira en torno a la madre, pero, a diferencia de las novelas (anti)militaristas y melancólico-nostálgicas, no es una historia personal de un individuo que narra en primera persona o es un focalizador dominante, sino que es un relato colectivo, que, además de las vivencias de la madre, incluye las experiencias de sus hijas, su propia madre (la abuela), los vecinos de la comunidad de excombatientes en la que reside, y de otras mujeres excombatientes que se asentaron en la capital. Ninguno/ninguna de estos personajes lleva un nombre propio: ella es la madre, su madre es "la madre" o la abuela, sus hijas son singularizadas como la primogénita, la mayor, la segunda o la tercera de las niñas que viven con ella, y la más pequeña. No se nombran los vecinos ni los excompañeros; tampoco aparece en la novela ningún topónimo ni se dan fechas. Esta decisión de Hernández produce varios efectos, entre los cuales cabe destacar la desingularización de las vivencias y circunstancias de la guerra y la posguerra que tienen más que ver con las condiciones sociales y económicas y con una ética, que con las experiencias particulares; la creación de una realidad comunitaria—los personajes aparecen como miembros de una comunidad, incluso si esta comunidad es un mundo atravesado por problemas y "ugly feelings" (Ngai 2007)—; y el énfasis en la familia como la unidad de base de solidaridad, "gestión vincular" (Segato 2016, 27) y cuidado.

Otro efecto es la dificultad de lectura. Hernández exige mucho de sus lectores/as al no "bautizar" a sus personajes y al narrar usando, a lo largo de 347 páginas, el discurso libre indirecto. Los personajes—una multitud de ellos—hablan mediante la voz narrativa, en una narración que no es coral aunque es múltiple; que es sinuosa, con analepsis y prolepsis que nos llevan del presente al pasado, para volver al presente, avanzar hacia el futuro, saltar al pasado y volver al presente. Cada detalle importa para identificar la "voz", la historia y la cronología, cuando los lectores intentan (re)construir la historia de una comunidad, una familia y una madre que, a pesar de todo, sobrevivieron la guerra y luchan, en el presente de la narración, para sobrellevar la condición precaria del excombatiente, a menudo rechazado y despreciado por el resto de la población. Y si es difícil la situación del excombatiente, ¿cómo es la vivencia de *la* excombatiente?

La historia de la madre revela un cuadro sombrío de la sociedad de posguerra y, en particular, de la situación de la mujer. El mundo por el que su padre y ella lucharon nunca se ha hecho realidad; la pobreza, la desigualdad y la exclusión continúan, y la vida cotidiana sigue siendo una batalla diaria. La reintegración a la vida civil está sembrada de dificultades y desprecios, o aquejada por poca comprensión. Los traumas vividos acosan durante las noches, mientras la política oficial impone el olvido en nombre de la supuesta reconciliación nacional. La comunidad de excombatientes en la que vive la madre con sus hijas se encuentra en la periferia de un pueblo, señalando quiebres en el tejido social que remontan a la guerra. Ellos no quieren mezclarse con la población general (los civiles), mientras que los civiles desconfían de estos desmovilizados, e incluso les temen, como lo muestra la cita de Huezo Mixco. Algunos, como la abuela de la niña más pequeña, prefieren ignorar a estos hombres y mujeres que llevan el estigma de haberse rebelado contra el estado neocolonial, deseando otra estructura y cultura social.

La marginalidad que los excombatientes comparten podría significar que entre ellos se cultivaría la solidaridad, pero no es así. Todos están traumados por la guerra, todos viven en la precariedad económica y se sienten humillados por una paz que sabe a derrota, para todos el día a día es una batalla, pero muy pocos son capaces de un gesto generoso o solidario. Al contrario, se espían, celan, calumnian; desconfían del vecino y le envidian cualquier cosa; esconden la información que podría beneficiar; chismean o agreden. Matan para vengarse. La madre vive amenazada porque una familia de la misma comunidad cree, sin ninguna prueba o más bien, en contra de la evidencia, que ella "había ordenado la muerte de uno de sus parientes después de la guerra y causado la de otro durante ella" (2017, 220). También roban. La madre heredó de su segundo esposo un molino de maíz, del que los vecinos regularmente sustraen el grano, además de llevarse las gallinas. Quienes lo hacen son los exguerrilleros, sus excompañeros de armas, tan pobres y necesitados como ella. Con ellos, en un pasado no muy lejano, la madre compartió campamentos y combates. La narradora explica que los robos se originan no solo en la necesidad, sino también en una concepción patriarcal y vertical de género: los hombres solo respetan a hombres, y para mantener intacta la imagen de proveedores de la familia, no le pueden pedir nada a una mujer. Pedir ayuda o asistencia a una mujer significaría desviarse del eje vertical y perder la derechura, algo inconcebible incluso si el precio es la pérdida de la rectitud:[14]

> Respetaban [los ladrones] la presencia de los hombres [en las casas], aunque fueran viejos o menos fuertes que ellos. A las mujeres las seguían viendo como lo hacían antes de la guerra, aunque hubieran combatido a su lado, les hubieran salvado la vida alguna vez o pudieran matarlos entonces alegando invasión a su propiedad. Sabían que ninguna lo haría. No querrían quedar como asesinas ante sus hijos… Si se lo pidieran [el grano y las gallinas a las mujeres], seguro les compartirían lo que tenían. Pero ni uno quería pasar por la pena de tener que pedirle ayuda a una mujer, sobre todo si no tenía marido. Los convertiría en la burla de

todos. Y sus propias mujeres se molestarían con ellos. Quizá hasta los abandonarían. No tenían más opción que hacerlo de la manera en que lo hacían. Las otras mujeres deberían comprenderlo. (2017, 231)

Debían comprender este "mandato de masculinidad" (Segato 2016, 19) y si no lo comprendían, pagaban, como han pagado siempre. La violencia de género es una constante en la sociedad de posguerra que Claudia Hernández retrata en *Roza tumba quema*. Ni las mujeres ni las niñas pueden caminar por la calle sin temer una agresión, en particular si se encuentran en un lugar apartado o después del atardecer. La casa de la madre fue atacada dos veces, primero por un violador en serie, a quien toda la comunidad conocía, que quería llevarse a su hija mayor; y después por el hijo de este hombre, quien, años más tarde e instigado por su abuela, quería violar a la madre porque sospechaban que ella había matado o mandado a matar a su padre. Ninguna de las veces los vecinos habían acudido para ayudar a aprehender al agresor. La vulnerabilidad e inseguridad de las mujeres demuestra el fracaso de la "masculinidad alternativa" (Rodríguez 1996, 33) que prometía la utopía revolucionaria. Quienes podrían encarnarla, como el padre de la protagonista, estaban muertos. Los recuerdos de la madre traslucen que el ideal de igualdad de género nunca ha sido más que un ideal. La ideología patriarcal heteronormativa sobrevivía intacta en las montañas, unida a la misoginia y una estructura interna de privilegio que contradecía a gritos la igualdad pregonada por el discurso de la revolución. Con los desmovilizados, se reinstalaron en la sociedad la lógica patriarcal y la masculinidad hegemónica y, junto con ellas, la violencia de género que, aguzada por el militarismo, las masculinidades frustradas (como las de los ladrones), el trauma y el legado de la guerra, a menudo reprimidos, la precariedad económica recrudecida por las políticas neoliberales, estallaba con una intensidad que exponía el fracaso moral de una sociedad perdida en la cultura de agresión.

Roza tumba quema podría leerse como un archivo de infelicidad (Ahmed 2019) y negatividad si no fuera por la gestión vincular y la ética relacional de las mujeres: la madre, su madre (la abuela), las cuatro hijas, una amiga excombatiente con quien la madre compartió el campamento de reinserción, una amiga de esta mujer que puede ver lo invisible y comprender lo indecible. Escribí "las mujeres", pero el artículo definido debe matizarse, porque de ninguna manera se trata de todas las mujeres que circulan por los meandros de este relato. Muchas de ellas son tan despiadadas, verticales y violentas como la mayoría de los hombres de la comunidad; "la mayoría", porque también entre ellos hay excepciones. Son las mujeres de esa pequeña familia sin hombre que logran crear una célula de resistencia y esperanza. Todas ellas y, en particular, la madre, quien encarna al sujeto inclinado tal como lo define Adriana Cavarero: un sujeto asimétrico y relacional, abierto al otro, hacia quien se vuelve y dobla, cuya vulnerabilidad no solo reconoce, sino que también se identifica con ella. Al igual que en la reflexión teórica de Cavarero, en la novela de Claudia Hernández es la maternidad que encarna esta ontología relacional y altruista de la subjetividad. La madre, incorporada a las filas guerrilleras cuando huía de la "masculinidad extrema", combatiente ágil y valiente, hábil en el manejo de armas y, como ya he indicado, fiel al acontecimiento (Badiou 2004), es también una mujer brutalmente herida por la pérdida de su primogénita. Al ser desmovilizada se reinventa como madre: "No dejaría sufrir a ninguna de sus hijas" (2017, 145); "[s]us hijas eran lo más importante para ella" (2017, 216). Estas frases resumen su decisión, compromiso y entrega al otro más vulnerable que ella. Proveer, proteger, comprender, guiar y cuidar, sin jamás traicionar la dignidad e integridad propia, es el derrotero de posguerra que se traza esta madre para (re)vivir y reconstituirse como sujeto. Por eso, creo, podemos leer la novela de Claudia Hernández como una dramatización ficcional de la ética del cuidado y una política en clave femenina que "[reteje] comunidad" (Segato 2016, 27).

La ética del cuidado es una ética feminista, enraizada en la (re)valoración feminista del cuidado y del trabajo de cuidar. En la lógica patriarcal, estas ocupaciones se consideraban "femeninas" y domésticas y, por no ser remunerables y pertenecer al espacio privado, no contaban como trabajo. La ética del cuidado las redimensiona como forma de empoderamiento; postula asimismo un acercamiento relacional (la relacionalidad del cuidar) y contextual a la moralidad y la toma de decisiones, distanciándose de las teorías dominantes de la moral, como la ética aristotélica de la virtud, la teoría moral racionalista de Kant o el utilitarismo (Held 2006, 4 y 9). Altamente relevante tanto para los círculos familiares y personales, como para los contextos globales y políticos, la ética del cuidado concibe el cuidado como un compromiso moral y una respuesta, a la vez emotiva y práctica, ante la vulnerabilidad, la fragilidad y la necesidad del otro:

> what is distinctive in all such relations is that the one caring acts in response to a perceived need on the part of the cared-for. [...] This response might be irrational, since caring involves the commitment to do something, however remote the possibilities of success, to improve the cared for's condition. [...] Ultimately, there is a defining *imperative* to

act that is a critical function of what it means to care. (Dunn y Burton 2016, web; énfasis original)

Un aspecto crucial de la ética del cuidado es su argumentación a favor de una forma más compasiva de la interacción humana, basada más en los sentimientos que en la razón. Nell Noddings escribe al respecto: "Lo que nos motiva no es la razón, sino el sentimiento hacia el otro" (2009, 40). También Virginia Held enfatiza la condición afectiva de la ética del cuidado al señalar que esta, en contraste con abordajes racionalistas, valora la sensibilidad y las emociones, en particular aquellas que, como la empatía, permiten evaluar apropiadamente la situación y determinar la mejor respuesta moral (2006, 10–11). Es por esto que en el capítulo de su estudio dedicado a la inclinación en la ética del cuidado Cavarero asimila esta práctica emotiva y relacional a la crítica del modelo vertical, de "its limits, its pretenses, and its uncritical adoptions in the fields of ontology, ethics, and politics" (2016, 128). Esta crítica corresponde, por lo menos en parte, con la política en clave femenina cuyo objetivo es desmontar el mandato de masculinidad y "'domesticar la política', desburocratizarla, humanizarla en clave doméstica, de una domesticidad repolitizada" (Segato 2016, 25).

Para cuidar a las que son más vulnerables que ella misma y abrirles puertas a futuros que ella no ha podido explorar, la madre forja lazos de solidaridad en afinidad ["solidarity in affinity"] (Rodríguez 1996, 172) con otras mujeres que, como ella, han sufrido en carne y mente propia los efectos devastadores de la guerra. Juntas retejen una comunidad de apoyo en la que "women take care of and assist women" (Rodríguez 1996, 173).[15] Su práctica cotidiana de cuidado, protección y entrega redimensiona los conceptos patriarcales y conservadores de maternidad, familia y domesticidad, transformando los estereotipos en valores: "through the lenses of the ethics of care, it [the stereotype of maternity] is removed from the marginality of the domestic sphere and acquires a potentially universal ethical dignity" (Cavarero 2016, 124). La madre es una mujer independiente y autosuficiente; trabaja, no quiere depender de nadie, sobre todo si la aceptación de la ayuda implicaría un compromiso a la dignidad. Al mismo tiempo, hace de la inclinación hacia otros el foco de su pedagogía materna. Lo que enseña a las hijas es a ser independientes, valorarse, ayudarse entre ellas y ser solidarias. En el último párrafo de la novela leemos:

> Su hija que estudiaba en la universidad le había prometido ayudarle desde el continente, donde estará apoyando a gentes que les recordarán

a ellas. La hija que estaba en casa con ella se aseguraría de cuidar a la pequeña como la pequeña estaba cuidando ya de la hija de ella. La que se había ido al país que tanto resentía regresaría para el tiempo en que los dueños de los tractores llegaran a tratar de construir en el terreno que les pertenecía y se pararía con ella frente a ellos para exigir que les explicaran una y otra vez que los trabajos por realizar las favorecerían más que a ninguna otra familia. Regresaría con un carácter tan firme que sería la que más le recordaría a ella misma. Cuando diera a luz a una niña, la llamaría con el nombre que debió haber llevado la primogénita de su madre. (2017, 346–47)

Como seres solidarios y sensibles a la vulnerabilidad del otro, la madre y las hijas se constituyen como sujetos éticos, solidarios y, por lo tanto, políticos; sujetos que (re)conocen sus derechos y los derechos y necesidades de otros, y que pueden apoyarlos, protegerlos o, en caso de necesidad, defenderlos con rectitud.[16]

La labor de la madre, orientada al futuro, resiste al mandato de masculinidad violenta y sitúa la esperanza en el potencial generador de la solidaridad entre sujetos vulnerables. La violencia y su lógica están excluidas de su casa. El único uso válido del arma sería la defensa de la dignidad e integridad física propia, la de sus hijas y la casa. Para medir la fuerza de esta determinación, hay que saber que en esta misma casa se encuentra uno de esos escondites de armas que la madre y su esposo crearon siguiendo las órdenes de sus superiores, justo después de la desmovilización, cuando nadie en la guerrilla creía en el final definitivo de la guerra. El hecho de que la madre nunca las use, ni siquiera cuando su casa es atacada y amenazada, revela no solo su fidelidad al evento—la existencia de estas armas es un secreto que ella debe proteger—, sino también su compromiso con la paz y el cuidado. Las armas son instrumentos de la violencia y, como tales, no tienen lugar ni razón de ser después de la guerra, incluso si otras formas de guerra se desarrollaran en una sociedad que ha olvidado el valor de la paz y la solidaridad, una sociedad cuyos políticos recurren a la política como otra forma de hacer guerra, según la inversión foucaultiana de la famosa formulación de Clausewitz. El pacifismo y la ética del cuidado que la madre practica son su respuesta ante la violencia y el verticalismo vividos y también ejercidos en la época de la guerra; y que se renuevan, diversificados, en la posguerra. Al mismo tiempo, se podría argüir que las armas escondidas en el patio plasman la relación de esta mujer con el pasado: están cerca, determinan sus acciones y decisiones, no se olvidan ni se deben olvidar, pero tampoco se incorporan en la práctica del presente, que debe ser otra y orientarse hacia otros horizontes afectivos. Al dramatizar la ética del cuidado en *Roza tumba quema*, Claudia Hernández rechaza no solo la violencia del espíritu militarista que encontramos en las ficciones de Galich y Castellanos Moya, sino también la nostalgia melancólica que permea los relatos de Huezo Mixco. A su vez, la estructuración narrativa de voces, miradas, pensamientos y recuerdos en un tejido colectivo cuestiona el enfoque individual (sobre todo el que observamos en las novelas de Huezo Mixco) que desplaza y reemplaza (connotando el individualismo capitalista) el ideal de una colectividad unida por la que se luchó en Centroamérica en los setenta y ochenta.

Conclusiones: la resistencia y esperanza de la retórica de la maternidad

Para terminar, propongo retomar las palabras de Cavarero que detallan cómo liberar el potencial crítico del estereotipo materno. La estudiosa plantea dos posibilidades: la primera debe exagerar los contornos del estereotipo, mientras que la segunda consiste en "geometrically distill the rhetoric of maternity and superimpose it, like a transparent screen, over the rhetoric of the philosophical subject, in order to highlight the differences between the two ontological, ethical, and political models" (2016, 14). La comparación entre las novelas del desmovilizado en masculino y *Roza tumba quema* de Claudia Hernández permite realizar esta delicada operación de superponer la retórica de la maternidad con la retórica vertical del sujeto autónomo. No pretendo sostener que la madre es un sujeto *siempre* inclinado. Para funcionar en una sociedad que privilegia la verticalidad, la madre puede *presentarse* como un sujeto que comprende y acata la verticalidad, como cuando, por ejemplo, no denuncia a los ladrones de gallinas o a las religiosas que vendieron a su hija en adopción. Ella misma, en su fuerza, determinación e independencia, es decir, actuando con rectitud, reta el paradigma dominante que asocia la verticalidad con lo masculino, mientras asimila la condición femenina a la subordinación. Esta variabilidad de posturas, entre las cuales la inclinación es solo una, aunque preponderante, no debe sorprendernos. De hecho, según señala Cavarero, puede ser que esta sea la única opción que tiene un sujeto inscrito en la geometría moderna de la verticalidad que se niega a reproducirla:

> in light of the verticality that dominates the history of ontology, the task is to change our register or reposition our gaze, trying to imagine

ontology as a geometry of variable postures inside of which inclination may assume a "modular" role. When our questioning calls upon a relational rather than individualistic model, [...] inclination can become the module that composes the picture's design—its leitmotif or prevailing posture. (2016, 128)

Según la lectura que he desarrollado, es justamente lo que hace Claudia Hernández en *Roza tumba quema*: en la figura de la madre (y otras mujeres) diseña un sujeto flexible que adopta una variedad de posturas, entre las cuales prevalece la inclinación materna. De esta forma, la novela de Hernández se constituye como esa pantalla transparente que, comparada con las ficciones en masculino de Castellanos Moya, Galich y Huezo Mixco, revela las limitaciones éticas y políticas del sujeto egocéntrico del paradigma vertical. Al reposicionar la mirada y dirigirla hacia una concepción relacional del sujeto, *Roza tumba quema* plasma la inclinación (materna), el cuidado y la domesticidad repolitizada como formas de resistencia ante los embates de la violencia heredada del pasado y también de la violencia de la racionalidad neoliberal en la que se incorporaron los sujetos desmovilizados. Resistencia y, al mismo tiempo, una "pausa emocional" (Cavarero 2016, 15), que alumbran una chispa de esperanza en medio del desencanto y negatividad.

Notas

1. Dussel sostiene que el evento inaugural de la modernidad fue la conquista española de América, lo que le permitió a Europa imaginarse como el centro del mundo y atribuirse superioridad con respecto a las culturas musulmana, india y china (1995, 12) y, por supuesto, la americana (o, la del continente que terminó por llevar este nombre). La empresa fundacional de la modernidad fue violenta y la idea de violencia sacrificial—mitificada en el discurso colonial como redentora, purificadora y emancipadora—fue su principal arma ideológica. Véase también el trabajo de Rita Laura Segato sobre la era colonial-moderna y su cimiento patriarcal (2016, 18–27).

2. Le agradezco a Ileana Rodríguez la referencia al trabajo de Adriana Cavarero.

3. Para las primeras teorizaciones de la ética del cuidado, véase Gilligan (1982), Noddings (1984), y Ruddick (1989). Como ejemplos de las indagaciones realizadas en la década de los noventa, consultar Bowden (1997), Kittay (1999) y Tronto (1993); para una reflexión más reciente, Held (2006).

4. Cavarero dedica a la ética del cuidado el capítulo 12 de *Inclinations*, titulado "Schemata for a Postural Ethics" (2016, 121–31). Al comienzo de ese capítulo,

Cavarero observa que "the imaginary of maternity permits a shift of attention from a subject modeled on the idea of autonomy to a subjectivity structurally characterized by dependence and exposure, from the assertions of a self-consistent and partitioned subjectivity to a subjectivity that is open and relational" (2016, 122).

5. El colonialismo interno, concepto propuesto por John Stone en 1979, en su introducción al primer número de la revista *Ethnic and Racial Studies*, establece una analogía entre la situación de dominación colonial y la posición de comunidades étnicas y raciales dentro de las sociedades industriales (1996, 278–81).

6. En 1990, la población de Nicaragua era de 3.87 millones. Para comparar proporcionalmente, esas 88.000 personas desmovilizadas corresponderían a 7.5 millones de estadounidenses.

7. La primera parte de *Moronga*, la última novela de Castellanos Moya, publicada en 2018, también se coloca en esta categoría: su trama continúa la historia narrada en *El arma en el hombre*, pero 20 años después y en Estados Unidos, donde el destino reúne a tres personajes que sobrevivieron el espectacular ataque de la DEA con el que se cierra la novela de 2001.

8. *Camino de hormigas* y *La casa de Moravia* presentan un notable parecido con las novelas de los guerrilleros de las décadas de 1960 y 1970, según las analiza Héctor M. Leyva en el artículo "Narrativa de los procesos revolucionarios centroamericanos (1960–1990)". Según este estudioso, son novelas de carácter individualista, socialmente sesgadas; sus protagonistas son sujetos narcisistas seducidos por la heroificación, que construyen su yo en torno a las experiencias afectivas asociadas con la juventud (amor, amistad, impaciencia, extremismo) (2018, 41–48). En las ficciones de Huezo Mixco vemos a estos mismos sujetos unos cuarenta años más tarde. Su perspectiva es ahora antiheroica y desencantada, pero el carácter de las novelas no ha cambiado: el sujeto masculino construye su yo en una narrativa individualista, narcisista y machista.

9. *Tu fantasma, Julián*, de Mónica Zalaquett (Nicaragua, 1992) es precursora de la novela del desmovilizado y fue escrita por una mujer, pero narra la historia de dos hermanos que durante La Revolución y la guerra de la Contra en Nicaragua se encontraron en los lados opuestos del conflicto. Al finalizar la guerra y ser desmovilizado de la Contra, José Benito regresa a su pueblo para confrontar al fantasma de su hermano Julián, a quien había matado, y confesar la culpa a sus padres.

10. Se trata de Mauricio Funes, presidente desde 2009 hasta 2014, y Salvador Sánchez Cerén, quien ocupó el puesto presidencial entre 2014 y 2019.

11. Sobre la participación de niños y adolescentes en la guerra, consúltese el ensayo de Julia Dickson-Gómez (2009). La autora observa: "In its 1987 report on Salvadoran human rights, America's Watch discussed the use of children by both sides of the

conflict. Children were used by the Armed Forces as soldiers and informers; the same report criticized the guerrilla's involvement of boys in the conflict. [...] The majority of women and girls who joined the National Liberation Front participated in supporting roles, cooking and sewing uniforms. Others took a more active role as medics or in logistics, carrying supplies and coordinating the movement of soldiers. A minority of women and girls fought as combatants" (2009, 175).

12. La fidelidad al acontecimiento es, para Badiou, la condición del procedimiento de verdad. Ser fiel significa "moverse en la situación que este acontecimiento ha suplementado, *pensando* [...] la situación 'según' el acontecimiento" (2004, 71).

13. Esta situación fue bastante frecuente. "Many women as girls suffered sexual victimization in the guerrilla camps" (Dickson-Gómez 2009, 186).

14. Juego aquí con el doble significado de "cualidad de recto": el que no se inclina y una persona íntegra, honesta, honrada.

15. Ileana Rodríguez no alude en esta cita a la novela de Hernández, publicada 21 años después de que se hayan escrito estas palabras. No obstante, la renovada actualidad de los planteamientos de la estudiosa nicaragüense no deja de ser llamativa.

16. Es interesante observar que entre estas mujeres la inclinación cuidadora se enlaza con el imperativo de rectitud, cuando esta palabra significa honestidad e integridad, porque para ellas una inclinación productiva se cimienta sobre la dignidad y la responsabilidad.

Obras citadas

Ahmed, Sara. 2019. *La promesa de la felicidad. Una crítica cultural al imperativo de la alegría*. Trad. de Hugo Salas. Buenos Aires: Caja Negra Editora.
Argueta, Manlio. 2013. *Un día en la vida*. San Salvador: UCA.
Arias, Arturo. 2007. *Taking Their Word. Literature and the Signs of Central America*. Minneapolis: U of Minnesota P.
Badiou, Alain. 2004. *La ética*. Trad. de Raúl J. Cerdeiras. Ciudad de México: Herder.
Bowden, Peta. 1997. *Caring. Gender-Sensitive Ethics*. New York: Routledge.
Boym, Svetlana. 2001. *The Future of Nostalgia*. New York: Basic Books.
Castellanos Moya, Horacio. 2001. *El arma en el hombre*. Barcelona: Tusquets.
———. 2018. *Moronga*. Barcelona: Literatura Random House.
Cavarero, Adriana. 2016. *Inclinations. A Critique of Rectitude*. Trad. de Amanda Minervini y Adam Sitze. Stanford: Stanford UP.

Dickson-Gómez, Julia. 2009. "Child Soldiers: Growing Up in a Guerrilla Camp". En *Cultures of Fear: A Critical Reader*, editado por Uli Linke y Danielle Taana Smith, 174–88. New York: Pluto Press.

Dunn, Craig P. y Brian K. Burton. 2016. "Ethics of Care". *Encyclopaedia Britannica*. Acceso el 22 de abril de 2017. https://www.britannica.com/topic/ethics-of-care.

Dussel, Enrique. 1995. *The Invention of the Americas: Eclipse of the "Other" and the Myth of Modernity*. Trad. de Michael D. Barber. New York: Continnum.

Esch, Sophie. 2018. *Modernity at Gunpoint. Firearms, Politics, and Culture in Mexico and Central America*. Pittsburgh: U of Pittsburgh P.

Franco, Jean. 2013. *Cruel Modernity*. Durham: Duke UP.

Gianni, Silvia. 2007. "El turno de los ofendidos. Territorialidad de la exclusión e identidades múltiples en dos novelas de Franz Galich". *Istmo. Revista virtual de estudios literarios y culturales centroamericanos* vol. 15. Acceso el 3 de marzo de 2015. http://istmo.denison.edu/n15/articulos/gianni.html.

Gilligan, Carol. 1982. *In a Different Voice: Psychological Theory and Women's Development*. Cambridge: Harvard UP.

Held, Virginia. 2006. *The Ethics of Care: Personal, Political, and Global*. Oxford: Oxford UP.

Hernández, Claudia. 2017. *Roza tumba quema*. Bogotá: Laguna Libros.

Huezo Mixco, Miguel. 2014. *Camino de hormigas*. San Salvador: Alfaguara.

———. 2017. *La casa de Moravia*. México: Alfaguara.

Kittay, Eva Feder. 1999. *Love's Labor. Essays on Women, Equality, and Dependency*. New York: Routledge.

Leyva, Héctor M. 2018. "Narrativa de los procesos revolucionarios centroamericanos (1960–1990)". En *Literatura y compromiso político. Prácticas polítíticoculturales y estéticas de la revolución*, volumen 4 de *Hacia una Historia de las Literaturas Centroamericanas*, editado por Héctor M. Leyva, Werner Mackenbach y Claudia Ferman, 37–66. Guatemala: F&G.

Ngai, Sianne. 2007. *Ugly Feelings*. Cambridge: Harvard UP.

Noddings, Nell. 1984. *Caring. A Feminine Approach to Ethics & Moral Education*. Berkeley: U of California P.

———. 2009. *La educación moral. Propuesta alternativa para la educación del carácter*. Buenos Aires: Amorrortu.

Richard, Nelly. 2000. Presentación a *Políticas y estéticas de la memoria*, editado por Nelly Richard, 9–12. Santiago: Cuarto Propio.

Rodríguez, Ileana. 1996. *Women, Guerrillas and Love. Understanding War in Central America*. Minneapolis: U of Minnesota P.

Ruddick, Sara. 1989. *Maternal Thinking: Toward a Politics of Peace*. Boston: Beacon Press.

Segato, Rita Laura. 2016. *La guerra contra las mujeres*. Madrid: Traficantes de Sueños.

Stone, John. 1996. "Internal Colonialism". En *Ethnicity*, editado por John Hutchison y Anthony D. Smith, 278–81. New York: Oxford UP.

Tronto, Joan C. 1993. *Moral Boundaries: A Political Argument for an Ethic of Care*. New York: Routledge.

Zalaquett, Mónica. 1992. *Tu fantasma, Julián*. Managua: Vanguardia.

EMANUELA JOSSA

Cuerpos asimétricos y bichos
Género y devenir en los cuentos de Salvador Canjura, Claudia Hernández, Guadalupe Nettel y Denise Phé-Funchal

Q UIZÁS EL PRIMER ENCUENTRO entre Claudia Hernández y Guadalupe Nettel se debe a un animal, que no es un perro consentido ni un gato hermoso, sino un bicho molesto y despreciado: la cucaracha. Y, por cierto, no es casual que se trate de un ser estigmatizado, considerado por lo general un bicho repugnante. En los cuentos "Trampa para cucarachas #17" (*De fronteras*, 2007) y "Guerra en los basureros" (*Pétalos y otras historias incómodas,* 2008), de la escritora salvadoreña y de la escritora mexicana, respectivamente, las cucarachas invaden por un lado el cuartucho de un hotel miserable, y, por otro, la cocina de los protagonistas. En ambos cuentos, los protagonistas reaccionan tratando de eliminarlas. Los personajes involucrados en la batalla en contra de las cucarachas son sujetos marginados que cuentan su propia historia: en el cuento de Claudia Hernández, el protagonista es un inmigrado desempleado en una ciudad que él define ajena e indiferente, mientras que en el cuento de Guadalupe Nettel, el protagonista es un niño dejado al cuidado de una familia igualmente insensible y hostil.

Los dos cuentos representan un primer enlace entre las dos escritoras y, a pesar de la extravagancia, en mi propuesta las cucarachas constituyen el punto de partida y de arribo para reflexionar sobre la eficacia y la oportunidad de unas perspectivas críticas para el estudio de la literatura hispanoamericana actual. El contrapunteo con un cuento del escritor salvadoreño Salvador Canjura y el *intermezzo* dedicado a la escritora guatemalteca Denise Phé-Funchal muestran que no se trata de aplicar procedimientos predeterminados, sino de conjugar el análisis textual con las teorías más adecuadas. La presencia de un escritor al lado de tres mujeres revela de inmediato que el objetivo de este estudio no es individuar los signos de una escritura "femenina". Sin embargo, esto no implica una neutralización de la diferencia. Como asevera Nelly Richard,

> afirmar que la escritura es in/diferente a la diferencia genérico sexual equivale a complicitarse con las maniobras de generalización del poder establecido que consiste, precisamente, en llevar la masculinidad hegemónica a valerse de lo neutro, de lo im/personal para ocultar sus exclusiones de género tras la metafísica de lo humano universal. (2008, 15–16)

De hecho, suponer la neutralidad de la lengua significa ignorar los dispositivos hegemónicos que transformaron la masculinidad en el modelo único de representación y expresión del género humano. La escritura y el lenguaje no pueden prescindir de estos procesos. Sin embargo, siguiendo las teorías de Julia Kristeva (1974 y 1977), el texto literario es la síntesis de la oposición entre la tendencia masculina a racionalizar y conceptualizar, y la tendencia femenina a desbordar los límites. En esta lectura, la tendencia masculina fortalecería las normas, mientras que la femenina las cuestionaría. Estas tendencias no tienen nada que ver con el género de quién escribe, no corresponden al binomio reductivo hombre/mujer, sino que conciernen al proceso continuado de negociación entre estas dos partes en cada individuo. Este proceso, que es un devenir, se refleja en las prácticas de escritura que pueden vehicular la estabilidad y la fijeza o, por el contrario, la ruptura y la disidencia. La transgresión de lo "femenino" se realiza en esta perspectiva del ser y de sus relaciones como proceso, como devenir. De ahí la referencia constante en este trabajo a *Mil mesetas* de Deleuze y Guattari, especialmente a su filosofía de la diferencia y del devenir minoritario, y a su teoría de la desterritorialización de las identidades normadas. Defino como "prácticas del devenir" la representación literaria de estos procesos.

Como veremos en la parte final del presente ensayo, los relatos de Guadalupe Nettel y Claudia Hernández proponen justamente esta disidencia, a través del replanteamiento de la percepción que se enlaza con una isotopía compartida en la obra de las dos escritoras. De hecho, este estudio parte de la constatación de la presencia recurrente de la tematización de los defectos físicos (lesión, rareza, mutilación) inscritos en los cuerpos femeninos representados en la narrativa de Claudia Hernández y de Guadalupe Nettel. Nacidas en los años setenta, las dos escritoras pertenecen a la misma generación, pero en contextos históricos y culturales muy diferentes: San Salvador y la Ciudad de México. Claudia Hernández ha empezado como cuentista, su primera publicación es *Otras ciudades* de 2001. Luego ha publicado las colecciones de cuentos *Mediodía de frontera* (2002), *Olvida uno* (2005), *De fronteras* (2007) y *Causas naturales* (2013). En los últimos años se ha dedicado a la novela, ha publicado *Roza tumba quema* (2017), *El verbo j* (2018) y *Tomar tu mano* (2021). Asimismo, Guadalupe Nettel es autora de los libros de cuentos *Juegos de artificios* (1993), *Les jours fossiles* (2003), *Pétalos y otras historias incómodas* (2008) y *El matrimonio de los peces rojos* (2013), y de las novelas *El huésped* (2006), *El cuerpo en que nací* (2011), *Después del invierno* (2014) y *La hija única* (2020). En sus obras, las dos escritoras presentan cuerpos "significantes", esto es, cuerpos que vehiculan un significado. Al exhibir su fisicidad, son objeto de la percepción y de la interpretación de un sentido, pero, justamente porque significan, también son el sujeto de esta relación significante. Por lo tanto, estos cuerpos también son un modo, una capacidad de entender, reconocer, juzgar: cuerpos como potencialidad, capaces de realizar "prácticas del devenir". De esta reflexión previa deriva el análisis que sigue.

Si agrupamos los campos semánticos de las obras de Guadalupe Nettel, vemos de qué manera los defectos de la visión modulan su narrativa, con lo que forman redes de coherencia semántica en su colección de cuentos *Pétalos*, en la novela *El huésped* y en la novela autoficcional *El cuerpo en que nací*. A pesar del significado metafórico, la escritura de Guadalupe Nettel "se ofrece en persona y en cuerpo", como diría Nancy (2003, 59), siendo también memoria, fragmento de existencia. Los connotadores isotópicos comprenden, por un lado, las partes afectadas (íride, córnea, retina, párpados) y, por el otro, las enfermedades relacionadas (ceguera, ptosis, ambliopía) y su curación. Los problemas visuales producen la marginación del cuerpo afectado, lo que obliga a los personajes a manejar su carencia. A partir de aquí, la falta de visión funciona como sinécdoque: la vista afectada remite a la imperfección de todos los cuerpos.

En la narrativa breve de Claudia Hernández, por su lado, recurre el tema de los defectos físicos relacionados con la mutilación, la falta de una parte del cuerpo: un seno, una mano, un brazo. Los cuerpos imperfectos y asimétricos son una declinación de este tema. Más que anomalías, como en Guadalupe Nettel, aquí se trata de privaciones efectivas que pueden proceder de enfermedades, pero más a menudo son el resultado de un hecho traumático. Los cuerpos de sus personajes, como ya he señalado en otro ensayo (Jossa 2014), están impregnados por relaciones de fuerza que se refieren de forma implícita a los hechos traumáticos y al vacío, debidos tanto al conflicto armado de los ochenta como a la violencia que hoy día afecta a El Salvador.

Sin embargo, y en esto consiste mi propuesta alternativa al concepto de desencanto de Beatriz Cortez en *La estética del cinismo* (2010), en los cuentos de Claudia Hernández la anomalía se vuelve una emancipación del rol de víctima, un escape de las definiciones heteronormadas, una fuerza disyuntiva que abre a otras posibilidades. Sus personajes incompletos intentan reconfigurar de manera creativa sus cuerpos lastimados, de modo que hacen de la marginalidad provocada por la falta de una mano o de un seno, una fisura para reinventarse como sujeto en una sociedad que reproduce dinámicas de exclusión tanto en el ámbito público como privado.

Para este estudio traigo a colación unos cuentos en los que los defectos físicos operan como dispositivos de la exclusión y producen reacciones diferentes: de Nettel, "Ptosis", integrado en *Pétalos y otras historias incómodas* (2008), y de Hernández, "Asimetría" y "Nadia" que forman parte de *Otras ciudades* (2001). A pesar de sus diferencias, estos cuentos también comparten el núcleo narrativo: la relación entre un hombre "normal" y una mujer afectada por una enfermedad o un incidente que vuelve asimétrico su cuerpo. Se quiere averiguar si en los cuentos escogidos las escritoras conciben la diferenciación como devenir.

Unos párpados insólitos

En el cuento "Ptosis", desde el título hay una referencia explícita a la enfermedad que afecta a los personajes: la caída del párpado superior que limita la visión y a veces impide el desarrollo normal del ojo. Quien cuenta la historia es un hombre cuarentón, hijo de un fotógrafo que trabaja para un cirujano de renombre en París, el doctor Ruellan. El narrador colabora con el padre que tiene que fotografiar a los pacientes antes y después de la cirugía. De ahí el interés del narrador por esta parte del rostro: durante sus paseos, lo que impacta su mirada no son los paisajes sino los párpados "insólitos" (Nettel 2008, 15). Mostrando su obsesión, él subraya cómo no es fácil tomar una instantánea de esta membrana tan sutil y movediza, cuyos movimientos rápidos se parecen al aleteo de un insecto (16). Al narrador no le gustan estos rostros imperfectos: "Los párpados que llegan hasta aquí son casi todos horribles, cuando no causan malestar, dan lástima" (16). Cuando los pacientes regresan trasformados para la segunda instantánea, él se siente aliviado. Pero también se percata de algo inquietante:

> en apariencia los ojos quedan más equilibrados, sin embargo, cuando uno mira bien—y sobre todo cuando ha visto ya miles de rostros modificados por la misma mano—, descubre algo abominable: de algún modo, todos ellos se parecen. Es como si el doctor Ruellan imprimiera una marca distintiva en sus pacientes, un sello tenue pero inconfundible. (15–16)

En el establecimiento el trabajo se repite, pero de vez en cuando hay un caso memorable. Es el caso de una mujer de unos veinte años, con una mirada soñadora. El ojo con el párpado levemente más cerrado que el otro muestra "una sensualidad anormal" (18): "al mirarla me embargó una sensación curiosa, una suerte de infelicidad placentera que suelo experimentar frente a las mujeres excesivamente bellas" (18). El narrador quisiera moverla a desistir del propósito de operarse y piensa mostrarle fotos de operaciones sin éxito. Más que todo, él quisiera decirle que ella perderá el encanto de un rostro propio, exclusivo e individual, ya que después de la operación su aspecto llevará la marca inconfundible del doctor y formará parte de su "tribu de mutantes" (20). Pero no se atreve y embriagado por el encanto de la mujer le toma quince fotos, en lugar de las tres habituales: "conservé la que me pareció mejor lograda en el cajón de mi escritorio: una toma de frente, soñadora y obscena" (21). Volvería a verla para la segunda serie de fotos. Pero ella no regresa a la oficina. El narrador la encontrará solamente unos meses después, por casualidad, en los muelles del Sena. La mujer, que todavía tiene los mismos párpados, le explica que el doctor tuvo que aplazar la fecha, y ahora la intervención es para el día siguiente. Los dos pasan la noche juntos, él prendido de "esos tres milímetros suplementarios de párpado, esos tres milímetros de voluptuosidad desquiciante" (23). Ahora sí le implora no someterse a la cirugía. La mujer no le hace caso y él la acompaña al quirófano, pero se rehúsa volver a verla, y no tomará las fotos debidas. El hombre se siente traicionado porque los párpados de la mujer serán "idénticos a los de todos los pacientes del doctor Ruellan" (24). En su idea, el doctor no va a mejorar sino mutilar a la mujer, y a él también, al quitarle todo el encanto del misterio de un rostro desigual. El hombre queda solo y la foto de la mujer antes de la cirugía no puede consolarlo, todo lo contrario: "Me invade una suerte de asfixia y un odio infinito hacia nuestro benefactor, como si de alguna forma su escalpelo también me hubiera mutilado" (24).

Unos senos asimétricos

Mientras el título "Ptosis" se refiere a la causa de la supuesta fealdad de una mujer, el título "Asimetría" remite a los efectos de otra enfermedad. Los protagonistas son un hombre y una mujer que se cruzan en una calle. El narrador es extradiegético y omnisciente, y el cuento, en la primera parte, está focalizado en la perspectiva del hombre. Así pues, el narrador muestra que conoce todas las circunstancias y se entera de los pensamientos del hombre, mientras que los de la mujer son referidos como conjeturas: "Ella debió notar" (Hernández 2001, 23). El cuento empieza con una afirmación del hombre: "Pensó que la chica habría sido memorable si hubiera tenido los senos simétricos" (23). La mujer se le acerca y le dice que sus senos antes eran perfectos, y le pregunta si quiere ver la cicatriz. El hombre, prudente, rechaza la propuesta y se va, inventando una cita al otro lado de la ciudad. Desde el punto de vista de la diégesis, el cuento termina aquí. Todo lo sucesivo, es solamente una hipótesis acerca de lo que hubiera podido acaecer si el hombre se hubiese quedado. Su permanencia al lado de la mujer es la prótasis de un largo periodo condicional de la irrealidad. La mujer querría contarle su historia, pero no pudo. Utilizando el pretérito pluscuamperfecto subjuntivo y el condicional, el narrador supone lo que el hombre hubiera podido preguntar, saber, probar, y lo que la mujer habría contestado o hecho: "ella le habría mostrado la cicatriz y le habría ofrecido contarle la historia" (24).[1] De este modo, conocemos los antecedentes: a la mujer le amputaron un seno a causa de un cáncer. En el hipotético diálogo, la mujer afirma que el cirujano suturó adrede la herida de modo burdo:

—[...] Podía haber dejado una cicatriz pequeña, pero quiso arrancarme la perfección, privarme de lo que pudo haberme producido.
—No diga eso.
—Es cierto. Él me lo dijo.
—A lo mejor bromeaba.
—Lo conozco: es mi padre, nunca bromea. (24)

Ahora la mujer tiene una cicatriz que querría que el hombre viera, tocara, saboreara. Pero el hombre no tolera la mutilación de su cuerpo y rechaza de antemano una relación con ella: "Siempre la sentiría incompleta" (24), dice.

A su manera de ver, el cuerpo defectuoso es intolerable. Le hubiera aconsejado la cirugía estética, hipócritamente, porque él la considera un paliativo, ineficaz para remendar el daño: "pero no podría disimular que seguiría pensando en que le hace falta algo, en que su perfección no es natural" (24). La breve conversación también introduce otro elemento revelador. La presencia de una figura patriarcal supresora, que teme y luego prohíbe e inhibe la belleza del cuerpo femenino.

Una mano extraviada

En *Otras ciudades*, la mutilación del cuerpo circula a través de los seis cuentos titulados "Nadia" (1, 2, 3, etc.). Por consonancia con "nadie" y "nada", la mujer que protagoniza los cuentos podría ser reducida y ninguneada ya a partir de su nombre, que podría aludir desde el principio a su invalidez o simplemente a una persona sin importancia. Cada uno de los cuentos tiene un narrador diferente, siempre identidades masculinas, siempre en primera persona. Con excepción del narrador de "Nadia (3)", todos los narradores se distinguen por su indiferencia y descuido. El primer narrador es el dueño de una tienda que ve a un perro con una mano de mujer en la boca. Luego ve a la mujer persiguiéndolo y le indica la calle que cogió el perro: "Se miraba buena chica, algo apresurada, por eso entiendo que no se detuviera a darme las gracias. Asumo que pretendió hacerlo porque levantó el brazo derecho y lo agitó como si aún tuviera la mano puesta en su lugar, y siguió su marcha, aunque no por la ruta que le indiqué" (Hernández 2001, 15). El tono del narrador es distante, su actitud indolente. Se preocupa más por la carencia de gratitud que por el incidente sufrido por la mujer. En los cuentos sucesivos, la voz de la enunciación cambia. Los diferentes narradores toman la palabra y comentan la historia, el cuerpo, la actitud de Nadia. No es irrelevante el hecho de que ella sea la única que no habla. Su perspectiva siempre es inferida. En "Nadia (2)" el narrador es un hombre que espera a la mujer en una cafetería. Es su primer encuentro y ella tiene quince minutos de retraso. Cuando la mujer le dice que ha llegado tarde porque un perro le ha arrancado la mano, él reacciona con despecho:

El colmo fue que intentara mostrarme un muñón como prueba de que lo que me decía era cierto.
—Por favor—le pedí—, eso es desagradable. Piense en los clientes de este establecimiento. ¿Qué dirán si usted descubre los jirones de su derecha? Les echará perder el rato, se sentirán obligados a sentir lástima

por usted y harán el trago a un lado y cambiarán el tema de su conversación a causa suya.

Asintió. (20)

La presunción y el despecho del hombre vuelven invisible a la mujer y trivial su pérdida:

—Ande, vaya a su casa o a un hospital, que es donde tendría que ir si es que en verdad lleva bajo su abrigo una herida fresca en lugar de su mano.
No quise ofenderla, es solo que estaba irritado a causa de su retraso. Le había suplicado que fuera puntual [...] Y, sin embargo, llegó tarde. Tarde y con una historia mal armada, demasiado burda para mi poca paciencia. No esperaba que fuera elegante, pero hubiera agradecido que fuera honesta. Se lo dije. Eso y que ya no esperara llamadas telefónicas ni notas mías en la pantalla de su ordenador. (20-21)

A lo largo de los seis cuentos, el cuerpo mutilado de Nadia sigue siendo objeto de interpretación, explotación, conmiseración. En "Nadia 3" la camarera de la cafetería "estaba impresionada, pronunciaba frases de consuelo e incluso llegó a decirle que había escuchado de casos en los que los miembros perdidos retoñaban, así que debía tener fe y esperar porque a lo mejor eso le sucedería" (28). Su mutilación estorba e inquieta a los colegas de la oficina de la cual decide despedirse, o más bien representa una posibilidad de aumentar el número de clientes en la cafetería donde empieza a trabajar. Dice el narrador que no la contactaron por lástima, sino por conveniencia. Y agrega con cinismo: "Por el momento, le hemos asignado la caja. Confiamos en ella, difícilmente nos robará con una sola mano" (43).

En el último cuento, el narrador es un hombre que ha encontrado la mano de Nadia y se la entrega lleno de entusiasmo. Pero la mujer se lo agradece con desaliento:

Me aseguró que intentaría pegársela en cuanto llegara a su casa, pero algo en el movimiento de sus labios me hizo entender que no lo haría, que tenía lo que quería, que estaba donde y como quería estar, y que de seguro arrojaría el paquete al contenedor de la basura o lo dejaría por ahí para que sirviera de alimento a los gatos. Así que no insistí más. (49)

Rechazando la mano, Nadia se niega a recomponer su cuerpo, y así transforma su mutilación en una posibilidad de apertura a lo nuevo. Además de tener consonancia consonancia con "nadie", su nombre viene del nombre eslavo *Nadežda* que significa "esperanza". Mientras los hombres en el cuento representan la uniformidad con el sistema mayoritario y excluyente, Nadia es la esperanza de un devenir minoritario, desde la marginalidad de un cuerpo con una anomalía.

Cuerpos expuestos a la mirada

En todos los cuentos analizados, hay una mirada masculina sobre un cuerpo femenino asimétrico. Esta mirada, de manera diferente, ejerce un poder de control y expresa un deseo de dominación sobre una fisicidad considerada defectuosa. De hecho, el defecto visible organiza la percepción y la inteligibilidad de los cuerpos representados en estos cuentos. Es decir, los cuentos exponen la primacía de la vista como el sentido de la normalidad-normalización. Esta preeminencia en "Asimetría" excluye ejemplarmente la cercanía, proscribe la aproximación a través de otros sentidos, como el gusto y el tacto. La protagonista del cuento invita a ir más allá de la vista, exhorta a tocar, a tener una relación "orgánica", pero el hombre preserva una distancia física, también para apartar e ignorar la ostentada fragilidad de ese cuerpo asediado por la enfermedad.

En *Pétalos y otras historias incómodas* la mirada orienta la mayoría de los relatos.[2] En "Ptosis", la preminencia de la vista también está implicada en la actividad de fotografiar a los pacientes. Sus rostros están expuestos a la mirada del fotógrafo y de la cámara, volcados hacia las formas de la exterioridad.

De este modo, la plasticidad de los cuerpos es el recurso fundamental para su normalización: en "Asimetría", primero el padre cose puntadas toscas y luego el hombre sugiere a la mujer un trasplante de seno, mientras en "Ptosis" la mujer opta por una cirugía plástica, obedeciendo a un ver y sentir que condenan lo anómalo. La cirugía que otorga a los cuerpos una semejanza tranquilizadora puede leerse como una "exhibición de fuerza", como dice Castro Ricalde, de una sociedad que "ha sido exitosa en sus prácticas por rechazar la disparidad y el disentimiento" (2017, 71).

Estos cuerpos femeninos defectuosos no están fuera del género: a sabiendas, en la determinación de la mujer, los componentes estéticos constituyen una prioridad valórica decisiva. El aspecto exterior de la mujer condiciona su reconocimiento social: para ser considerado hermoso y conseguir aprobación, su cuerpo debe conformarse a un modelo culturalmente establecido (¡sin exagerar con la belleza, como enseña el padre/cirujano de "Asimetria"!). El semblante que no cumple con la normas estéticas no solamente es feo, sino que puede calificarse de "abyecto", en el sentido de Kristeva, o sea, algo que "perturba una identidad, un sistema, un orden" (1980, 11): un brazo sin una mano, un busto sin un seno o un rostro con un parpado caído, son marcas corporales asimétricas y por lo tanto perturbadoras del sistema de normas estéticas preestablecidas. *Justamente* por este motivo, estas desviaciones singularizan la identidad y representan un desafío. Son cuerpos que significan, y cuyo significado puede ser orientado por el sujeto. El encuentro con el otro sexo, realizado en "Ptosis", o negado en "Asimetría" y "Nadia", es la puesta en escena de dinámicas del deseo y de la significación condicionadas por normas genéricas, estéticas y culturales predeterminadas.

Sin embargo, *todos* los cuerpos, son "receptores pasivos de una ley cultural inevitable" (Butler 2007, 57) que no tiene que ver solamente con el género, sino con la mayoría de las determinaciones estéticas de los cuerpos. En los tres cuentos, la actitud de rechazo o aceptación de lo anómalo no está determinada sexualmente, por lo contrario, entre los personajes podemos establecer una relación paralela y opuesta con el cuerpo significante: en "Asimetría", el hombre representa la incapacidad de reconfigurar la percepción del significado, mientras la mujer se redefine utilizando la potencialidad de su cuerpo, desplazando la plasticidad de recurso de la homologación (plastia) a instancia de la indocilidad (posibilidad de modelarse). En "Ptosis", en cambio, mientras el hombre es atraído precisamente por la excentricidad, por la inconformidad con las normas estéticas que pretenden la simetría, la mujer se siente fea e incómoda con su rostro desigual, expuesto a la mirada de la gente, y se somete a la cirugía para obtener el cuerpo que los demás exigen que tenga, pero que ella también quiere (tal vez cree querer) tener. Las actitudes de los personajes no están exentas de contradicciones: en el caso del cuento de Guadalupe Nettel, la mujer no condesciende al pedido del hombre, actúa libremente, desobedece, muestra tener la facultad de manipular su cuerpo, pero a la vez esta libertad y esta facultad se realizan en el marco de las mismas normas y prácticas de belleza que la constriñen a percibirse "no suficientemente bella". A su vez, el hombre se muestra más interesado por la ptosis y menos por la mujer que la padece. A partir de estas consideraciones, sostengo que una hermenéutica apropiada de la narrativa de Gadalupe Nettel y Claudia Hernández debe fundamentarse en una lectura que tome en cuenta las determinaciones culturales y las identidades, no solamente sexuales, históricamente condicionadas. Por esta razón, amplío el estudio con el análisis de dos cuentos más que tematizan la mutilación. En estos cuentos los personajes mutilados no son mujeres sino hombres y la relación que entretienen no viene del deseo hacia otra persona ni de vínculos específicos, sino de su mera exposición a la mirada de la *gente*, un conjunto de miradas que provocan reacciones uniformes, una mayoría que juzga según patrones interiorizados.

Sin un brazo, sin una mano

El primer cuento es "Molestias de tener un rinoceronte", procedente del segundo libro de cuentos de Claudia Hernández, *De fronteras*. La narración se confía a un narrador en primera persona que con su discurso desmiente desde el principio el sentido común de aprehensiones y sensaciones acostumbradas: molestia, incomodidad, extrañeza. El extrañamiento se produce desde el incipit en el que el narrador afirma: "es incómodo que a uno le haga falta un brazo cuando tiene un rinoceronte. Se vuelve más difícil si el rinoceronte es pequeño y juguetón, como el que me acompaña. Es fastidioso" (Hernández 2007, 11). El cuento juega con esta doble exposición: por un lado la falta de un brazo, por el otro la presencia de un animal torpe y alegre, mascota hiperbólica. El personaje exhibe tanto el defecto como el exceso, su infracción es doble y no puede pasar desapercibida: "La gente de estas ciudades bonitas y pacíficas no está acostumbrada a ver a un muchacho con un brazo menos. La gente de estas ciudades bonitas y pacíficas no está acostumbrada a ver a un tipo con un brazo menos y un rinoceronte de más saltando a su alrededor" (2007, 11). En este fragmento la repetición de las oraciones remite al paralelismo de la situación fantástica presentada. En efecto, las dos contingencias, un brazo de menos y un rinoceronte de más, son paralelas: por un lado un dato cierto, un problema físico, que pertenece al plan de lo real, por el otro, un elemento absurdo, el rinoceronte que acompaña a un joven como si fuera su mascota, que remite al plan de lo inverosímil. Los dos planes no se excluyen, pero el plan de lo fantástico prevalece y su preeminencia, en una narración fundamentada en la elipsis, produce una desviación de las preguntas: ya no se trata de imaginar las circunstancias que llevaron a la pérdida del brazo, sino la procedencia de ese rinoceronte. El animal, dice el narrador, ha aparecido justo cuando ha desaparecido el brazo. Es una de las pocas explicaciones que otorga el texto, en contradicción con las preguntas que la gente le hace al personaje-narrador. Todo el mundo cree que el rinoceronte es del joven:

> hasta él se cree mío. Me sigue. Me acompaña. Me da su compañía bajita y gris y me acaricia siempre con ese su cuerno que apunta hacia el futuro. Se esfuerza por agradarme, incluso se preocupa por encontrar su

alimento para no tener que darme motivos para decirle que se vaya de una vez, que me deje en paz. (2007, 12)

Pero el protagonista quiere deshacerse del animal. Busca en vano dejar el rinoceronte a los abuelos, a los transeúntes, pero nadie acepta: "es que el rinoceronte lo quiere a usted" (2007, 12), le dicen. En realidad él no puede abandonarlo, porque, a pesar de la molestia, le encanta tenerlo consigo. Justo cuando parece haber alcanzado su propósito, debe reconocer su apego al rinoceronte:

> Molesto como casi nunca, fui a perderlo a una región dominada por la noche. Luego me molesté aún más porque, a media cuadra, extrañé el eco de sus pasos y me alegré al oír sus pasos pequeños atropellándose en mi búsqueda. Sonreí al ver que le era yo agradable y que él me seguía a mí, que no tengo brazo, en vez de a cualquiera de los que están completos. (2007, 12)

El joven hasta imagina un futuro juntos: "Dejo que camine junto a mí y le advierto que voy a montarlo cuando crezca" (2007, 13). El rinoceronte le hace sentirse bien porque lo ha escogido a pesar de que sea un hombre incompleto: "Él me escogió a mí y no a otro, a alguno de los cientos de miles que habitan esta ciudad. Me escogió y me quiere" (2007, 13). Al protagonista ya no le importa volverse un espectáculo para la gente, ni le afecta la mirada de los demás. Su asimetría reclama una desorientación del significado cultural del cuerpo y posibilita otras relaciones que se inscriben en una dimensión fantástica: "lo acaricio al llegar a casa con los dedos que no tengo y le permito dormir bajo mi sombra" (2007, 12). Así se desplaza no solamente la frontera entre lo posible y lo imposible, sino la separación entre cuerpos defectuosos—relegados y cuerpos simétricos—aprobados. El imaginario literario se vuelve el recurso para la ruptura de la normatividad social que define lo abyecto: la alegría del rinoceronte y su predilección por un cuerpo defectuoso, estigmatizado, muestra la fragilidad de los constructos sociales.

La situación temática y la estructuración del cuento "Molestia de tener un rinoceronte" se aproximan mucho a "La mano blanca" (*Vuelo 7096*, 2012) de Salvador Canjura. El escritor salvadoreño nació en 1968 y es autor de otra colección de cuentos, *Prohibido vivir* (2000). Su narrativa comparte unos rasgos que caracterizan los cuentos de Claudia Hernández, tales como la referencia implícita a la violencia de El Salvador, el recurso a dispositivos de lo fantástico y de lo raro, que permiten tratar situaciones crudas y macabras desde una perspectiva ingeniosa y penetrante. En "La mano blanca", el cuerpo del personaje principal es anómalo y asimétrico, ya que le falta la mano derecha. Como el protagonista de "Molestia de tener un rinoceronte", el narrador en primera persona expresa en seguida su despecho frente a las reacciones de la gente:

> Cuando la gente notaba que me faltaba una mano, cambiaba de rostro. El enojo, la indiferencia, o la alegría se transformaban en lástima. En el autobús se apartaban de mi camino, me ofrecían sus asientos y no podía evitar que sus ojos se clavaran en mi brazo mutilado. Solía usar camisas de manga larga para esconder el muñón, pero entonces las miradas iban hacia el espacio vacío, al lugar donde los dedos no tamborileaban porque no existían. (Canjura 2012, 57)

El narrador sabe que forma parte de otra categoría de personas, la de los lisiados, pero los encuentra muy distintos y sólo intercambia con ellos miradas fugaces, como si fuera una forma de consuelo momentáneo. Un día, un señor anciano, sin una mano, le entrega un certificado. Es un papelito amarillento que garantiza al portador el derecho, que el viejo ya no quiere disfrutar, a reclamar una mano. El narrador piensa que se trata de una broma, pero decide averiguar. Llega a un edificio viejo, pasa por un corredor oscuro. Lo recibe una mujer entre papeles amarillentos y luego él pasa a una habitación ruinosa. La descripción del espacio sugiere la posibilidad de una trampa. Dirá el protagonista: "¿Cómo podía estar seguro de que estas personas no tenían otras intenciones? Lo primero que se me ocurrió es que podían extirparme un riñón o algo por el estilo" (2012, 60). El doctor le dice que sólo tiene una mano blanca que se vería muy extraña en el brazo moreno del protagonista. Sin embargo, deciden efectuar el injerto. A pesar de la situación muy extraña y muy poco profesional, la cirugía es exitosa y el protagonista se encuentra con una mano blanca y pecosa, de dedos delgados. Al inicio su condición no cambia mucho: él sigue usando solamente la mano morena y las personas continúan estigmatizándolo con miradas de asombro: "Durante los días que siguieron la operación, me apenaba que me vieran por la calle. Era igual de desagradable que cuando antes se detenían a observar mi muñón. Pensé que podría utilizar guantes, pero era absurdo. No lo habría soportado mucho tiempo, debido al clima del trópico" (2012, 61). La gente lo mira extrañada, pero ahora le pregunta por la diferencia de color, si sufre algún padecimiento y él inventa enfermedades de la piel y alergias. Un día, en el autobús, ve a una muchacha de tez blanca con una mano negra. Una pulsera cubre la cicatriz del implante. Los pasajeros la miran con la misma indiscreción y una señora, al percatarse de que hay dos personas con las manos de colores discordantes del resto del cuerpo, da un grito y se baja del autobús por el miedo a una epidemia. Así la joven descubre al protagonista y se fija en su mano. Los dos intercambian una mirada solidaria y cumplen los mismos gestos cómplices con los dedos. El cuento termina con otra sonrisa de despedida y la muchacha que se aleja "rumbo al sol que bañaba la tarde" (2012, 63).

El desenlace es muy alentador, como el de "Molestia de tener un rinoceronte". En ambos cuentos, la difícil confrontación con la gente, con una pluralidad de personas anónimas, que reacciona de la misma manera, se supera a través de un encuentro que permite a los personajes sentirse menos solos. Sin embargo, mientras en el cuento de Salvador Canjura los personajes se encuentran y se reconocen a partir de su semejanza y de una historia compartida, en el cuento de Claudia Hernández el encuentro entre el hombre y el rinoceronte prescinde justamente de la similitud y se abre a la diferencia. Por esto su relación es un "devenir": como dicen Deleuze y Guattari, en el devenir "no hay semejanza, sino surgimiento" (2004, 16), hay una alianza entre seres diferentes, y no una filiación (2004, 245). El devenir se despliega en una diferencia que se sustrae a las categorizaciones de lo mayoritario, aquí personificado en la mirada de la gente.

Devenir es también cambiar la relación con el contexto y con los demás e implica el encuentro con un afuera diferente: cucarachas, rinocerontes, cuerpos humanos asimétricos. Lo que se plantea en los cuentos de Claudia Hernández no es ignorar la diferencia, sino una relación con el otro en tanto que otro.

La conformación a cánones estéticos prefijados es muestra del mantenimiento de los efectos disciplinarios sobre los cuerpos, de la reproducción de las relaciones de dominación y subordinación. Guadalupe Nettel y Claudia Hernández—a través de una narrativa fundamentalmente realista la primera, y a través de su peculiar conjugación de lo fantástico, la segunda—presentan situaciones distorsionadas que cuestionan la aceptación de fórmulas binarias y de criterios normativos que establecen lo aceptable y lo inadmisible, lo bello y lo feo.

De esta forma, al lado de una lectura de género, es útil una práctica de lectura deconstruccionista y, más que todo, un diálogo con los aportes del pensamiento que profundiza en la noción de "diferencia" (*in primis*, la filosofía de Deleuze y Guattari). Lo que Claudia Hernández y Guadalupe Nettel están cuestionando no es tanto una idea de belleza femenina, sino la lógica binaria y excluyente que subyace a una noción estética fija y predeterminada. Y como me interesa también rescatar el pensamiento afirmativo que está detrás de estas obras, más allá de la deconstrucción, que a menudo renuncia a la parte propositiva del proceso, creo que podemos leer en su planteamiento una estética inclusiva. En ellas, la fuerza contradiscursiva no es femenina ni masculina, sino que es una práctica del devenir de sujetos quienes, atravesados por los discursos que los construyen, de manera espontánea o meditada optan por una desviación con respecto de las praxis consolidadas. Los personajes mutilados y los cuerpos defectuosos están atravesados por la fuerza de inadaptación que les permitiría constituirse en contraste con la mayoría disciplinada.

En "Ptosis", cuando el fotógrafo decide no tomar la segunda foto a la mujer, está rechazando la homologación impuesta por la cirugía estética, pero al mismo tiempo está operando una ruptura más profunda. Las fotos antes y después de la cirugía construyen un archivo de lo feo y de lo hermoso, de lo abyecto y de su posibilidad de recuperación. Este archivo con las dobles imágenes de los pacientes corresponde perfectamente a la oposición binaria y excluyente, expresa el límite disciplinario y reproduce el discurso de la cirugía estética como intervención necesaria para el bienestar del individuo en la sociedad. Si el fotógrafo es ambiguo en su manera de actuar, el archivo es categórico. Negarse a armar el archivo de lo bello y lo feo implica ignorar el límite disciplinario y la dialéctica de los opuestos catalogados. Significa valorizar la diferencia y el devenir.

Entonces, el devenir no se adscribe a un horizonte genérico, como en cambio afirma Luce Irigaray en una perspectiva marcadamente feminista (1987, 73). La fascinación del rostro irregular o de un seno que reclama su historia, reside en romper un sentir anestesiado, que solo repite lo predeterminado. Los cuerpos afectados no buscan la aceptación, sino una relación capaz de prescindir de los paradigmas impuestos. Justo como lo hace el rinoceronte.

Intermezzo con cucarachas

Volvamos a las cucarachas. La vuelta a estos insectos requiere un *intermezzo* dedicado a otro cuento centroamericano contemporáneo, esta vez de Denise Phé-Funchal. La escritora, nacida en Guatemala en 1977, ha publicado las novelas *Las flores* (2007) y *Ana sonríe* (2015), el libro de cuentos *Buenas costumbres* (2011) y el poemario *Manual del mundo paraíso* (2010). En su cuento "Directamente nunca" (*Buenas costumbres*), el narrador, una vez más en primera persona, se dirige a un tú. Empieza con unas frases categóricas que presagian un exterminio de víctimas desconocidas: "Decidí matarlas a todas de hambre. No podían quedar testigos" (2019, 35). Su amigo no lo disuade de su propósito, sólo le aconseja tener cuidado y tomar otro camino: "—Te van a enjuiciar por asesino—me dijo Marcos al verlas, estás provocando un lento apocalipsis. Deberías contratar a un sicario y te deshacés de una vez del problema. Es más humano" (2019, 35). Aun así, se insinúa cierta piedad hacia las víctimas: primero a través de la referencia a su mirada: "inquietas me interrogaban con sus grandes ojos cafés" (2019, 35), luego de modo explícito: "no podría imaginarlas agonizando. Por lo menos de tanta hambre ya casi no hablan" (2019, 35). Todos los sintagmas nominales (asesino, sicario, testigos) se refieren a un ámbito estrictamente humano. Sin embargo, las víctimas son unas cucarachas.

Los bichos, amigos del hombre, se sienten traicionados y tratan de tomar unas medidas. Todavía incrédulas, unas cucarachas se van, otras tratan de conmoverlo: "dejan los cadáveres sobre mi cama, sobre los sillones y en la ducha. Por las noches, los sepelios. Prenden los residuos de mis velas, bajan las gradas llorando con las muertas sobre el lomo" (2019, 36). El hombre conoce sus nombres, las quiere, les habla y escucha su voz. Pero tiene que eliminarlas porque cada cucaracha le recuerda a su mujer: "una de las más chicas tiene tu misma boca. Hay otra, una más crecida, su voz suena como la tuya" (2019, 37). Con la política del hambre, muchas cucarachas se van a París en la maleta del vecino (¡escondidas entre los libros para aprender francés!), las que quedan en tres semanas acaban con el pie izquierdo de la mujer. Solo a mitad del cuento, el lector entiende la situación macabra: las cucarachas están comiendo al cadáver de la pareja del hombre. Una cucaracha con ojos de anciana y "voz deshidratada" (2019, 38) pide explicaciones al narrador: "Le expliqué que la guerra no es en contra de ellas, es contra tu recuerdo, que trataba de sacarte de mi memoria, dejar que muriera con ellas, no conmigo" (2019, 38).

Las cucarachas deciden aprisionar al hombre, para que él también se muera de hambre. El relato se vuelve estremecedor. Las escenas siguientes reproducen las situaciones normalmente temidas por la gran mayoría de la personas. Las cucarachas suscitan repulsión y horror por su capacidad de meterse en espacios minúsculos, de estar al asecho en la oscuridad, de pasearse de noche mientras uno está dormido en su cama con la boca abierta de par en par. El lector se horroriza. En el espacio cerrado del apartamento quedan pedazos del rostro de la mujer y su dedo meñique, mientras el hombre está rodeado por las cucarachas: "Se mueven a mi alrededor, rozan mi piel. Hablan con voz baja. Alguna camina sobre mí. Se para sobre mi nariz. Extiende sus alas ante las fosas y la respiración la empuja hasta la mitad de mi boca. 'Todavía no', dice bajito para que no la escuche o para darme miedo" (2019, 38–39). En las últimas líneas del cuento, el hombre interpela directamente a la mujer muerta, hablándole en tono acusador: "Me dejaste solo. Te pudriste frente a mí. Te pusiste amarilla. Yo te amaba. No podía perderte. Tampoco acostumbrarme a no llamarte. No sentirte" (2019, 39). Pero la atención vuelve en seguida a las cucarachas, que siguen comiendo y han tomado el poder de la casa. El relato termina con la imagen de una cucaracha ágil y pequeña que se cuela por el oído del hombre para averiguar si todavía está vivo. Y otra cucaracha comenta: "No tardará" (2019, 39).

En el cuento evidentemente hay un paso de la alianza entre el hombre y las cucarachas a la lucha por su existencia. Los insectos se sienten traicionados, castigan al hombre y ganan la batalla. Al principio, se establece cierta equivalencia entre el animal humano y los animales no humanos: como hemos visto, el narrador utiliza un área semántica que pertenece a lo humano y por otra parte las cucarachas hablan, sufren, envían postales de París, celebran entierros. Pero al final los insectos vuelven a ser los conocidos bichos inmundos, menos por su manera de actuar (una venganza, en la lógica de la ficción) y más por la descripción de sus movimientos diestros y asquerosos. El lector ya no puede sentir lástima por los insectos, todo lo contrario, se sitúa del lado del hombre maniático pero víctima de la revuelta de las cucarachas. El binarismo del conflicto presentado centra la atención en los personajes activos y desplaza a otro personaje hacia el fondo del relato: la mujer muerta. A lo largo del cuento, ella es un cadáver en estado de descomposición, una interlocutora de necesidad muda, pero no necesariamente anónima y sin historia. Al igual que Claudia Hernández en "Molestias de tener un rinoceronte", Denise Phé-Funchal, con una articulación perfecta del cuento, realiza un desplazamiento que implica una provocadora desviación de la tensión: el lector se preocupa primero por el destino de las cucarachas hambrientas, luego por el hombre aprisionado en su habitación. Pero las omisiones del texto reclaman una pregunta sobre las circunstancias de la muerte de la mujer, sobre la permanencia del cadáver en la casa del protagonista. En este sentido, las palabras del hombre se muestran especialmente ambiguas. Puede suponerse que la mujer murió a causa de una enfermedad, y él se sintió tan abandonado ("Me dejaste solo"), tan incapaz de separarse de ella, que decidió quedarse con el cadáver ("No podía perderte"). Pero las mismas palabras y más aún las sucesivas, pueden leerse como un acta de acusación contra su novia que lo dejó: "Yo te amaba. No podía perderte. Tampoco acostumbrarme a no llamarte. No sentirte" (2019, 39). Las palabras conmovidas que el narrador dirige al cadáver ya no suenan como una lamentación *post mortem*, sino como la causa de la muerte. El hombre, que de niño no podía soportar el crujido y los gritos de dolor de las cucarachas bajo el zapato de su madre, que nunca hubiera podido matar directamente a estos insectos, que no puede utilizar el insecticida porque le angustia asfixiarlos, este hombre tan sensible muy probablemente mató a la mujer. En mi interpretación, su discurso estaría fundamentado en la doblez y la incoherencia, que producen un punto de inflexión en la interpretación del cuento. El título "Directamente nunca" se refiere a esta ambigüedad del personaje: nunca hubiera matado directamente a las cucarachas, pero sí a la mujer. El cadáver ahora se coloca en primer plano: es una víctima de feminicidio determinada por la incapacidad del hombre para aceptar la separación. Es justamente una lectura desde la perspectiva de género la que permite cuestionar la realidad discursiva del narrador, vislumbrar la (posible) ambigüedad de sus palabras, que ordenan y ocultan la realidad desde su posición hegemónica y opresiva. En mi lectura, el protagonista es un asesino que afirma el sentido de propiedad masculina sobre el cuerpo de la mujer, que expresa el deseo obsesivo de mantener el control sobre su pareja, luego sobre su cadáver y, por fin, sobre los bichos.

Respalda mi hipótesis la reiteración del tema de la violencia en contra de las mujeres en muchos otros cuentos de *Buenas costumbres*,[3] por ejemplo en "Mujer", en "Oscura", en "Estás". En toda la colección no hay espacio para "prácticas del devenir". No hay redención para los personajes de Denise Phé-Funchal y cuando hay vías de escape, estas a menudo conducen a la muerte, como en "Rueda" o, de modo irónico, en "Las buenas costumbres". Asimismo, no hay coaliciones posibles. En "Directamente nunca" la alianza entre el hombre y los insectos sirve para un objetivo determinado: la eliminación del cadáver de una mujer asesinada por un hombre con algún trastorno mental. Así que, a pesar de las afirmaciones del narrador, también las palabras de Marcos antes citadas: "—Te van a enjuiciar por asesino [...] estás provocando un lento apocalipsis. Deberías contratar a un sicario y te deshacés de una vez del problema. Es más humano" (2019, 35) pueden referirse al cadáver en estado de descomposición y no al plan de exterminio de las cucarachas a través de la hambruna. Además, suponer el trastorno mental de la voz de la enunciación implica un cambio en la atribución del género narrativo del cuento. Al comienzo parece ser un cuento fantástico, con las cucarachas que hablan, escriben y aprenden francés, luego podría leerse como el delirio de un hombre que asesinó a su pareja y ahora ve en los insectos rastros de su cuerpo, de su ropa, de sus sueños: "tú estás en cada una, en sus huevecillos, en sus hijas, en las hijas de sus hijas, en sus bisnietas" (2019, 37) o "[las cucarachas] me hablan de tu sueño de una noche de verano y se pasean con sus alas rojas como tu suéter de cuello alto" (2019, 37). Denise Phé-Funchal, al tratar el tema del feminicidio, opta por una representación indirecta del horror que, sin embargo, no lo disminuye, todo lo contrario. A pesar de estar implícita, la imagen de una violencia que no se contenta con matar, sino que debe seguir afirmando su poder también sobre el cadáver, es impactante.

Presa y depredador

Al final de "Trampa para cucarachas #17" y "Guerra en los basureros", en cambio, la relación conflictiva entre seres humanos e insectos sufre un giro inesperado y las cucarachas encuentran una colocación original y subversiva. En el cuento de Claudia Hernández, el migrante encuentra la manera de liberarse de las cucarachas justamente cuando, demasiado desalentado y desnutrido, decide volver a su ciudad. Finge estar muerto y deja entrar las cucarachas en su boca, resolviendo de modo extravagante también el problema del hambre. Mientras en el cuento de Denise Phé-Funchal en el final se restablece la relación canónica por la cual el hombre es víctima de la infestación de insectos (la situación inicial de los cuentos de Guadalupe Nettel y de Claudia Hernández) aquí el hombre pasa de presa a depredador, la cucaracha, de obstáculo a recurso. Sin embargo, quebrando una percepción anestesiada, nos damos cuenta de que lo anómalo no consiste tanto en el efecto evidente (comerse las cucarachas), sino en la causa implícita: la condición de los migrantes. No porque sea extraño que un migrante esté hambriento y desesperado, sino porque debería serlo. Debería perturbarnos la causa, no el efecto. El hombre encuentra una solución disparatada pero perfectamente adecuada a una política envilecida.

En el cuento de Guadalupe Nettel, se realiza la misma inversión de la relación entre humanos y cucarachas (el paso de presa a depredador, de obstáculo a recurso), pero tiene un carácter menos irónico y más relacionado con los afectos. Después de muchos intentos de acabar con la invasión, la empleada encuentra la solución: "Si empezamos a comerlas, las cucarachas se irán despavoridas" (Nettel 2013, 57). Y, como Delia en "Circe" de Cortázar, a escondidas de la familia empieza a preparar bocadillos con cucarachas. La inversión, ya planteada en el cuento anterior, en el final cumple otro giro. En la última escena, "una cucaracha huérfana, probablemente asustada, que no sabía hacia donde moverse" (61), acompaña al niño abandonado por su familia. Niño e insecto son dos creaturas vulnerables. Como en otros cuentos, Guadalupe Nettel realiza un desplazamiento de la frontera entre el animal humano y no humano.

De distinta manera, en los dos cuentos las cucarachas desestabilizan la percepción del mundo, cuestionan las referencias culturales usualmente utilizadas para leer la realidad conforme al pensamiento hegemónico. Asimismo, en la narrativa de Claudia Hernández y Guadalupe Nettel, el defecto y la marginación funcionan como dispositivo político y subversivo. Las dos escritoras muestran cómo las marcas corporales crean espacios de marginación pero también de posible disidencia: el cuerpo, casi siempre femenino, puede volverse el lugar de la reinvención y del quiebre de lo disciplinado. De ahí que en la escritura de estas narradoras, y no solamente en estos dos cuentos, el cuerpo sea un acontecer, y no una predeterminación, y la belleza, su acaecer, no un precepto. La propuesta es leer el cuerpo y la belleza como verbos y procesos, como prácticas de un devenir ilimitado.

En esta lectura, el devenir no responde a una esencia genérica. No se plantea solamente una cuestión de género: la narrativa de las dos autoras se propone como un desafío, una subversión de los patrones interpretativos rígidos y excluyentes, proponiendo a la vez un cambio de perspectiva, una mirada oblicua y no anestesiada.

Notas

1. Es un uso de la sintaxis que caracteriza la narrativa de Claudia Hernández y recurre especialmente en *Roza tumba quema*. A este propósito, ver Jossa 2019, 334–35.
2. La mirada protagoniza el cuento "Transpersiana", mientras que es parcialmente remplazada por el olfato en "Pétalos".
3. Por ejemplo "Chapstick", ya analizado en Jossa 2017.

Obras citadas

Butler, Judith. 2007. *El género en disputa. El feminismo y la subversión de la identidad*. Barcelona: Paidós.
Canjura, Salvador. 2012. *Vuelo 7096*. San Salvador: DPI.
Castro Ricalde, Maricruz. 2017. "Ptosis de Guadalupe Nettel y otras historias sobre la violencia". *Revista chilena de literatura* 95: 61–84.
Cortázar, Julio. 2004. *Bestiario*. España: Punto de Lectura.
Cortez, Beatriz. 2010. *La estética del cinismo*. Guatemala: F&G.
Deleuze Gilles y Guattari Félix. 2004. *Mil mesetas. Capitalismo y esquizofrenia*. Valencia: Pre-textos.
Hernández, Claudia. 2001. *Otras ciudades*. San Salvador: Alkimia Editores.
———. 2007. *De fronteras*. Guatemala: Editorial Piedra Santa.
Irigaray, Luce. 1987. *Sexes et parentés*. Paris: Minuit.
Jossa, Emanuela. 2014. "Cuerpos y espacios en los cuentos de Claudia Hernández. Decepción y resistencia". *Centroamericana* 24, n.° 1: 5–37.
———. 2017. "Cuerpos subversivos. La metamorfosis en la literatura centroamericana actual". *Confluencia* 33, n.° 1: 15–27.
———. 2019. "La mujer en fragmentos: una lectura de un mito pipil". *Mitologías hoy* 19: 325–37.
Kristeva, Julia. 1974. *La revolution du langage poétique*. Paris: Seuil.
———. 1977. *Polylogue*, Paris: Seuil.
———. 1980. *Poderes de la perversión*. Buenos Aires: Siglo XXI.
Nancy, Jean-Luc. 2003. *Corpus*. Madrid: Arena Libros.
Nettel, Guadalupe. 2008. *Pétalos y otras historias incómodas*. Barcelona: Anagrama.
———. 2013. *El matrimonio de los peces rojos*. Madrid: Páginas de espuma.
Phé-Funchal, Denise. 2019 [2011]. *Buenas costumbres*. Ciudad de Guatemala: F&G editores.
Richard, Nelly. 2008. *Feminismo, género y diferencia(s)*. Santiago de Chile: Palinodia.

ALEXANDRA ORTIZ WALLNER

Nombrar la violencia de género y componer su memoria en la escritura dramática de Denise Phé-Funchal

Me niego a pensar que éste sea un país para hombres
[...]
No saldré a la calle vestida de hombre
para sortear el peligro
y no dejaré de salir.
[...]
¿Qué dirán de mí si un día aparezco muerta?
Abrirán mis gavetas
sacarán mis calzones al sol
revisarán minuciosamente mi pasado
y dirán
quizás
que lo merezco.

Regina José Galindo, *Telarañasmnnqa*

Alternativas a las violencias heredadas

En abril de 2020 se forma en la Ciudad de Guatemala el colectivo Colóquia Mujeres, una iniciativa enfocada en crear, desde las artes, espacios seguros para las mujeres y sus manifestaciones artísticas desde una perspectiva crítica de género. El colectivo, conformado por mujeres vinculadas a las artes y muy especialmente al mundo de las artes dramáticas, existe con el objetivo de visibilizar y dar voz a proyectos artísticos de mujeres guatemaltecas que, en el contexto actual social e histórico-político complejo que vive el país, estén comprometidas con participar en la creación de formas y espacios de denuncia de las violencias a las que a diario están sometidas las mujeres en Guatemala, violencias que se han complejizado y profundizado debido a las nuevas condiciones de convivencia cotidiana derivadas de las medidas de aislamiento y encierro que se han adoptado globalmente para el control de la pandemia del SARS-CoV-2.[1]

La creación y defensa de espacios para que las mujeres puedan ejercer con libertad su creatividad y arte ha sido un horizonte compartido por las más diversas luchas reivindicativas y de género a lo largo de la historia moderna de Centroamérica, marcada sin embargo por aspectos relacionados a una limitada autonomización profesional de las mujeres (a lo largo de gran parte del siglo XX) y a la inestabilidad política de la región, caracterizada por golpes de Estado, intervenciones extranjeras, dictaduras y guerras civiles.[2] Aún así, las luchas por dichos espacios han dado resultados concretos y se han manifestado de forma muy diversa, por ejemplo como proyectos editoriales, en el activismo cultural y político, y, por supuesto, en las escrituras literarias. El aspecto que sin duda ha venido a complejizar la consolidación de espacios como estos en este siglo XXI es el eje transversal de la seguridad (la búsqueda de la misma), una seguridad corporal y psíquica que manifiesta simultáneamente la vulnerabilidad a que están expuestas las mujeres, tanto en espacios públicos como en la intimidad, como lo ponen de manifiesto los versos de Regina José Galindo en el epígrafe que inaugura estas páginas. Así, esta intersección propia de la era del capital neoliberal con las violencias de género se comprende en la síntesis de Jean Franco en *Cruel Modernity* cuando afirma que: "What few could have foreseen was that the conditions for such degradation were created when the neoliberal state relinquished responsibility for the protection of its neediest citizens. What some have termed 'savage capitalism' keeps its eye on profit, not on people" (2013, 225).

Las violencias vinculadas a las mujeres y sus cuerpos, particularmente en el transcurso de la historia guatemalteca de la segunda mitad del siglo XX y las primeras décadas del siglo XXI, alberga en su complejidad y crueldad, tanto la herencia de las prácticas y los actos extremos de la violencia genocida practicada durante el conflicto armado interno, como las articulaciones entre capital/capitalismo y femicidios, cuya imagen fundacional reconocemos en las muertes de Ciudad Juárez a partir de la década de 1990, junto a las agudas reflexiones que han llevado a cabo intelectuales comprometidos como Sergio

González Rodríguez, Rita Segato y la anteriormente citada Jean Franco, para solo mencionar a tres de una vasta lista. Más concretamente para Guatemala, es Victoria Sanford (2008) quien ha iniciado una serie de reflexiones acerca de las continuidades entre las violencias de la guerra y las del neoliberalismo por medio de las cuales busca desentrañar los diversos mecanismos que han llevado a las matanzas institucionalizadas de cientos de mujeres desde el inicio del posconflicto, es decir, desde la época que se inaugura con la firma de los Acuerdos de paz en 1996.[3] Es en este escenario de nuevas inseguridades y violencias heredadas, uno en el que tanto el Estado como la sociedad civil continúan marginalizando a ciertos sectores, en el que el papel del Estado benefactor y protector se fragmenta una vez más mostrando la incapacidad de cuido de sus ciudadanas y ciudadanos. La inexistencia del bienestar de la comunidad debido a un Estado disfuncional y ausente no solo es la condición que marca a la Guatemala de la transición y del posconflicto, sino que pone de manifiesto las coordenadas de un espacio vaciado de sentido y de referencias que, a su vez, ha dado lugar a otros, nuevos espacios como el fundado por el colectivo Colóquia Mujeres, el cual recupera la rica y contestataria tradición cultural del mundo del teatro (en sentido amplio) que inicia con la Revolución de Octubre de 1944 y la Primavera Democrática (1944–1954) y se extendió hasta entrada la década de 1990 (ver Carrillo 1992; Méndez de Penedo 2000).

Con un especial énfasis en la pregunta por cómo el arte enunciado desde las mujeres en la Guatemala de hoy se interrelaciona con lo político y la política, me enfocaré a continuación en la escritura dramática de Denise Phé-Funchal,[4] reconocida y multifacética escritora de la llamada posguerra centroamericana, colaboradora cercana de Colóquia Mujeres.[5] Su obra de microteatro "Dicen" (2019) es una reflexión en torno a un imaginario social de la vulnerabilidad, atravesada por una perspectiva crítica de género que denuncia las violencias contra las mujeres, muy particularmente contra las niñas y las jóvenes. A pesar de la brevedad de la pieza teatral "Dicen", las estrategias del texto ponen de relieve, de forma sumamente condensada, distintos modos en los que una sociedad se inscribe a sí misma en un estado permanente de violencia. A través de ellas se señala cómo dicho estado se sustenta a partir de una serie de representaciones oblicuas de agresiones de género y muestras de abusos de poder que van denunciando la manera en la que ciertos cuerpos (físicos, nacionales y textuales) son constituidos.

Desafiar los órdenes normativos

En Centroamérica contamos con una larga tradición y genealogía de narradoras-testigos de la historia, a través de cuyos relatos se ha ido componiendo una imagen mucho más compleja, profunda y diversa de las historias nacionales construidas y basadas en el orden normativo del género (en) masculino. Para comprender mejor el contexto político, social y ético en el que se da la escritura de "Dicen", esbozaré a continuación algunos hechos sociopolíticos relevantes que posteriormente entrelazaré con el proyecto de escritura dramática de Phé-Funchal. Ambas líneas comparten un eje transversal común: la expresión de una serie de luchas y demandas por la vida digna de las mujeres, que condena toda violencia ejercida contra sus cuerpos. Desde esta mirada, propongo que la escritura literaria en la forma de un breve texto dramático pasa a ser un artefacto cultural que aspira a pensar e imaginar la resistencia y la disidencia del orden normativo de la violencia de género.

Para comprender mejor el contexto socio-político en la historia reciente de Guatemala, destacaré dos momentos claves de cambios en dicho contexto, sumido en sucesivas crisis desde el inicio de la llamada transición democrática en la década de 1990. El primer momento se da en mayo de 2013 cuando un tribunal guatemalteco emite la sentencia condenatoria por genocidio y crímenes de lesa humanidad contra Efraín Ríos Montt, condenándolo a 80 años de prisión por los hechos de violencia ejercidos contra el pueblo Ixil en la década de 1980.[6] La sentencia fue revocada por la Corte de Constitucionalidad días después, y, a pesar de que el juicio se retomó habiendo ya muerto el exgeneral, el proceso judicial marcó un antes y un después en la toma de conciencia de un amplio espectro de la población civil, especialmente entre las jóvenes generaciones, con respecto a su relación con el pasado reciente guatemalteco (ver Alvarado y Méndez Salinas 2018). Los desgarradores y valientes testimonios de las mujeres ixiles, que circularon globalmente en medios impresos y audiovisuales y en las redes sociales,[7] volvieron a colocar el testimonio en el centro de los debates sobre la memoria histórica, entendida a partir de ese momento también desde el trauma colectivo que volvía a escucharse y como una memoria transcultural en clave de mujer y feminista.

La historia de la violencia genocida que se había asentado en la memoria oficial y en las memorias marginales, se abrió para comprender que dentro de su lógica de destrucción, los cuerpos de las mujeres indígenas y ladinas habían sido atormentados, torturados, violados y aniquilados.[8] La victoria jurídica del caso Sepur Zarco (activo entre 2011 y 2016), donde se dictó sentencia fija al ser condenados dos exmilitares guatemaltecos por crímenes de lesa humanidad (violación, esclavitud sexual y asesinato) contra las 15 mujeres maya q'eqchi', sobrevivientes y querellantes, trascendió internacionalmente puesto que fue la primera vez que un tribunal nacional enjuiciaba los cargos de esclavitud sexual durante un conflicto armado por medio de la legislación nacional y el derecho internacional (ver Casaús y Ruiz 2017). Así, este cambio en la escucha dinamizó la investigación y organización sociales, ampliando, por ejemplo, el trabajo ya pionero del Grupo de Apoyo Mutuo GAM (fundado en 1984 con el fin de buscar a las y los desaparecidas y desaparecidos del conflicto armado interno) a su acompañamiento de mujeres y familiares víctimas de violencia de género en la época posterior al conflicto armado interno, la llamada posguerra.

Por otro lado, las artes participaron activamente de los debates y agitaciones sociales durante esta convulsa década de 2010, deconstruyendo discursos e imaginarios vinculados a las relaciones de género. Regresemos a la autora del epígrafe, Regina José Galindo, cuya obra lleva ya décadas interpelando abusos y violencias con una perspectiva interseccional de género. En 2012 montó en el kilómetro 18 hacia la Ciudad de Guatemala una valla de 4x6 metros con la frase impresa en mayúsculas "NO VIOLARÁS".[9] Esta oración imperativa que, desde la cultura occidental, interviene la escritura de los diez mandamientos, fundamentales en los vocabularios y éticas del judaísmo y el cristianismo, y que modelan formas de comportamiento en ambas culturas, irrumpió en el espacio público de la capital guatemalteca. La valla publicitaria tensaba así el orden normativo del neoliberalismo, ese que en la publicidad para el consumo tiene a uno de sus mayores aliados y dinamizadores del mercado, con el discurso e imaginario religiosos, celebratorios de una imagen de mujer sumisa y muda, despojada de su propia palabra.

Esta obra de Galindo que, como muchas de sus otras potentes obras refiere e interpela las violencias de género, especialmente aquellas dirigidas contra las mujeres, muestra, desde su claridad y sencillez, su profunda complejidad: se trata no solo de los actos de dominación perpetrados por hombres en contra de los cuerpos de las mujeres, en ese núcleo lingüístico se hallan también las operaciones y efectos de las instituciones administradoras, organizadoras y reguladoras de lo político y lo social y de los cuerpos, es decir las acciones del Estado y la Iglesia. La sociedad guatemalteca ha normalizado e internalizado

Documentación de la obra "No violarás" de Regina José Galindo, Km 18 Carretera a Ciudad de Guatemala. Fotografía de David Pérez para la página web de la artista. http://www.reginajosegalindo.com/no-violaras/.

esta violencia y sus efectos abarcan desde la modulación del lenguaje cotidiano hasta la convivencia diaria con el horror de los crímenes.[10] El trabajo de Regina José Galindo se apropia del acto de habla de la matriz dominante para, al volver a pronunciarlo ya transformado, producir un efecto desestabilizador en ese mismo sistema de dominación, que pueda disputarle el sentido a la narrativa hegemónica opresiva. En otras palabras, el acto de habla es indisociable de un acto corporal.

El segundo momento al que voy a referirme brevemente es el estallido social del año 2015 a raíz de las investigaciones del Ministerio Público y la entonces activa Comisión Internacional Contra la Impunidad en Guatemala (CICIG), que fueron destapando una red de corrupción anclada en el gobierno del entonces presidente Otto Pérez Molina y su vicepresidente Roxana Baldetti Elías.[11] Durante meses, la sociedad civil y numerosas agrupaciones de movimientos sociales conformados por estudiantes, comunidades indígenas, feministas, ecologistas, así como por ciudadanos y ciudadanas no adscritos a ninguna organización o movimiento, tomaron la icónica Plaza de la Constitución, o Parque Central, y protestaron sin tregua exigiendo la renuncia de la cúpula corrupta. Otto Pérez Molina, el primer militar electo en la etapa democrática inaugurada con la transición de los años noventa, renunció a su cargo en septiembre de 2015. El triunfo democrático del Ministerio Público, la CICIG y la sociedad civil desafiaron así las dinámicas de la impunidad, aunque sin la certeza de una transformación profunda y duradera en la arena de la política nacional. Como afirman Carmen Lucía Alvarado y Luis Méndez Salinas:

> Si bien los resultados de las elecciones de 2015 fueron nefastos, llevando al poder a una camarilla de militares trasnochados que controlan las decisiones de un presidente-marioneta [Jimmy Morales], diversos movimientos sociales están luchando por articular opciones y propuestas que saquen al país de la severa crisis institucional en que ha estado sumido durante los últimos años. (2018, 242)[12]

Ocupar las calles, las carreteras, la Plaza, se convirtió, a partir del 2015, en el ejercicio de una ciudadanía democrática en un espacio de sociabilidad y de protesta y resistencia. Pero tal vez haya que comprender aquel estallido social también en este otro sentido: como la aspiración a conformar un movimiento ciudadano cuyo lugar público de reunión se hizo necesario para conmemorar no solamente hechos del pasado remoto y reciente, sino como una práctica democrática al alcance de una frágil sociedad civil en condiciones de reconocer sus necesidades y demandas por un gobierno de justicia social y con posibilidades de articular la imaginación de una organización política y social alternativas desde las y los jóvenes.

Inevitablemente, estas cuestiones ponen sobre la mesa quiénes, cuáles voces, son las que participan en imaginar nuevas convivencias y ciudadanías democráticas para el tiempo presente. ¿Pueden estas voces estar también en el espacio de las artes, la cultura, las humanidades? ¿Cómo es el lenguaje que se fabrica desde estas otras trincheras? ¿Puede este otro lenguaje—el artístico, el estético—, darle continuidad a las luchas cuando estas han sido silenciadas en los espacios públicos de la protesta? Retornando a mi tesis acerca de la breve obra de teatro de Phé-Funchal como artefacto cultural que aspira a pensar e imaginar la resistencia y la disidencia del orden normativo de la violencia de género, la pregunta que se asoma no se dirige al *qué* es lo que la literatura (en este caso el texto dramático) piensa sino al *cómo* la literatura piensa y consecuentemente a cuál es el proceso por medio del cual la literatura nos abastece de conocimiento, y, qué tipo de conocimiento sería ese que ofrece. ¿Es aún posible imaginar un proyecto común de sociedad?

La escritura dramática frente a la violencia de género

"Dicen" (2019) de Denise Phé-Funchal forma parte de una antología que reúne cuatro obras de microteatro inspiradas en los trágicos hechos del 8 de marzo de 2017. Ese día hubo un incendio catastrófico en el albergue para menores víctimas de múltiples violencias, Hogar Seguro Virgen de la Asunción, ubicado en la Ciudad de Guatemala, que acabó con la vida de 41 niñas y adolescentes y dejó a 15 gravemente heridas. El abandono y los maltratos por los cuales estas niñas y jóvenes llegaron al Hogar continuó siendo una práctica cotidiana dentro de las instalaciones, lo que llevó a que sus protestas y pedidos de ayuda culminaran en los actos que fueron reprimidos violentamente por parte de las autoridades a cargo del Hogar el 8 de marzo, irónicamente la fecha en que globalmente se celebra el Día de la Mujer. La Plaza de la Constitución se reescribió como si fuese un palimpsesto para pasar de ser el lugar de la protesta a convertirse en un lugar de memoria en donde la Unión Nacional de Mujeres Guatemaltecas (UNAMG) y otras organizaciones sociales instalaron 41 cruces como parte de una larga lista de acciones que se han efectuado desde entonces para defender el derecho a la memoria histórica de esta tragedia y como llamado a continuar exigiendo justicia.[13]

Las 56 víctimas estaban encerradas y hacinadas en un espacio oscuro y sucio, semejante a un calabozo o a la celda de una prisión, cuando inició el incendio. La negligencia, que ya había sido denunciada en ocasiones anteriores, se manifestó nuevamente de manera brutal cuando los bomberos no pudieron realizar su trabajo debido a que se les negó el acceso a dicho espacio, que permanecía bajo llave.[14]

Las cuatro obras dramáticas reunidas en la antología *Nunca más el fuego* abordan los abusos físicos, psicológicos y el abandono social en el que han crecido estas niñas y jóvenes que fueron violentadas de forma extrema al dejarlas morir en el incendio. El proyecto se llevó a cabo como parte del taller "Escritura dramática para la escena presente", coordinado por el dramaturgo español Félix Estaire y la Cooperación Española en Guatemala. Todavía en 2020 la obra de Phé-Funchal no ha sido montada aún.

Esta mini obra dramática de Phé-Funchal tensa los acontecimientos históricos extraliterarios del incendio y la quema de las niñas y jóvenes en el

Ceremonia en memoria de las víctimas del Hogar Seguro Virgen de la Asunción, Plaza de la Constitución, Ciudad de Guatemala, octubre 2019. Fotografía de David Toro para rudagt.org http://rudagt.org/hogar-seguro-si-quitan-las-cruces-las-volveremos-a-poner/.

Hogar Seguro con la abstracción literaria que le permite el uso de la estructura dramática, es decir, su forma. Phé-Funchal construye un díptico y da vida a dos personajes cuyo diálogo conformará la acción dramática. A diferencia de la literatura narrativa ficcional, existe una especificidad inherente al texto dramático en su relación con la realidad extratextual y los hechos que ficcionaliza. Esta se materializa en el momento en que la obra teatral es llevada al escenario. En palabras de Erika Fischer-Lichte:

> Whenever and wherever theatre happens, it is characterized by a tension between reality and fiction, between the real and the fictional. For it is always real spaces where performances take place, it is always real time that the performance consumes, and there are always real bodies which move in and through the real spaces. At the same time, the real space, the stage, may signify various fictional spaces; the real time, the duration of the performance, is not identical with the time represented; and the real body of each actor usually signifies the body of another, a

stage figure, a character. These circumstances quite often gave and still
do give rise to a variety of transgressions between the fictional and the
real. (2008, 84)

Si bien en este artículo el análisis se limita al texto de Phé-Funchal, no se puede perder de vista el objetivo último de un texto dramático: la puesta en escena de la obra. Este carácter performático que une espacio, acción y tiempo desdibuja a la vez, como explica Fischer-Lichte, los límites entre lo real y lo ficcional. Los desdibuja sin dejar de tensarlos. El texto dramático, como todo otro texto literario, construye mundos posibles. Lo hace a través de códigos de expresión que reúnen diversos canales de percepción, dentro de los cuales el texto escrito es uno de los códigos involucrados que se sirve de objetos de la realidad extratexual para construir mundos ficcionales. Así, dentro del registro dramático y teatral, la tensión entre realidad y ficción resulta esencial al hecho performático que le es inherente al texto que será representado en escena. Cuando el teatro construye o reconstruye mundos que ya de por sí están de alguna u otra forma vinculados a la realidad extraliteraria, la tensión entre realidad y ficción modela las experiencias de la lectura, así como la percepción de la futura audiencia.

El texto dramático "Dicen" confronta al lector o lectora con dicha dinámica a lo largo de los diálogos entre los dos únicos personajes anónimos de la obra. En sus cuerpos toman voz diversas perspectivas sobre la tragedia de marzo de 2017, aun cuando no haya en el escrito referencias concretas a fechas, ni a lugares, ni a nombres propios. El espacio textual dramático se apoya más bien en una matriz dicotómica (dos escenas—Escena primera y Escena segunda—, dos personajes—Personaje 1 y Personaje 2—) que contrapone en un ritmo trepidante versiones sobre lo sucedido, siempre desde una perspectiva externa a las víctimas. Es decir, relata la tragedia desde la mirada de los otros, los que juzgan, los que miran, los que fueron testigos y los victimarios. La tragedia es presentada en la primera escena desde el rumor, desde lo que "dicen" los otros (¿Los victimarios? ¿La sociedad cómplice? ¿El Estado? ¿El patriarcado? ¿Todos juntos?) sobre las niñas y adolescentes encerradas durante el incendio:

P1: Dicen que se escuchaban los gritos.
P2: Mi tío, antiguo bombero, dice que olía como cuando la quema del manicomio... a carne asada.
[...]
P1 y P2: ¿Quién?

P1: ¿Quién dio la orden?
P1 y P2: ¿Quién?
P2: ¿Quién dijo que las encerraran y no dejaran salir?
P1: ¿Quién encendió el fuego?
P2: ¡Como castigo!
P1: ¡Como ejemplo!
P2: ¡Como rebeldía!
P1: Como protesta...
P2: Horas de encierro.
P1: Tiempo de hambre. (2019, 19)

En este sentido, el diálogo escenifica un hecho real a partir del rumor, a partir del decir de otros acerca del comportamiento de las niñas y jóvenes, invirtiendo así la idea de la fuente oficial de información en donde la versión de un hecho de violencia como este estaría basada en fuentes documentales verificables. De allí el título "Dicen", que va a marcar exnegativo la narración de la tragedia: pone en el centro de lo narrado el rumor y, a la vez, el silenciamiento de las víctimas. El silenciamiento y por ende el silencio de las niñas y adolescentes abusadas se convierten en lo espectral que recorrerá el texto dramático y que, sin duda, interpelará a todo aquel que desee llevar a escena esta obra.[15] Esta estrategia estética aspira hacer visible lo que se mantiene cotidianamente invisible en el espacio público al crear un cuerpo simbólico que en su ausencia se mantiene presente frente a todos esos otros cuerpos femeninos y feminizados que han sido borrados en un proyecto de sociedad que invisibiliza las vidas que, *se dice*, no son consideradas dignas de ser vividas.

Como apunté anteriormente, se trata de un drama breve en un acto, de cinco páginas de extensión, dividido en dos escenas (Escena primera y Escena segunda); participan dos personajes, Personaje 1 y Personaje 2, quienes, según avanza el diálogo entre ambos, se convierten en P1 y P2. No hay indicaciones acerca de la composición escénica, excepto que al inicio de la segunda escena habrá una silla "en algún lugar del escenario" (21) y que el final cierra de forma definitiva al apagarse la luz (23). El ritmo de cada escena, su espacialidad y continuidad entre una y otra va marcado por la entrada y salida de los dos personajes y sus diálogos trepidantes. Tampoco hay avisos acerca del tipo de vestuario o maquillaje, lo que apunta a una concepción en extremo minimalista de la obra en su conjunto, que se enfoca por completo en la inflexión subjetiva de los personajes, es decir, cómo estos habitan (con sus cuerpos y su voz) el espacio dramático. Queda claro así que la estructura de las relaciones espaciales y temporales entre los elementos de cada escena dependerá de los cuerpos y voces de P1 y P2 para generar el sentido de la obra dramática. Otro aspecto relevante es que para la primera escena no hay indicaciones acerca de la identidad sexual de los personajes (¿Se trata de dos hombres o de dos mujeres? ¿De un hombre y una mujer? ¿Son sus identidades sexuales intercambiables? ¿Son una voz colectiva?). Esto cambia sutilmente en la segunda escena en la que la jerarquía que se evidencia entre P1 y P2 sugiere una relación de poder asimétrica entre P1 y P2:

> P2 sale. P1 se mira las uñas, etc. P2 vuelve a entrar.
> P2: ¿Les llevan el desayuno?
> P1: ¡Ni mierda!
> P2: Piden ir al baño.
> P1: Que se aguanten o que se hagan... da igual, la mierda con la mierda...
> P2 sale. P1 se lustra los zapatos, etc. P2 vuelve a entrar.
> P2: Fuego.
> P1 se queda en silencio, como si no escuchara.
> P2: Fuego.
> P1 se acerca a la silla, se cruza de brazos.
> P2: Fuego.
> P1 sonríe y lo mira largamente.
> P2: Fuego.
> P1: Fuego (imitando a P2).
> P2: Crujir de carne.
> P1: Fuego (divertido).
> P2: Carne de carbón.
> P1: Fuego (divertido).
> P2: Carbón de niña.
> P1: Fuego (divertido, al borde de la carcajada).
> P2: Niña de la asunción. (2019, 22)

En este diálogo-espejo con el citado antes que pertenece a la Escena primera, la versión se inclina más y más hacia la voz que castiga, hacia la voz que representa el poder que ha abandonado y condenado a las niñas y adolescentes a su muerte prematura y violenta. Hay algo en su ritmo que recuerda al íncipit de *El señor presidente* (1946) de Miguel Ángel Asturias,[16] situándose así en una larga tradición literaria que examina desde sus entrañas los mecanismos y efectos del poder. El eco del inicio de *El señor presidente* es una muestra más de las estrategias estéticas de que se sirve Phé-Funchal para construir, en una mínima extensión y desde una gran capacidad de condensación, una obra contundente que se inserta en la tradición de interpelar al poder absoluto. Frente a los excesos de crueldad vertidos sobre los cuerpos de las niñas y adolescentes, la micro obra teatral "Dicen" se presenta como un llamado al público a dolerse por la injusticia ante la ausencia de las voces de las víctimas. En este llamado se cifra también la posibilidad de imaginar una comunidad, una comunidad de ciudadanas, de mujeres, que se niegan al silencio y agitan y trastocan las posibilidades de pensar la violencia en sus múltiples dimensiones, pero muy especialmente esa que se ha ceñido sobre los cuerpos de las mujeres. Lo no decible es tematizado desde el silencio, y es quizá aquí en donde radica la posibilidad de esta obra dramática de convertirse en fuerza política que puede tomar el escenario de lo público y manifestarse desde allí.

Al tratarse de un texto dramático concebido para ser representado, "Dicen" se distancia de un teatro político o de denuncia de corte tradicional. Si bien se sirve de formas clásicas como el diálogo y una estructura dicotómica, ambas son desestabilizadas al colisionar dichos marcos en el desarrollo de la acción a lo largo de las poquísimas páginas del texto. Esta desestabilización tiene que ver, también, con las fuentes eclécticas de las que se sirve la obra, difícilmente clasificable en un solo subgénero dramático: desde el teatro político y el teatro documental, pasando por el teatro del absurdo, el teatro de la memoria y el teatro posdramático, "Dicen" toma algunos aspectos de estas formas consolidadas para conformar una forma híbrida y desestabilizar las convenciones del género. Al introducir un estado de crisis y de indeterminación en la forma, que probablemente tenga en la brevedad su mejor aliado, también las posibilidades de percepción en la audiencia futura apuntan a llevar la experiencia dramática hacia un límite que, a su vez, lleva a cuestionar la idea tradicional que tenemos acerca de lo que es una experiencia estética vinculada al teatro. A lo que no renuncia la obra es a ser un repositorio de conocimiento transmisible. Y dicho conocimiento está profundamente ligado al ser mujer en una sociedad como la guatemalteca en el siglo XXI. En este habitar hoy, como mujer, la nación ya nada tiene que ver con la mujer-madre de la nación, sino que se conecta irreversiblemente con la gran revuelta de las mujeres en el espacio público que reclama terminar con la violencia que está acabando con nuestras vidas. Es en este punto que "Dicen" se conecta con los estallidos sociales de los últimos años en toda Centroamérica que se manifiestan en contra de la violencia contra los cuerpos feminizados. Afuera, en las calles, pero también adentro, por ejemplo en el teatro, estos reclamos invitan a ocupar el ágora donde es posible pensar, reflexionar y debatir el duelo para poder imaginar el futuro y hacerlo posible. La obra teatral de Denise Phé-Funchal nos recuerda que la literatura escrita por mujeres ocupa un lugar privilegiado en las historias y memorias de la violencia, un espacio en donde históricamente se encuentra lo que no se podía decir y lo que no se podía pensar (si se es mujer) y que en las luchas del siglo XXI se supera para crear espacios textuales en donde cabe colocar las incertidumbres aún difíciles de nombrar. Un texto dramático para el futuro en espera de ser leído y representado.

Notas

1. Las artistas guatemaltecas Génesis Ramos (n. 1994) y Andrea Hernández (n. 1993), vinculadas al mundo del teatro, las escrituras dramáticas y la actuación, formadas en diversas instituciones de educación superior y talleres, fundaron y dirigen Colóquia Mujeres. Ver nota de Rodrigo Villalobos Fajardo "*Las suplicantes* de Colóquia Mujeres" en *Diario de Los Altos*, 22 de septiembre de 2020. URL: https://diariodelosaltos.com/2020/09/22/las-suplicantes-de-coloquia-mujeres/.

2. Un panorama exhaustivo de los centros de documentación que albergan las historias y memorias de los movimientos de mujeres y feministas de Centroamérica está reunido en el documento de trabajo *Centros de documentación sobre derechos de las mujeres: fortalezas y retos en Centroamérica* editado por Silvia Fernández Viguera y Eida Martínez Rocha. San José/Pamplona: Centro de Investigación en Estudios de la Mujer Universidad de Costa Rica/Instituto Promoción de Estudios Sociales de Pamplona, 2014. URL: https://core.ac.uk/download/pdf/67740607.pdf.

3. Existen muchas iniciativas, proyectos y documentaciones que desde inicios de los 2000 han enfocado la práctica sistemática y masiva de la violación sexual contra las mujeres indígenas en el contexto de la política contrainsurgente en Guatemala, denunciándola como femicidio y genocidio. Desde estos trabajos la violación sexual de mujeres indígenas fue un arma del Estado guatemalteco para destruir la continuidad biológica, social y cultural de los pueblos indígenas a través de los cuerpos de las mujeres. En este sentido, estas prácticas femicidas y genocidas son inseparables del racismo.

4. Denise Phé-Funchal (n. 1977) es escritora, socióloga y profesora universitaria. Su formación literaria se dio en los talleres de escritura del salvadoreño Rafael Menjívar Ochoa (1959–2011). Ha publicado los siguientes libros: *Las flores* (2007), *Manual del mundo paraíso* (2011), *Buenas costumbres* (2011), *La habitación de la memoria* (2015), *Ana sonríe* (2015) y *Sala de estar* (2017). Ha sido incluida en numerosas antologías de narrativa y poesía; también ha sido guionista, por ejemplo, para el proyecto "Reinas de la noche", donde se aborda la vida de las personas transgénero en

Guatemala y en la adaptación cinematográfica de su cuento "Chapstick". Una introducción amplia a su narrativa, especialmente a partir de los libros *Buenas costumbres* y *Ana sonríe*, se encuentra en Browitt (2017).

5. La más reciente colaboración se dio en octubre de 2020 en el marco del proyecto "Dramaturgias de la cuarentena", una serie de conversaciones y lecturas virtuales en donde se presentaron textos dramáticos escritos durante los meses de cuarentena forzada debido a la pandemia del SARS-CoV-2. Ese mes se rememoraron los 76 años de la Revolución de Octubre.

6. La editorial F&G Editores publicó unas semanas después del veredicto el volumen *Condenado por genocidio. Sentencia condenatoria en contra de José Efraín Ríos Montt (fragmentos)*, cuya lectura se ha convertido en una especie de ritual cada año en que se conmemora la fecha de la condena, un ritual que actualiza y trae al presente la memoria del pasado reciente de los estragos del conflicto armado interno.

7. Ver, por ejemplo, la trilogía documental de Pamela Yates: *Cuando las montañas tiemblan* (1983), *Granito: cómo atrapar a un dictador* (2011) y *500 años* (2016); las series fotográficas de Daniel Hernández-Salazar; la colección de ensayos de Marta Elena Casaús Arzú *Racismo, genocidio y memoria* (2019), entre una larga lista de documentaciones.

8. En el campo del derecho internacional y especialmente el de los tribunales internacionales que han operado ante los genocidios perpetrados a lo largo del siglo XX, los delitos de violencia sexual han sido reconocidos como prácticas comunes y armas de guerra en conflictos bélicos alrededor del globo. Con la conformación del Tribunal Penal Internacional para la ex-Yugoslavia (TPIY) y el Tribunal Penal Internacional para Ruanda (TPIR), en la década de 1990, la violencia sexual empezó a ser tratada jurídicamente como crimen de lesa humanidad y crimen de guerra.

9. En la página web de la artista se puede ver la imagen del montaje en Ciudad de Guatemala, así como los posteriores montajes que realizó de la misma frase en las ciudades de Montevideo, Quito y Zaragoza (España). URL: http://www.reginajosegalindo.com/no-violaras/.

10. Según los datos recogidos por el Observatorio de las Mujeres del Ministerio Público de Guatemala, durante el año 2019, 60 mil mujeres denunciaron ser víctimas de algún tipo de violencia que fue tipificada como violencia de género. En lo que va del año 2020, se ha contabilizado un promedio de 187 denuncias diarias de violencia de género de algún tipo. Las estadísticas son actualizadas de forma regular en este sitio: http://observatorio.mp.gob.gt/wordpress/index.php/estadisticasportal/.

11. El *dossier* temático "Guatemala, 2015: (pre)sintiendo el futuro", publicado en *Istmo. Revista virtual de estudios literarios y culturales centroamericanos*, es una

compilación interesante de ensayos redactados durante la movilización. URL: http://istmo.denison.edu/n31/articulos/index.html.

12. Cabe mencionar aquí al Movimiento Semilla, un nuevo partido político, activo actualmente, compuesto en su gran mayoría por jóvenes de todo el país, que emergió de las luchas articuladas a las movilizaciones masivas del 2015.

13. El proyecto de prensa comunitaria rudagt.org, dirigido por jóvenes activistas y periodistas guatemaltecas, ha ido documentando todo el caso desde el inicio en su sitio como parte de la sección "Memoria histórica". Ver URL: http://rudagt.org/category/memoria-historica/hogar-seguro/.

14. Para quienes estamos familiarizados con la historia de Guatemala a partir de 1954, es difícil no relacionar esta tragedia del Hogar Seguro con las prácticas genocidas de tierra arrasada durante el conflicto armado interno, y muy particularmente con la matanza en la Embajada de España el 31 de enero de 1980, a raíz del incendio provocado por las fuerzas militares bajo el mando de Lucas García. 37 personas fueron asesinadas sin que el cuerpo de bomberos pudiese auxiliarles por estar las instalaciones completamente cerradas y haberles vedado toda posibilidad de ingreso.

15. Lo espectral aquí lo uso en el sentido que le ha otorgado Gabriele Schwab en su conocido libro *Haunting Legacies: Violent Histories and Transgenerational Trauma* (2010) y la contribución que hace a los estudios de la memoria y el trauma al estudiar los efectos fantasmáticos de las historias traumáticas, en un movimiento contrario a la idea de una memoria plena, que más bien apela a la necesidad de incluir a los perpetradores y su descendencia en todo trabajo de la memoria para el futuro. Consciente y cuidadosa de las profundas diferencias entre el legado de las víctimas y el de los perpetradores, Schwab propone que habría que trabajar hacia una relacionalidad constructiva y a desarrollar un diálogo que permita el duelo y la reparación, aún si es innegable que muchas historias de violencia serán siempre imperdonables.

16. La novela abre con la escena en el portal donde están los mendigos: "¡Alumbra, lumbre de alumbre, Luzbel de piedralumbre! [...] ¡Alumbra, lumbre de alumbre, Luzbel de piedralumbre sobre la podredumbre! ¡Alumbra, lumbre de alumbre, sobre la podredumbre, Luzbel de piedralumbre! ¡Alumbra, alumbra, lumbre de alumbre…, alumbre…, alumbra…, alumbra lumbre de alumbre…, alumbra, alumbre…!" (Asturias 2000, 7).

Obras citadas

Alvarado, Carmen Lucía y Luis Méndez Salinas. 2018. "La impostergable invención del presente: literatura guatemalteca actual". *Periférica* 19: 237–43.

Asturias, Miguel Ángel. 2000. *El señor presidente*. Edición de Gerald Martin. París: Colección Archivos.
Browitt, Jeff. 2017. *Contemporary Central American Fiction. Gender, Subjectivity and Affect*. East Sussex: Sussex Academic Press.
Brown, Wendy. 2015. *Undoing the Demos: Neoliberalism's Stealth Revolution*. Boston: The MIT Press/Zone Books.
Carrillo, Hugo. 1992. "El teatro de los ochenta en Guatemala". *Latin American Theatre Review* 25, n.º 2: 93–106.
Casaús Arzú, Marta Elena. 2019. *Racismo, genocidio y memoria*. Guatemala: F&G Editores.
Casaús Arzú, Marta Elena y Marisa Ruiz Trejo. 2017. "Procesos de justicia y reparación: el caso Sepur Zarco por violencia sexual, violación y esclavitud doméstica en Guatemala y su sentencia paradigmática para la jurisprudencia internacional". *Pacarina del Sur* 30. URL: http://pacarinadelsur.com/home/indoamerica/1436-procesos-de-justicia-y-reparacion-el-caso-sepur-zarco-por-violencia-sexual-violacion-y-esclavitud-domestica-en-guatemala-y-su-sentencia-paradigmatica-para-la-jurisprudencia-internacional.
Fischer-Lichte, Erika. 2008. "Reality and Fiction in Contemporary Theatre". *Theatre Research International* 33, n.º 1: 84–96.
Franco, Jean. 2013. *Cruel Modernity*. Durham: Duke UP.
Galindo, Regina José. 2015. *Telarañas*. Guatemala: Ediciones del Pensativo.
Hernández-Salazar, Daniel. 2014. "Revealing the Image, Revealing Truth". *Témoigner. Entre histoire et mémoire* 119. URL: http://journals.openedition.org/temoigner/1519.
Méndez de Penedo, Lucrecia. 2000. "Panorama del teatro guatemalteco de los noventa". *Latin American Theatre Review* 34, n.º 1: 113–31.
Phé-Funchal, Denise. 2019. "Dicen". En *Nunca más el fuego. Antología de microteatro*, 19–23. Guatemala: Pato/Lógica.
Sanford, Victoria. 2008. *Guatemala: del genocidio al feminicido*. Serie "Cuadernos del presente imperfecto". Guatemala: F&G editores.
Schwab, Gabriele. 2010. *Haunting Legacies: Violent Histories and Transgenerational Trauma*. New York: Columbia UP.

VALERIA GRINBERG PLA

Imposturas genéricas y posicionamientos de género en las novelas negras protagonizadas por Romilia Chacón

Introducción: texto y contexto

EN ESTE TRABAJO VOY a discutir críticamente la apuesta estético-política de las novelas policiales del escritor US-latino Marcos McPeek Villatoro a partir de una consideración de la evolución del personaje principal, la detective Romilia Chacón, en la serie en su conjunto, desde la novela que la inaugura, *Home Killings* (2001), hasta la última novela publicada hasta la fecha, *Blood Daughters* (2011).[1] En particular, me interesa indagar en la medida en la cual el escritor ha llevado a cabo o no una reescritura feminista del género negro, como parte central de su apuesta estético-política, lo cual implicaría, a mi entender, una vinculación de lo personal con lo público en lo que respecta a la concepción de lo político, así como también la incorporación de una crítica de género en sentido doble: al género negro y a los llamados géneros femenino y masculino.

La serie se compone de cuatro novelas, entre las que se cuentan *Minos* (2003) y *A Venom Beneath the Skin* (2005), además de las dos ya mencionadas. Mientras que Romilia Chacón es la única narradora de *Home Killings*, en las novelas subsiguientes las voces narrativas se diversifican, lo que permite focalizar el relato no solo en el punto de vista y la experiencia de la detective, siempre en primera persona, sino también en los de otros personajes cuyas vivencias son transmitidas a los lectores por un narrador omnisciente que puede, por ende, abrirnos una ventana hacia su mundo interior, de modo que la perspectiva de Romilia entra en tensión con la visión de mundo de quienes la rodean.

La lengua dominante de las novelas es, sin duda, el inglés, pero se incluyen frases y expresiones en español, con el objeto de reflejar el habla de Romilia y otros personajes latinos (sobre todo centroamericanos o mexicanos) y, de ese modo, hacer hincapié en sus raíces culturales centro y latinoamericanas.

El autor, Marcos M. Villatoro, es hijo de madre salvadoreña y padre estadounidense, concretamente del estado de Tennessee, en la región de los Apalaches, por lo que se ha definido a sí mismo como un "sureño latino" (Longo citado en Dowdy 2012, 271),[2] reclamando de este modo una identidad cultural híbrida específicamente ligada, por un lado, a la cultura del sur de los Estados Unidos y, por el otro, a Centroamérica. De hecho, en su propia explicación del motivo detrás de su decisión de escribir una serie de novelas policiales protagonizadas por una mujer policía que vive en Nashville, que es oriunda de Atlanta (otra ciudad del sur de los Estados Unidos) e hija de padres salvadoreños,[3] el escritor aclara:

> Now I see that Romilia will be with me for a while, for personal reasons: she helps me work through some ghosts of my own life. In earlier years I lived in Guatemala, Nicaragua, and my mother's El Salvador. I lost friends to the violence of those years in Central America. Staying with Romilia is a way of looking into the darkness that is murder, and the obsession that is integral to detective work. No doubt Romilia will be in my head for years to come. (Villatoro 2004, 343)[4]

Esta cita es importante porque articula el impulso identitario y representacional que anima la escritura de estas novelas, el cual aparece ligado a un trabajo personal de duelo y memoria del autor que es, a su vez, traspasado a la protagonista de la serie. Ana Patricia Rodríguez (2010) analiza precisamente cómo Romilia Chacón, la primera detective salvadoreña-estadounidense, es una representante de "la generación herida", por lo que su "figura [...] está física y figurativamente marcada por la violencia, el trauma y la historia colectiva de su familia y su nación a la distancia" (435). Al respecto, baste mencionar que, a raíz de un intento fallido de asesinarla cuando está a punto de resolver su primer caso como detective de homicidios en Nashville, Romilia tiene una cicatriz queloide en el cuello, signo inequívoco y visible de la violencia en su presente, pero también de la resiliencia que le permite sobrevivir, pues: "A Keloid scar's an abnormal proliferation of tissue over a wound. It's as if your body overcompensates, puts too much scar tissue over the skin to make sure the lesion closes up" (Villatoro 2003, 13), como le explica un médico al que acudió con su madre durante la infancia, la primera vez que una herida cicatrizó de ese modo excesivo y anormal.

Si bien la tendencia de su cuerpo a cicatrizar de más puede ser leída como una reacción compensatoria frente a la falta de cierre para un trabajo de duelo y memoria todavía en proceso dado que las heridas del pasado aún siguen abiertas, como sugiere Ana Patricia Rodríguez, la relación de su cicatriz en el cuello con el trauma heredado de la guerra en El Salvador o de la migración de sus padres a los Estados Unidos es solo indirecta, pues no tiene conexión alguna con dichos eventos. Este tipo de alusión mediada que permite establecer un vínculo entre la realidad vivida por Romilia Chacón y las posibles repercusiones psicosociales que se desprenden de su condición de salvadoreña de segunda generación, es típica para todas las novelas de la serie. Así, en todos los sucesos centrales que afectan a la protagonista existe una relación inequívoca entre su propia experiencia y su accionar: desde el asesinato de su hermana mayor por parte de un asesino serial a raíz del cual Romilia decide ser policía (y a quien ella misma logrará capturar, como se narra en *Minos*, la segunda novela de la serie), hasta su propia relación de amor-odio con Rafael Murillo,[5] las motivaciones de la detective Chacón siempre son personales. Lo mismo puede decirse, por cierto, de la amistad de Romilia con Karen Allende y Nancy Pearl, otros dos personajes con los cuales ella está involucrada más allá de lo profesional, de modo que sus esfuerzos por ayudarlas o vengarlas responden a su relación afectiva con las mismas y no necesariamente a una noción del deber de proteger a la comunidad como tal. Así, las motivaciones de la detective en su búsqueda de justicia son predominantemente personales, en el sentido de que no están ligadas a ideales u objetivos políticos más allá de su necesidad individual de venganza, cierre, o realización.

Entonces, una de las consideraciones a tener en cuenta, para determinar si en efecto Villatoro ha llevado a cabo una reescritura feminista del género negro en estas novelas sería: ¿en qué medida lo personal es político en las novelas protagonizadas por Romilia Chacón? Esto es relevante en tanto y en cuanto el esfuerzo por dirimir cuestiones identitarias en términos de una política de la identidad a partir de las peripecias enfrentadas por la protagonista se mantiene a lo largo de toda la serie, como puede verse con claridad en este pasaje de la última novela, *Blood Daughters*, en el que Romilia está conversando con la madre de una víctima:

"You were born here, weren't you?"
"Yes," I said. "I was."
"It shows. How you carry yourself. You're what, Honduran, Salvadoran?"

"Salvadoran."

"I thought so. Your accent. But you're also gringa."

The few times I've had this conversation with other Latinos, I've hated it. Yes, it's all true, and we all know it. I had Salvadoran blood, and I had Georgia as my birthplace. Not only gringa, but Southern gringa. Which, in many Latins' eyes—Latinos from the mother countries—made me less than one of them. (Villatoro 2011, 139)

Así, una y otra vez, Romilia es retratada no solo como carácter individual, sino también como representante o portavoz de un grupo social, étnico, nacional y cultural determinado, sobre cuyas características se busca informar a los diversos personajes desinformados, malinformados o prejuiciosos que aparecen en las distintas novelas, pero sobre todo a los lectores, como es el caso de la aclaración sobre el significado del término "Latins" en el pasaje arriba citado. Además, tanto Romilia como Tekún Umán, el antagonista que a lo largo de la serie se irá transformando en un ambivalente aliado, son, como el autor de la misma, biculturales, binacionales y bilingües, solo que Tekún es guatemalteco por parte de padre, en lugar de salvadoreño, lo que amplía el foco de interés de la diáspora salvadoreña a las identidades centroamericanas, las cuales son asimismo objeto del gesto didáctico que puede verse en el siguiente diálogo entre Romilia y su colega, Nancy Pearl:

"Why is Special Agent Fisher so sure Murillo did this" she asked.

"The writing on the belly of the victim. That's an old death squad signature, from Central America. He trained with them."

"God. That's horrible."

"Yeah, it is." My mind was wandering a bit, and I answered her somewhat automatically.

"Those countries are so violent," she said.

My thoughts braked. "Excuse me?"

"Central America. All you hear about is the violence from there. I don't know how people can live that way."

"What way"

"How they attack each other like that. Killing each other off. It's like Rwanda, you know? What makes some people so, I don't know, like savages?"

What was it that kept me from slapping around? But I only said, "What about our own country?" (Villatoro 2006, 77)[6]

Si la situación de la diáspora centroamericana en los Estados Unidos y el pasado reciente de América Central, con un claro énfasis en Guatemala y El Salvador, ocupan un lugar central en toda la narrativa policial de Villatoro, en *A Venom Beneath the Skin* y, sobre todo, en *Blood Daughters*, la realidad social de México, y especialmente de la frontera entre México y Estados Unidos, también cobra suma importancia como trasfondo de la trama, por lo que el espectro de las preconcepciones sobre los otros que las novelas intentan desmitificar incluye nuevas temáticas como la imagen estereotípica de Tijuana que prevalece en los Estados Unidos, la corrupción y el machismo de la policía mexicana y la violencia contra las mujeres.[7] Así, en *Blood Daughters*, Romilia investiga el asesinato de una mujer cuyo cadáver aparece en el desierto entre Tijuana y San Diego, lo cual la lleva a descubrir que si bien los responsables son mexicano-americanos, se trata de dos hermanos, Ingrid y Ritchie, que fueron víctimas de abuso en su niñez por parte de un hombre angloamericano. Significativamente, ellos ahora están a la cabeza de un circuito de prostitución de menores cuyos clientes no son necesariamente latinos y los crímenes que cometen tienen lugar a ambos lados de la frontera, lo cual sirve para desmitificar la idea de que la violencia se origina solo en México.[8]

En ambas novelas se amplía la perspectiva para incorporar el complejo espacio de la frontera al conjunto de realidades sociales que la serie busca iluminar, caracterizándolo como un "tercer país" con sus propias leyes y costumbres.[9] Significativamente, dicha expresión para referirse al espacio de la frontera en la serie de Romilia Chacón retoma de manera explícita la conceptualización de la escritora y activista chicana Gloria Anzaldúa, en el ya clásico ensayo poético *Borderlands/La Frontera: The New Mestiza*, cuando escribe: "La frontera entre los Estados Unidos y México *es una herida abierta* en la que el tercer mundo hace fricción contra el primer mundo y sangra. Y antes de que se forme una costra vuelve a desangrarse: la savia de dos mundos uniéndose para formar **un tercer país**—una cultura de la frontera—" (1987, 3; cursivas en castellano en el original, énfasis en negrita agregado, VGP).[10] La entonces escueta, por lo vaga, denominación de la frontera como tercer país que recorre estas novelas negras hace eco de la visión de Gloria Anzaldúa. Sin embargo, la forma un poco ubicua en la que Villatoro coloca esta expresión en la mente o la boca de distintos personajes deja traslucir su propia voz autoritativa y moralizante, flotando por encima de las historias narradas, en un gesto didáctico que contribuye a la particular configuración ideológica de las novelas de la serie. Así, en *Blood Daughters*, el espacio de la frontera mismo funciona como trasfondo de una historia que solo tangencialmente toca las múltiples violencias que la determinan, y de la cual, los asesinatos de mujeres es uno de ellos. En esta novela, la investigación del asesinato de la muchacha cuyo cuerpo fue encontrado en el desierto por parte de la detective Chacón apenas permite atisbar el alcance y dimensión de los feminicidios en términos de la abrumadora cantidad de mujeres y niñas asesinadas, la brutalidad de los asesinatos, la larga duración en el tiempo de los feminicidios, y la inoperancia o desidia a la hora tanto de investigarlos para determinar quiénes son los asesinos como para impedirlos a futuro. Es más, la propia Romilia reacciona con descrédito frente a la legitimidad y necesidad de acciones tendientes a visibilizar esta injusticia, como las llevadas a cabo por un grupo de activistas llamado *desert women truth* en el cual se involucra Karen Allende (véase Villatoro 2011, 28–29), la joven protegida de Romilia Chacón, desde que la salvara de ser asesinada por Minos, como se cuenta en la novela del mismo nombre.

Recordemos que el asesinato de su hermana Catalina es el motivo por el cual Romilia ha decidido hacerse policía y especializarse en homicidios, como he mencionado con antelación. En *Blood Daughters*, una vez más, Romilia logrará salvarle la vida a Karen, quien ha sido secuestrada por el asesino de la muchacha, de nombre Marisa Jackson, cuyo cadáver apareciera en la frontera entre San Diego y Tijuana. Si bien el personaje de Karen cumple la función de educar tanto a la propia Romilia como a los lectores sobre el carácter letal y sistémico de la violencia de género, su perspectiva es puesta en entredicho por la detective, quien subsume el activismo por el derecho a la verdad y la justicia para las víctimas de feminicidio y sus familiares dentro de las protestas de la izquierda. En otras palabras, Romilia es ciega al género como categoría, diferente de la etnia y de la clase. Por ende, en estas novelas tiene lugar una cierta desvinculación de lo personal con lo político en el sentido feminista de la expresión.

Más aún: todas las novelas de la serie giran en torno a actos de violencia subjetivos (asesinatos, secuestros, violaciones) que afectan a individuos particulares, sobre todo, pero no únicamente, a mujeres (en *A Venom Beneath the Skin* el asesinado es Chip Pierce, mentor, colega, amigo y exnovio de Romilia), con quienes la protagonista establece vínculos afectivos significativos y que provocan, de su parte, actos de redención, venganza o justicia igualmente puntuales, es decir, ejemplos de violencia subjetiva en el sentido que fuera definido por Slavoj Žižek, en *Violence: Six Sideway Reflections* (2008). Según

Žižek, la violencia subjetiva es ejercida por un individuo o grupo fáciles de identificar: un asesino serial, un jefe narco, una banda de traficantes de mujeres o un abusador sistemático de menores, como lo son respectivamente, en las novelas protagonizadas por Romilia Chacón, Minos, Tekún Umán, Ingrid y Ritchie (estos últimos son además los responsables del asesinato de Marisa Jackson y del secuestro de Karen, pues Ritchie se dedica a violar muchachas adolescentes a quienes mata cuando comienzan a menstruar).

Sin embargo, las causas profundas de esta violencia subjetiva—así lo entiende Žižek (véase 2008, 1)—se hallan en la violencia sistémica, producto de las consecuencias catastróficas del funcionamiento aparentemente impecable de los sistemas políticos y económicos actuales. Pues, tanto el sistema político como el económico garantizan la reproducción y naturalización de la desigualdad de raza, etnia, género y clase sobre la que se asientan los pilares de la sociedad moderna.

La radicalidad política de las novelas protagonizadas por Romilia Chacón dependerá por tanto de la medida en que estas logren articular la relación entre los actos de violencia subjetiva perpetrados por actores puntuales con la violencia sistémica que los produce, porque dicha conexión permitirá dilucidar el entramado de lo político, más allá de responsabilidades individuales, en la tradición de la novela negra latinoamericana. En la medida en que las novelas vinculen la violencia subjetiva contra las mujeres con la base patriarcal y heterosexista de la violencia sistémica, también se posicionarán estética y políticamente como feministas.

Género negro y representación

Para responder a la cuestión sobre el lugar de lo político en la historia personal de Romilia Chacón propongo entonces discutir las novelas que protagoniza como escritura de género en sentido doble, es decir género literario—en tanto novelas negras—y de género femenino, ya que están protagonizadas por una mujer. Así, me pregunto: ¿cómo se articula el género del personaje y de las novelas, entonces, en términos estéticos, identitarios y políticos en los múltiples contextos en los que es partícipe desde la literatura latina en los Estados Unidos hasta las literaturas centroamericanas?

Desde sus inicios, la narrativa policial ha explorado las relaciones entre política y violencia. El hecho de que la narrativa policial en su vertiente negra pose su mirada en las múltiples formas de violencia que asolan las sociedades modernas, con un énfasis en la brecha existente entre la ley y la justicia, así como en la mayor o menor posibilidad de los sujetos de restituir un cierto sentido de justicia, y por tanto de paz y comunidad, a través de la investigación detectivesca, hace de este género una matriz idónea para explorar, por su intermedio, las relaciones entre lo privado y lo público, lo personal y lo político. El detective, el criminal y la víctima son individuos que luchan por sus intereses, y sus luchas muchas veces se vinculan con la realidad social que los rodea, permitiendo hablar de conflictos mayores. Además, en tanto dispositivos discursivos funcionan como metonimia de los procesos de subjetivación social. En palabras de Mempo Giardinelli, el género negro:

> se caracteriza por la dureza del texto y de los personajes, así como por la brutalidad y el descarnado realismo. Se diría que "pone los pies sobre la tierra" porque incorpora elementos de la vida real: la lucha por el poder político y/o económico, la ambición sin medida, el sexismo, la violencia y el individualismo a ultranza, productos todos de una sociedad (la norteamericana de los años 20 y 30) vista por casi todos los autores como corrompida y en descomposición.
>
> Mientras la novela-enigma parece dar vueltas alrededor de los mismos recursos, y agota sus variables repitiéndose, la novela negra encuentra todas las inacabables posibilidades que da la vida real y pasa a ser reflejo de ella y no de un pequeño universo hermético. (1996, 10)

Por tanto, el uso del género negro con el objeto de inscribir un cuerpo de mujer como protagonista y sujeto de la historia de la diáspora centroamericana en los Estados Unidos permite indagar en las connotaciones de la subjetividad femenina creada por Villatoro en relación con el impulso identitario y el trabajo de memoria del autor, abriendo las puertas para una consideración del posicionamiento de estas novelas con respecto al lugar de las mujeres centroamericanas en el sistema político y económico imperante en los Estados Unidos. En ese sentido, sostengo que las novelas negras protagonizadas por Romilia Chacón, por medio de dos transformaciones genéricas significativas, producen sentidos estéticos y políticos que ponen en cuestión las narrativas dominantes de ambos géneros: el literario y el llamado femenino.

Esto ocurre, en primer término, a través de un uso transculturado de la novela negra dura, un género típicamente anglosajón en sus inicios, para narrar la realidad de la comunidad latina en los Estados Unidos, y específicamente las vivencias y desafíos de la diáspora centroamericana a través de una serie de novelas policiales negras, entendiendo transculturación del policial como el modo en el cual los escritores latinoamericanos y los latinos en los Estados Unidos se han apropiado del género policial para expresar realidades locales, en el sentido expuesto por Brigitte Adriaensen y por mí en nuestra "Introducción a cuatro manos" para *Narrativas del crimen* (2012).[11] Este proceso de transculturación implica, entre otras estrategias, la territorialización del género por medio de marcadores nacionales, regionales, culturales y lingüísticos de identidad, como el uso del español o la focalización de la narración en una protagonista de origen salvadoreño, en el caso de las novelas que nos ocupan.

En segundo término, en la serie protagonizada por Romilia Chacón tiene lugar una migración de género del autor a la protagonista y principal narradora, estructurada en torno a la producción literaria de una verdad sobre el género femenino en tensión paradójica entre la subversión de la biología como destino, al trabajar con el género como construcción sociocultural y específicamente literaria de la identidad sexual, y la reafirmación del discurso normativo de género en el contexto del binarismo sexo/género hegemónico, en el sentido que ha sido teorizado por Judith Butler en *El género en disputa* (1990) y en *Deshacer el género* (2004).

En este contexto cabe destacar que sólo *Home Killings* apareció en Arte Público Press. Esto es significativo porque dicha editorial se dedica exclusivamente a publicar a escritores latinos residentes en los Estados Unidos con un objetivo claramente educativo y político, promoviendo una representación "realista y auténtica de los temas, lenguas, personajes y costumbres de la cultura hispánica en los Estados Unidos" (artepublicopress.com), al tiempo que luchan por entrar y mantenerse en el mercado literario estadounidense. De este modo, la lógica editorial de Arte Público Press está determinada por cuestiones de representación, entendiendo que la representación en el sentido estético del término está intrínsecamente ligada a su sentido político, tal y como propone Gayatri Spivak, en su famoso ensayo "Can the Subaltern Speak?": "Aquí confluyen dos significados de representación: representación entendida como 'hablar en nombre de alguien', como en la política, y representación como 'representación', como en el arte o la filosofía" (1988, 375).[12]

Es más, la convicción de que pensar sobre la representación literaria de cualquier sujeto, pero sobre todo de un sujeto históricamente marginado o minoritario como es el caso de la comunidad latina en los Estados Unidos, también exige reflexionar sobre los términos de su representación política es uno de los principios fundadores de la política de la identidad. Y dicha convicción, a su vez, hace eco en el impulso identitario y representacional del proyecto de Marcos Villatoro al escribir una serie de novelas negras protagonizadas por una mujer policía del sur de los Estados Unidos y salvadoreña de segunda generación, cuya identidad es binacional, multicultural y bilingüe.[13]

El recurso al género negro por parte de escritores no occidentales que buscan desestabilizar la colonialidad del poder y del saber es un fenómeno ampliamente estudiado en numerosos contextos poscoloniales, desde Asia hasta América Latina. Ya en 1997 John Cawelti señalaba que:

> La notable diversidad étnica y de género de la narrativa detectivesca reciente sugiere que el género se ha transformado en algo más que un simple y popular entretenimiento literario. Cada vez más, la narrativa detectivesca se ha convertido en un género en el cual los escritores exploran nuevos valores y definiciones sociales y oponen resistencia frente a los límites tradicionales de género y raza, para jugar de manera imaginativa con nuevos tipos sociales y relaciones humanas. La creación de héroes detectivescos representativos se ha vuelto un ritual un ritual social importante para grupos minoritarios, quienes reclaman adjudicarse un lugar significativo en un contexto social más amplio. (8)[14]

Entonces, la pregunta es, ¿en qué medida la serie negra de Romilia Chacón propone una reconfiguración de tipos humanos y relaciones sociales que ponga en cuestión las definiciones hegemónicas de género y raza en los Estados Unidos? A continuación, voy a contestar esta pregunta a partir de un análisis del género (literario y femenino) en la primera novela de la serie, *Home Killings*, que, no obstante, toma en cuenta la evolución del personaje en las siguientes novelas con un énfasis particular en la última, *Blood Daughters*, para así poder discutir su posicionamiento de género en la doble articulación del término.

Género femenino, género negro y representación

Al crear un personaje femenino para el rol de detective, Villatoro invierte el principio constructivo de la narrativa policial, según el cual el detective es siempre un personaje masculino mientras que, como ha señalado Kathleen Gregory Klein, la víctima siempre es mujer, incluso más allá de lo puramente biológico: "La víctima—o el 'cuerpo'—, más allá de la biología, siempre es femenino" (1995, 173).[15]

Por lo tanto, la estrategia de tener una detective mujer y latina corresponde a un deseo de desestabilizar las jerarquías de poder que estructuran el relato dominante de la narrativa policial reificando las desigualdades de género y etnia. La inclusión de una detective mujer desde cuya perspectiva se narra la historia permite inscribir la subjetividad femenina no sólo como víctima paradigmática de la violencia, sino también como sujeto, si no dominante, al menos con agencia y en lucha por su espacio. Acertadamente, Martha Stodard Halles sostiene que:

> Si adoptamos la posición de que la subjetividad individual tal y como es contruida dentro de y por la sociedad siempre tiene género y que esta "marca de género" no puede ser voluntariamente eliminada de la subjetividad, entonces, las investigaciones desestabilizadoras de personas llevadas a cabo por la ficción detectivesca son *también, inevitablemente, investigaciones de género*. Por consiguiente, el género invita a la indagación intelectual de los modos en los cuales las investigaciones criminalísticas construyen y cuestionan a la vez las identidades de género y, al mismo tiempo, el género (tanto los conceptos de género como el género del investigador) construye la investigación. (1997, 149; énfasis agregado)[16]

Veamos entonces la construcción de género del personaje de Romilia Chacón para evaluar si, y en qué medida, lo que tiene lugar en la serie policial concebida por Marcos M. Villatoro es una investigación del género:

> I'm twenty-eight, Latina, and a southerner. Atlanta is my hometown. Now Nashville is where I hang the few skirts I own. I'm a bone fide rookie homicide detective [...]. I've only seen three murdered bodies in my life, the latest one being this young guy Diego Sáenz. Still, I'm good at this. I know I'm good because I think about murder all the time. I have that right. My big sister's killer gave me the right six years ago. He also gave obsessive vengeance, though I learned to keep that in check, hidden away from my superiors. I've played the game, followed the rules, jumped every single hoop. I rarely show my rage. I put the anger towards the cases before me like a thin stream of gas on an open flame. [...] once I find the man who took Catalina away from my mother and me, I'll throw the whole tank into fire. (Villatoro 2004, 1)

En esta presentación de sí misma, la narradora se apropia para sí de los elementos constitutivos clásicos del detective duro: es una persona de pocas palabras, ligeramente cínica y con un sentido de justicia propio ligado a un trauma personal, lo cual la coloca en una posición de desafío a, o desacuerdo con, las normas legales, pese a operar dentro de ellas. La breve mención de las pocas faldas que posee funciona acá como marcador de género, para indicar su diferencia femenina, pero de este modo también reafirma la construcción de género en el marco del binarismo y la heteronormativa dominantes. Lo mismo ocurre en el pasaje que discuto más abajo, en el cual Romilia está molesta porque observa a dos de los policías a sus órdenes cuchicheando sobre ella, inmediatamente después de haber recordado cómo la miraron en otra ocasión en la que llevaba puesto un vestido rojo ceñido:

> Beaver [the one policeman] walked back to his tree branch. He said nothing, though I could hear the other uniform walk up to Beaver and whisper something through a barely controlled, manly giggle. Something about ladies wearing red, perhaps? I had spiked platform shoes back home that could slice their quick erections right down the middle. (Villatoro 2004, 9)

Acá, el humor ácido típico del detective duro es todavía más evidente que en la cita anterior. Además, se produce una inversión de roles por medio del uso fantaseado de los zapatos de punta, que pasan de ser un atributo de lo femenino convertido en su marcador, a funcionar como símbolo fálico por su reconversión en arma penetrante. Sin embargo, esta estrategia que invierte los polos del binomio de género masculino-femenino, pero conserva sus atributos estereotípicos, también refuerza el discurso binario y heteronormado de género que parece determinar el horizonte del personaje. En ese sentido, más que una investigación o exploración de los modos posibles en que podrían (re)configurarse las identidades de género, la novela trabaja con parámetros identitarios fijos como marco de referencia.

A lo largo de la serie, la construcción del personaje de Romilia Chacón introduce algunas correcciones feministas (y también correcciones referentes a la identidad centroamericana y latina) en los patrones de la novela policial dura norteamericana, establecidos según premisas masculinistas heterosexuadas, blancas y angloamericanas, pero no logran—como observa Glen Close para la gran mayoría de la literatura policial reciente en español a ambos lados del Atlántico—"revertir definitivamente el binarismo de género que define por defecto la función central de la novela dura clásica" (2008, 110).[17]

Un ejemplo paradigmático de esta inversión, más que replanteamiento, del estándar binario de género en la serie de Romilia Chacón es su creciente propensión a beber alcohol, reproduciendo de este modo uno de los comportamientos prototípicos de los detectives desencantados o cínicos de la ficción policial, moldeados a imagen y semejanza de Philip Marlowe, el famoso detective creado por Raymond Chandler: desde el chileno Heredia (protagonista de la serie de Ramón Díaz Eterovic) hasta el francés Fabio Montale (personaje principal de la trilogía negra del marsellés Jean-Claude Izzo), pasando por Morse, el brillante y amargado policía criminalista de Oxford que termina muriendo de cirrosis (producto de la pluma de Colin Dexter) y Kurt Wallander, el inspector de policía existencialista (creado por el sueco Henning Mankell), los detectives suelen ser bebedores consumados y, por lo general, su bebida de preferencia es el whiskey. Romilia Chacón no será la excepción.

De manera que, como ocurre con la detective privada V.I. Warshawski (imaginada por la escritora estadounidense Sara Paretsky), Romilia suele ahogar sus penas en alcohol. Solo que, mientras V.I. prefiere el Johnny Walker etiqueta negra, Romi se decanta por el Wild Turkey, un bourbon de Kentucky, sureño como ella. Por si hubiera dudas sobre la función del whiskey como marcador de un privilegio de género al cual la detective salvadoreña quiere acceder, en *Blood Daughters*, la protagonista recuerda cómo fue confrontada al respecto por uno de sus colegas: "So, what are you doing, putting down a man's drink?" (Villatoro 2011, 6), a lo cual ella responde, desafiante: "Who said men have the market on bourbon?" (6), recalcando el carácter provocador de su comportamiento, como un asalto a la norma.

Por cierto, la comparación entre ambas detectives de papel no es arbitraria, pues el personaje de V.I. Warshawski, así como la serie negra de novelas que protagoniza, ha sido concebido por su autora y considerado por la crítica como una intervención feminista en la subjetividad del clásico detective duro:

> Sara Paretsky, un éxito de crítica y de público, es probablemente la voz más fuerte entre las nuevas escritoras de misterio en los Estados Unidos. Sus hasta la fecha ocho novelas son ejemplo de algunos de los importantes desplazamientos que tienen lugar en la fórmula de la novela negra dura cuando la protagonista es una mujer detective. Uno de los desplazamientos se manifiesta en el modo en que Paretsky maneja el bien conocido arquetipo del tipo duro al estilo de Hammett y Chandler. Hammett y Chandler reelaboraron el héroe del Western—un solitario cínico cuyo código de comportamiento lo suele situar fuera de la

comunidad, tanto al margen de los forajidos como de las autoridades—para convertirlo en un detective duro cuyo código de comportamiento lo sitúa fuera de la ley. [...] En cambio, la creación de Paretsky, V.I. Warshawski, muchas veces goza de la ayuda de amigos y (sobre todo) amigas, por medio de un consenso que va creando a medida que las novelas evolucionan. Como otras mujeres detectives noveles, casi no tiene antecesoras—ciertamente Miss Marple no lo es, por ejemplo—. Y en lugar de importar viejos códigos y viejos principios morales, autoras como Paretsky crean nuevos valores, basados solo vagamente en aquellos de los tipos duros de los años treinta y cuarenta. (Irons 1995, xiii)[18]

Y si bien, a diferencia de V.I. Warshawski, Romilia Chacón suele—como sus predecesores masculinos—actuar sola de preferencia, también construye relaciones afectivas con otras mujeres en quienes se apoya y a quienes brinda su ayuda: su fallecida hermana Catalina, su protegida Karen Allende, su madre, su jefa en el FBI Leticia Fisher y su compañera de equipo en el FBI Nancy Pearl.[19] Entre Chacón y Fisher, en particular, existe una alianza interétnica, a saber, entre una latina y una latina afroamericana, además de una cierta complicidad entre latinas de distinto origen, siendo la una salvadoreña y la otra mexicana: "Lettie Fisher is African American and Latina, her mother from Chiapas, her father from Birmingham. The way she spoke about whiskey, I couldn't tell which culture sang more: the warm sibilance of a southern afternoon, or the sensuality of deep Mexico" (Villatoro 2011, 128). Más allá del evidente cliché al que Chacón recurre para caracterizar las raíces culturales de Fisher, la siguiente conversación, en la cual Fisher llama la atención de su subordinada con respecto a su problema con el alcohol, permite vislumbrar la solidaridad de género que caracteriza la relación entre ambas:

> [Fisher:] "You know what my favorite label is?" Label. That sounded so reasonably soothing. A connoisseur's word. I didn't say anything.
> "Maker Mark. I love that bourbon. [...]"
> [...]
> "I love whiskey, Romilia. Just like my father liked it. Too much. Daddy died with a liver this big," she held up her cigarette butt. "So you know when I had my last sip?"
> I shook my head, no, and I was afraid of the answer, as if I would be saying goodbye to my last sip soon. By mandate. (Villatoro 2011, 128–29)

Luego, en un tono confesional, Leticia Fisher le cuenta cómo hace ya seis años que no toma, describiendo las muchas veces que ha estado tentada, cada vez que un colega es herido o asesinado, cada vez que no puede soportar la presión mediática, pese a lo cual aún se mantiene firme en su decisión, para finalmente confrontarla con la necesidad de hacerse cargo de su realidad, tan parecida a la de ella:

> She turned and walked right up to me. She grabbed the back of my head, like a mother grabs a daughter. She leaned in, right next to my ear, whispered to me words that I will never forget. I didn't want her to let go. [...]
> She pulled away and headed toward the balcony's sliding door. Before she walked through, I stopped her. "Wild Turkey," I said. My throat closed up.
> She looked back at me.
> "My father. It was his favorite booze. Mine now."
> "Ancestors. Gotta love them. Even with the fucked up habits they leave us." (Villatoro 2011, 129–30)

De esta conversación se desprende una fuerte atmósfera de solidaridad e intimidad. Acá, Fisher ocupa no solo el lugar de jefa, sino también el de una igual, espejo de las tribulaciones de Romilia, que incluso hace el papel de madre sustituta, encarnando las premisas de la ética del cuidado, en cuyo contexto aparece, literalmente, la toxicidad del modelo paterno de comportamiento.

El detenimiento con el cual ambas conversan sobre sus marcas preferidas pone nuevamente en evidencia la importancia del whiskey como fetiche del detective duro, incluso en su versión femenina, lo cual me lleva a retomar la cuestión sobre la ausencia de una puesta en entredicho de los polos que constituyen el binomio de género masculino-femenino. En ese sentido, más allá de correcciones feministas puntuales por medio de apropiaciones de espacios, lenguajes y comportamientos considerados, tradicionalmente, masculinos, las novelas de Romilia Chacón no llevan a cabo una revisión profunda del modo en el cual la heteronormativa determina los roles de género. Así, el escepticismo expresado por Kathleen Gregory Klein y secundado por Joy Palmer con respecto al alcance de las transformaciones al género, en su sentido doble, que tiene lugar en las novelas protagonizadas por V.I. Warshawski (según Glenwood Irons arriba citado), es igual de válido para la serie de Romilia Chacón concebida por Marcos Villatoro, en donde más que una puesta en cuestión de las estructuras dominantes de poder, sólo se observan gestos desafiantes dentro del sistema:

> Irons afirma que las novelas de Paretsky practican un "activismo feminista" en su rechazo de la ley y el orden patriarcales y en su adhesión a una política colectivista. Otros críticos, sin embargo, se muestran más escépticos con respecto al potencial radical de sus novelas. Klein resume esta sospecha prevaleciente al afirmar que mientras la labor de escritoras más "mainstream" como Sue Grafton y Paretsky representa una alteración de la forma, en última instancia sus novelas presentan solo "un leve desafío para el orden social dominante, mas no un ataque radical". (Palmer 2001, 57)[20]

La reescritura del detective como maternal femenino

Así, aunque la agencia de Romilia Chacón debilita las premisas masculinistas del género negro, encarnadas en la figura del detective duro, no logra alterar y mucho menos desmantelar la configuración de las categorías de género femenino o masculino, al recurrir a nociones preestablecidas de los mismos, como puede verse también en el tratamiento de la maternidad, la cual constituye otro de los pilares en los que se apoya la reescritura del detective como mujer latina en estas novelas. Esto es evidente en el siguiente pasaje de *Home Killings*, que sirve a modo de introducción del personaje de Romilia:

> I had a sudden urge to call home, wake my mother, and ask her how my own son, Sergio, was. She would tell me, of course, that he was asleep, he was fine. Yet she would understand the lack of logic in my phone call, and would assure me that my *hijo*, my *querido*, was safe. It would be enough to fill the edges of this hole. (Villatoro 2004, 8)

Quisiera recalcar que no me interesa tanto ponderar sobre el tipo de corrección feminista que implica la configuración de una mujer policía que conjuga su actividad profesional "masculina" con la maternidad, es decir con el epítome de la condición femenina tradicional, sino más bien iniciar una discusión sobre lo que significa utilizar la maternidad como anclaje de la identidad individual y articulador de los lazos de familia de esta mujer latina, es decir, como algo dado, específicamente ligado a su identidad salvadoreña y latinoamericana, además de a su género, lo cual puede verse con claridad en el uso preciso del español en este contexto. Esta correlación identitaria es aún más evidente en el recuento de la conversación telefónica entre Romilia y su madre propiamente dicha, que reproduzco a continuación:

> She [my mother] yawned. [...] "I'll go see if the *zipitillo* carried him away..."
> The *zipitillo*, El Salvador's rendition of a troll hiding under a bridge, ready to eat passing children [...].
> "He is fine. My little heaven is dreaming about Big Bird or whoever it is he watches on television. **Little king**."
> That's what I wanted to hear. My mother calling my son *mi cielito*, **mi reinito**, all the diminutives of a pure love that somehow put me right next to him, standing over his bed, listening to the rhythm of his breaths. (Villatoro 2004, 21–22; cursivas en el original, énfasis en negrita agregado)

La referencia al cipitío, legendario personaje mitológico en la cultura salvadoreña, acentúa la salvadoreñidad de la protagonista de manera evidente, al tiempo que la vincula a su identidad como madre. Además, en esta cita puede apreciarse el afán didáctico que recorre toda la novela cada vez que se tratan temas latinos y/o centroamericanos y cada vez que se usa el idioma español. A mi entender, el gesto didáctico de Marcos Villatoro en lo que respecta a la cultura latina y a la lengua española responde al mandato representacional de su política de identidad. Y es este mismo mandato el que oblitera la posibilidad de que el personaje viva su identidad como búsqueda o proceso. Pero lo que complica aún más la apuesta del escritor de narrar esta historia desde la subjetividad de Romilia Chacón son los fallidos como el que ocurre en el proceso de autotraducción que lleva a cabo como parte de su esfuerzo didáctico. En el pasaje arriba citado, la narradora, en vez de traducir "mi reinito" correctamente como "my little kingdom", lo traduce como "pequeño rey" y en este desplazamiento del reino al rey vuelve a inmiscuirse el discurso de la masculinidad hegemónica como ordenador de las relaciones familiares y los afectos.

Si damos un salto hacia *Blood Daughters*, cuya trama se desarrolla algunos años después, vemos que el alcoholismo de Romilia amenaza destruir la relación con su hijo Sergio. Así, al comienzo de la novela, la frase *I'm loosing him* (Villatoro 2011, 6–7) gira una y otra vez en la cabeza de la protagonista, pese a que en sus palabras finales en la novela anterior, *A Venom Beneath the Skin*, se trasluzca un claro consuelo en el afecto de su hijo del cual, a su vez, se desprende la posibilidad de sanar: "[...] I have cried myself to sleep. Sometimes Sergio hears me. He comes and crawls in bed with me, holds me tight, like no other man can. [...] 'It'll all get better soon,' he says to me. I've learned to believe him" (Villatoro 2006, 283). Por ello, no debe sorprender que, la última novela, al igual que su predecesora, finalice con la renovada confianza de Romilia en el poder de sanación de su familia, y especialmente de su hijo, con quienes parte de vacaciones:

> Mamá paid for the plane tickets. [...]
> [...]
> I wasn't making promises, except for this one: a dry vacation. [...] Then we'd go from there.
> And it's been worth it. By the time we took down the runway, Sergio had hung up the earphones and turned off the television. He snaked his arm under mine and pushed his head against my bicep and closed his eyes and then I knew it, God I knew it: I had not lost him. Nor had he lost me. (Villatoro 2011, 218–19)

Vemos entonces que la novela regresa al tema de la posible pérdida del hijo como centro de las preocupaciones de Romilia Chacón, subrayando de este modo la centralidad de la maternidad en su configuración identitaria, siempre asociada a la identidad latina, como es evidente en el uso del sustantivo en español: mamá. De hecho, el núcleo familiar Chacón se mantiene gracias a la resiliencia de los lazos maternales, frente a la ausencia notoria de los padres (aunque cabe reconocer la presencia masculina de un tío). Así, la maternidad aparece como el vínculo de parentesco más estable, funcionando como sostén familiar e individual.

Más allá de la bravuconería de Romilia frente a su colega, cuando reclama su derecho a beber whiskey siendo mujer, al prometer no tomar alcohol al menos por una semana, ella parece comprender que por medio de su reproducción del hábito paterno, más que conquistar un privilegio masculino, obtura la posibilidad de sostener a su familia ejerciendo su función de madre, al igual que la suya aún lo hace con ella y con Sergio.

Hay algo de estereotípico en esta generalización de la maternidad como espacio de realización y sostén para estas mujeres salvadoreñas, sin dar lugar a la exploración o la experimentación. No obstante, la caracterización de la detective como madre, cuya maternidad peligra precisamente en el momento en que la balanza se vuelca hacia la propensión a la bebida, marcador de la masculinidad dura de detectives como Marlowe o Warshawski, cuya agencia es reclamada por la protagonista, sí funciona como corrección feminista al modelo occidental del detective. Pues, en la narrativa policial, dado que la víctima por definición siempre es femenina, el detective siempre es masculino, más allá de la biología, como señala la ya citada Kathleen Gregory Klein. Por ende, la propuesta de una detective que es, ante todo, madre, desestabiliza la equiparación del detective con el ser hombre, tal como se desprende de las palabras de Carole Pateman:

> El hecho de que sólo las mujeres tengan la capacidad de quedar embarazadas, dar a luz y amamantar a sus hijos es la marca de la "diferencia" por excelencia. El parto y la maternidad simbolizan las capacidades naturales que apartan a las mujeres de la política y la ciudadanía; la maternidad y la ciudadanía, en ese sentido, como la diferencia y la igualdad, se excluyen mutuamente. (1992, 18)[21]

Obviamente, si el concepto de ciudadanía fue moldeado a imagen del hombre, como epítome de la racionalidad política, lo mismo puede decirse del detective. Por tanto, del mismo modo que el acceso de las mujeres a la ciudadanía puso en tela de juicio la oposición entre maternidad y ciudadanía, piedra fundacional del patriarcado en las sociedades modernas, la insistencia en la maternidad de Romilia Chacón apunta a una revisión feminista de la oposición maternidad y trabajo detectivesco.[22] Si la serie de novelas negras protagonizadas por la detective salvadoreña continúa, queda por verse en qué medida ella puede ejercer las funciones del detective sin necesidad de desplegar todos los comportamientos prototípicos del detective hipermasculino, pues—así lo explica Ann Wilson—, el problema central de la reconversión del detective en mujer consiste en "hacer que la heroína ocupe la posición de un sujeto masculino—el rol del detective duro—sin hacerla parecer un travesti" (1995, 148).[23]

Por cierto, no sólo el acceso de esta mujer salvadoreña de segunda generación a la ciudadanía, sino también su incorporación activa en los organismos estatales de control social, primero como policía y después como agente del FBI, literalmente convertida en brazo de la ley, habla de la integración de los cuerpos migrantes a los aparatos que salvaguardan el *statu quo*. A consecuencia, también está por verse si Romilia Chacón podrá, desde adentro del sistema, criticar o desmantelar algunos de los mecanismos que garantizan la salvaguarda de un sistema político y económico para el cual los centroamericanos y los latinos siguen siendo los otros desechables. Dicho de otro modo: ¿qué intereses representa Romilia Chacón? ¿Los de las minorías de género y étnicas como ella? ¿O los del *establishment*? ¿O lo que ocurre es una negociación entre ambos por medio de su mediación?

Entre la ley y el crimen: de la reconciliación a la justicia

La idea de que el detective funciona como mediador entre el crimen (o los criminales) y la ley (o el Estado) ha sido establecida como una de las características centrales del género policial, ya que su papel será navegar entre ambas esferas para lograr algún tipo de reparación para las víctimas, incluso en contextos en donde la ley no necesariamente coincida con la justicia.[24] Así, las más de las veces el detective pone en marcha actos de pequeña justicia, por ejemplo, la identificación y arresto de los responsables del asesinato de Marisa Jackson en *Blood Daughters*, en el contexto de la falta de resolución para los miles de feminicidios que siguen ocurriendo impunemente en la frontera entre México y Estados Unidos. De ese modo, el detective otorga a los lectores un cierto respiro o solaz frente a tanta violencia. Así, muy acertadamente, Glen Close sostiene que la función convencional del detective como personaje principal del policial es la de ofrecer "una mediación moral del crimen semihigiénica" (2006, 154).[25] Por eso, continúa Close: "Actualmente en América Latina, vemos que las ficciones de la violencia urbana más duras están escritas casi sin mediación entre la posición subjetiva del narrador/lector y la de los agentes textuales de la violencia".[26] Claramente, este no es el caso de la serie de Romilia Chacón, en la cual su función será la de mediar entre los criminales y el Estado, pero también entre la cultura dominante angloamericana y las culturas centro y latinoamericana, entre la supremacía blanca y las minorías étnicas, entre la sociedad patriarcal y las mujeres. Esto puede verse, por ejemplo, en la corrección del prejuicio étnico según el cual los latinos siempre son los criminales (uno de los estereotipos más comunes en la representación de los latinos en las series policiales de televisión en los EE.UU.) que tiene lugar en *Home Killings*, cuando Romilia descubre que el supuesto *jade pyramid killer*, lejos de ser centroamericano, como el propio asesino quiere hacer creer a la opinión pública al colocar precisamente pequeñas pirámides de jade dentro de o junto a sus víctimas, no es otro que Jerry Wilson, el detective estrella de la policía de Nashville. Sin embargo, el centroamericano al cual Wilson quiere hacer pagar por los crímenes que él mismo comete es lo que podría llamarse un criminal de carrera, pues luego de formarse en contrainsurgencia y crímenes de lesa humanidad, nada más y nada menos que en el ejército Kaibil de Guatemala, ha pasado a dedicarse al tráfico de drogas, claro ejemplo de la reconversión de las fuerzas paramilitares represivas en la posguerra, transición que ya fuera retratada de manera ejemplar por Horacio Castellanos Moya en *El arma en el hombre* (2001).[27]

Ya en su primera aventura como detective, Romilia conoce a Rafael Murillo, mejor conocido como Tekún Umán, quien a sus ojos pasará de ser un sospechoso para convertirse en un ambivalente cómplice cuando ella necesite investigar por fuera del marco permitido dentro de la ley (en repetidas oportunidades a lo largo de la serie, Romilia y Tekún se alternan salvándose mutuamente la vida), y del cual, poco a poco, comenzará a enamorarse.

Por un lado, el vínculo de Romilia Chacón con Tekún Umán sirve para exhibir la porosidad de una de las fronteras clásicas del relato policial: la diferencia entre los criminales y los representantes de la ley, la cual es cruzada en múltiples ocasiones no sólo por dichos personajes, sino también por los ya mencionados Jerry Wilson y Carl Spooner, además de otras figuras importantes en la serie, como la agente del FBI Nancy Pearl, quien es al mismo tiempo empleada y ayudante de Tekún.

Por otro lado, el creciente amor de Romilia por el narcotraficante guatemalteco es casi tan importante para ella como los lazos afectivos que la unen a su madre y a su hijo. Por cierto y aunque suene extraño, mientras más conoce a Murillo, menos parece preocuparla que haya sido un soldado kaibil. Leamos, pues, la importancia de este sentimiento de Romilia para con un hombre cuya posición social, del otro lado de la ley, lo convierte en un amor imposible, a partir de las observaciones de Ann Wilson sobre la función del amor en la reescritura feminista del detective duro:

> La relación romántica condenada al fracaso es, obviamente, parte de la tradición de la novela detectivesca, no sólo de la narrativa dura, porque la narración detectivesca tiende a celebrar al individuo: una persona descubre la verdad. Sin embargo, la transgresión de los códigos de género de la detective mujer armada con pistola es representada como su rechazo personal a esos códigos; de manera similar, su selección de un amante es una cuestión de gusto personal. Las convenciones de la novela negra dura impiden ver a la detective femenina como alguien que

se abre camino a través de códigos sociales preestablecidos, de modo que incluso cuando se convierte en algo así como un modelo a seguir—la mujer independiente y autosuficiente—sigue siendo una anomalía—un individuo con algo de *outsider*—, ambas características del detective en la narrativa dura. (1995, 155)[28]

En el caso de las novelas policiales estudiadas por Wilson, las mujeres protagonistas tienen relaciones fallidas con hombres policías, lo que permite explorar las tensiones entre la figura del detective privado y la institución policial, debido a su divergente interpretación de la justicia, en el ámbito de la vida privada. En el caso de Romilia Chacón quien, más allá de una breve relación íntima con un colega del FBI (Chip Pierce), se enamora profundamente de un jefe narco, queda por verse la posibilidad de explorar las implicaciones de esta alianza con respecto a lo que dice sobre la relación entre violencia subjetiva y violencia sistémica, de poder realizarse en un futuro, algo que la serie deja en suspenso.[29]

El amor de Romilia y Tekún atraviesa no solo la frontera que separa a los representantes de la ley de los criminales, sino también la que divide a los descendientes de quienes (como los padres de Romilia) vivieron la guerra en Centroamérica del lado de las víctimas civiles de los que, como Tekún Umán, participaron activamente en la represión, creando un escenario de reconciliación no mediado por un trabajo de duelo y memoria, y mucho menos por un reconocimiento de responsabilidad o un reclamo de justicia.

"Both my mother and my uncle had seen too much in their past, in our old country" (Villatoro 2006, 54), cuenta Romilia a los lectores, en un intento de explicar la dificultad de la madre y el tío para entender su deseo de ser policía, es decir, de formar parte de las instituciones que, en El Salvador, no supieron protegerlos:

> They had seen back in El Salvador what I stand over every day; only they did not have the chance that I have: they could never try to make order of the chaos. They had no tools of investigation; they had no access to a group or a company or a government that would help them figure out the who, and the why, of so many killings. [...] She didn't like my job, but she was a big fan of justice. (Villatoro 2006, 54)

La confianza de Romilia Chacón en los Estados Unidos como un país en el cual la ley se alinea con la consecución de la justicia, así como su convicción de que alguien como ella puede acceder a sus beneficios permanecerá incólume, pese a la corrupción de algunos de sus colegas de las fuerzas del orden, y a su propia alianza con un notorio criminal. Esta fe de la detective en la democracia estadounidense, en sus promesas de igualdad, justicia y libertad, es precisamente el obstáculo que le impide vincular los hechos subjetivos de violencia que la rodean con la violencia sistémica que se encuentra en su origen.

Curiosamente para alguien que valora la verdad y la justicia, ni su madre ni ella misma parecen saber que el Estado salvadoreño fue responsable en gran medida de la violencia imperante, del mismo modo que Romilia parece aceptar el pasado kaibil de Tekún como una mancha que, sin embargo, prueba su utilidad en el presente, cuando la salva de ser asesinada por Carl Spooner: "What he did to [him], using just his hands, proved to me that Tekún Umán had been trained, thoroughly, in arts darker than war" (Villatoro 2011, 275). La liviandad con la cual ella aborda la capacidad de matar y torturar de su enamorado, que va de la mano con su forma de aprovechar el *know how* de Tekún Umán para moverse fuera de la ley cuando lo considera necesario a fin de conseguir justicia, no promete una exploración profunda de lo que implicaría un proceso de perdón y reconciliación entre los bandos enfrentados durante las guerras civiles en Centroamérica.

Final abierto

A mi entender, la transformación del género negro por medio de una perspectiva de género femenina tal y como es llevada a cabo en las novelas protagonizas por Romilia Chacón, no necesariamente (de)construye, como sostiene Ana Patricia Rodríguez (2010, 230) la subjetividad más allá, o a contrapelo, del discurso hegemónico de género y etnia en la sociedad estadounidense, a diferencia de lo que ocurre en las novelas policiales escritas por mujeres latinas (Lucha Corpi, Alicia Gaspar de Alba, Michele Martínez y Carolina García-Aguilera), cuyas obras, según Sara Rosell, "desmantelan los presupuestos que la sociedad tiene acerca del género, de la identidad sexual, de la cultura hegemónica y la subalterna" (2009, 15).

Por ello, me pregunto en qué medida la representación literaria de Romilia Chacón como mujer latina nos presenta un problema de representación irresuelto en lo que respecta a sus implicaciones políticas, ya que pese a la importancia dada por el escritor a la cuestión de la representación y representatividad de lo salvadoreño, lo centroamericano, lo latino, la lengua española y el bilingüismo, más allá de correcciones puntuales al discurso identitario dominante en los Estados Unidos, su narrativa siempre se desenvuelve a favor del sistema.

No obstante, el hecho de que la maternidad determine la condición femenina de la detective en tensión con su modelo masculino, apoya una revisión de la ciudadanía (extendida a la búsqueda de verdad y la obtención de justicia) como prerrogativa del hombre, de modo que en estas novelas, además de una apropiación de los atributos considerados masculinos, como beber whiskey, por parte de la detective, tiene lugar una ampliación de su figura misma, en tanto madre. Podríamos hablar entonces de una política de inclusión como motor de la serie de Romilia Chacón.

Así, la migración de género del autor a la protagonista y principal narradora permite a Villatoro articular literariamente una voz y una política que rompe con la victimización femenina por medio de una detective mujer, conquistando espacios tradicionalmente masculinos. Dicha migración le sirve además para imaginar una mujer latina y centroamericana incorporada a los engranajes de la ley y el orden en los Estados Unidos, por medio de su inclusión en el canon de la novela negra norteamericana.

El énfasis en la maternidad hace pensar que en las novelas de Romilia Chacón no hay lugar para una subversión de la biología como destino. En sus acciones y pensamientos, la protagonista se mueve siempre en el marco de categorías de lo femenino y lo masculino preestablecidas, cuyas normas de género parecen regir su vida y la de quienes la rodean. Su transgresión consiste tan solo en apropiarse de ciertas características atribuidas a lo masculino, solo que esta acción parece ser problemática, al menos en el caso de la bebida, puesto que pone en peligro la felicidad de su núcleo familiar, de suma importancia para ella.

Desde el punto de vista de la bioética, para que la creación de Romilia Chacón por parte de Marcos M. Villatoro pudiera llevar a cabo una deconstrucción de las subjetividades impuestas a hombres y mujeres por igual, en sus novelas debería tener lugar una exploración de la identidad que subvirtiera el binarismo de género y la heteronorma. Si la serie de Chacón explorara la migración o transición de género en su fluidez, podría tal vez articular, literariamente, "la compleja y quizás inabarcable interacción entre identificaciones identitarias, deseos, prácticas y estéticas" (Soley-Beltran 2014, 37) de las subjetividades representadas, más allá de las normativas dominantes de género y etnia.

Por el contrario, al menos por ahora, el posicionamiento de género de las novelas protagonizadas por Romilia Chacón propicia una cierta recolonización del género. En ese sentido, aunque en estas novelas hay un claro "agenciamiento colectivo de la enunciación", que según Deleuze y Guattari (1975) es una de las características fundamentales de toda literatura menor, debido precisamente al hecho de que el impulso representacional de las novelas es el disparador del carácter político y colectivo de las mismas, se trata en todo caso de una literatura menor desprovista de ímpetu revolucionario, por estar anclada en una reterritorialización de la identidad étnica y de género, cuyos sujetos, como Romilia, han sido incorporados al sistema dominante.

¿Continuará...?

Notas

1. Si bien la última página de la edición de bolsillo de *Blood Daughters* incluye, al estilo de las series policiales norteamericanas, el comienzo de la proyectada quinta novela protagonizada por la detective Romilia Chacón, al momento de escribir este artículo no he tenido noticia de su publicación.

2. "[A] 'Latino Southerner'". Esta y todas las traducciones al español son de mi autoría, a menos que se indique lo contrario, VGP.

3. Hacia el final de la segunda novela, *Minos*, Romilia empieza a colaborar con la oficina del FBI de Los Ángeles, pues ella tiene una pista que les permite identificar y detener a un asesino serial cuyos crímenes tuvieron lugar en varios Estados. A raíz del éxito de esta operación de rescate, el FBI pide su traslado, de modo que a partir de ese momento, Romilia se muda con su familia a dicha ciudad californiana, es decir que pasa a vivir en la misma ciudad donde actualmente reside y enseña Villatoro.

4. Todas las citas de *Home Killings* corresponden a la edición de bolsillo aparecida en 2004, así como todas las citas de *A Venom Beneath the Skin* son de la edición de bolsillo de 2006.

5. Este personaje hace su aparición en *Home Killings* en el papel de adversario, pero poco a poco se convertirá en un impredecible aliado. Mejor conocido como Tekún Umán, un exkaibil reconvertido en narcotraficante benefactor de los pobres, jugará un rol central en toda la serie, no solo, o no tanto, por sus acciones, sino porque habita fuertemente los deseos y fantasías de Romilia.

6. A medida que avanza la trama de *A Venom Beneath the Skin* nos enteramos de que las nociones preconcebidas y esencialistas con respecto a los centroamericanos y africanos expresadas por el personaje de Nancy Pearl (la agente compañera de Romilia en el FBI) no responden, en realidad, a su modo de pensar, sino que se trata de un artilugio de Nancy para confundir a Romilia. Sin embargo, son creencias plausiblemente atribuibles a muchos angloamericanos, por lo que esto no altera su

funcionalización narratológica a efectos de que los lectores cuestionen la validez de tales categorizaciones.

7. Véanse, por ejemplo, en *A Venom Beneath the Skin*, las siguientes reflexiones de Romilia sobre Tijuana: "[...] for I had thought of Tijuana as foremost and perhaps solely a city of drug traffickers. But such a vision both blinded me and limited Tijuana. [...] But it was a complicated city, with a population of some of the most diverse Latin Americans anyone could find in one place. A city that attracted over five thousand gringos from across the border every Friday night. They came to party [...] away from the constrains of North America. Here, treating Mexico in the way Mexico found the most insulting: as the *patio trasero*, the backyard playground of the United States. A place where a boy from UCLA could hope to bed a little Mexican girl, maybe somebody eighteen, maybe less, without thinking of the traps awaiting him, a Mexican cop behind the bedroom door, a Mexican judge behind the cop, the Mexican jail cell waiting, just waiting, until little UCLA-dude called up Daddy for bail. All that made little horny boy talk about the wicked ways of the Tijuanans, how they waited to pray upon the poor gringos who came to the city to fuck it, from one Friday to the next" (Villatoro 2006, 166–67). En lo concerniente a la imagen de la policía mexicana, es interesante notar que en *Blood Daughters* Romilia finaliza por descubrir la honradez del oficial Sáenz, después de haber dado por hecho que se trataba de otro policía mexicano corrupto.

8. Con respecto a la fuente de la violencia en la frontera entre México y Estados Unidos, Marco Kunz observa que "resulta cómodo explicar la peculiaridad del mal alegando como causa principal el contagio del vecino, atribuyendo a EE.UU. la perversión y degradación de la sociedad fronteriza mexicana, y a la cercanía de México los problemas de criminalidad, pobreza y retraso de la franja sureña de los Estados Unidos" (2012, 129) para explicar a continuación que la representación de la frontera en la narrativa mexicana reciente permite reflexionar sobre los problemas de todo México, que se verían de manera concentrada y amplificada en el espacio fronterizo: "Si antes la frontera se solía tematizar ante todo como espacio de choque e hibridación de culturas reflexionando sobre las diferencias y semejanzas entre mexicanos y estadounidenses e insistiendo en lo que separa y une los dos países vecinos, lo que distingue lo propio de lo otro, la literatura actual tiende a hacer hincapié en la criminalidad vernácula relacionada con el contrabando de droga y el tráfico de migrantes clandestinos, más para cuestionar, a menudo con una buena dosis de ironía y humor negro, lo que pasa en el interior del país que para examinar las relaciones transfronterizas" (2012, 129–30). Villatoro, quien escribe en los Estados Unidos, hace algo similar con respecto a la representación de la frontera en *A Venom Beneath the Skin* y en

Blood Daughters: en lugar del cliché facilista de echarle toda la culpa a México por el narcotráfico y los asesinatos de mujeres, intenta visibilizar la parte de responsabilidad que le toca al país del norte.

9. Esta idea aparece primero en *A Venom Beneath the Skin* en boca del narrador omnisciente, quien nos ofrece una ventana por la cual observar cómo piensa Tekún Umán: "Between our two countries there is a third country of tunnels and trucks and coyotes. *El país ambulante*, Tekún once wrote in an old journal, in days when he used to write. An ambulant land. Some imagine the border as the place of the swarm: Mexicans, like brown bees, pushing into the United States. That is the error. There is no swarm one way; there is a life that moves, certainly. It dodges and ducks, it learns when to eat and not to eat, when to fast so as to go days in a truck or through a tunnel without having to shit. Sometimes it knows to abstain from the drink or the powder, to keep its head on straight, because those who don't, their bodies litter the border of fence and river between the two Americas" (Villatoro 2006, 91). Así, esta voz narrativa, que nos traduce e incluso avala en cierto modo los pensamientos de Tekún, presenta por primera vez la frontera entendida como "tercer país". Más adelante, en *Blood Daughters*, una perspectiva muy similar sobre la frontera reaparecerá en la boca de uno de los policías de Tijuana, el cual está estudiando, junto a Romilia Chacón, el lugar del desierto en el que ha sido encontrado el cadáver de una muchacha: "'You don't live here on the border, you don't understand that there is a third, country here.' 'What do you mean *third country*, who, like the Colombians?' I was thinking drug cartels. 'No, that's not what I meant. Well, yes, drugs, of course, they are always… but this is, an invisible country. And it is much larger than either of ours'" (Villatoro 2011, 42). Véase por último una observación similar del narrador omnisciente en la misma novela: "Karen saw things that Romilia had yet to see. Had she been at the border with Saenz, Karen would have understood what the Mexican cop meant when he said, *There is a third… country here*" (Villatoro 2011, 44; cursivas en el original).

10. "The U.S.-Mexican border *es una herida abierta* where the Third World grates against the first and bleeds. And before a scab forms it hemorrhages again, the lifeblood of two worlds merging to form a **third country**—a border culture".

11. "En una palabra, nos parece que, más que un transplante del género, lo que ha tenido lugar, es una apropiación del mismo, de ahí los rasgos de transculturación que pueden identificarse en su práctica latinoamericana. Por eso, constatamos junto con David Lagmanovich (2001) que, en América Latina, lejos de reproducir los modelos europeos o estadounidenses del género, los autores se han apropiado del mismo adaptándolo a las propias necesidades narrativas y a las problemáticas locales.

Es justamente este proceso de territorialización el que da pie a las transformaciones y transculturaciones del policial" (Adriaensen y Grinberg Pla 2012, 13).

12. "Two senses of representation are being run together: representation as 'speaking for,' as in politics, and representation as 'representation,' as in art or philosophy".

13. Sin embargo, ninguna de las novelas que siguen a *Home Killings* parece haber interesado a Arte Público Press, lo cual puede implicar cierta disparidad o tensión entre la articulación de un proyecto literario que dé voz y presencia a la experiencia centroamericana en el marco de las políticas de la identidad y la producción de una serie literaria que responda a las convenciones del género negro. Para matizar este argumento, cabría mencionar que *Blood Daughters* fue publicada por Red Hen Press, una editorial independiente, que si bien no se dedica a promover a autores latinos, sí tiene un programa editorial que gira en torno a la diversidad en un sentido más amplio. Al mismo tiempo, en lo que respecta a la inscripción de Romilia Chacón en el mercado de la literatura de entretenimiento de los Estados Unidos, el hecho de que Dell (el sello editorial de Random House dedicado a publicar paperbacks de consumo masivo) haya publicado todas las novelas de la serie a excepción de la última, habla de un cierto interés comercial, y por lo tanto de la conquista exitosa de al menos un pequeño territorio del gran mercado de la literatura policial en dicho país.

14. "The remarkable ethnic and gender diversity of recent detective stories suggests that the genre has become more than simply a popular literary entertainment. Increasingly the detective story has become a genre in which writers explore new social values and definitions and push against the traditional boundaries of gender and race to play imaginatively with new kinds of social character and human relation. The creation of representative detective heroes has become an important social ritual for minority groups who would claim a meaningful place in the larger social context".

15. "The victim—or the 'body' is , despite biology, always female".

16. "If we take the position that individual subjectivity as constructed within and by society is always gendered and that this 'mark of gendering' cannot be voluntarily excluded from subjectivity, then detective fiction's destabilizing investigations of persons are *inescapably investigations of gender as well*. Accordingly, the genre invites scholarly inquiry into the ways in which criminal investigations both construct and question gender identities and, at the same time, gender (both concepts of gender and the gender of the investigator) constructs investigations".

17. "[R]everse definitely the default gender binary that defines the central function of the classic hard-boiled novel".

18. "Sara Paretsky, both a critical and a popular success, has perhaps the strongest voice among the new women mystery writers in the United States. Her eight novels to date exemplify some of the important shifts that occur in the hard-boiled formula

when the protagonist is a woman detective. One of the shifts is manifest in the way Paretsky handles the well-known tough-guy archetype of Hammett and Chandler. Hammett and Chandler reworked the Western hero—a cynical loner whose code of behaviour frequently sets him outside the community, apart from both the outlaws and the authorities—into a tough-guy detective whose code of behaviour sets him outside the law. [...] Paretsky's V.I. Warshawski, by contrast, often enjoys the help of (mostly female) friends, through a consensus she builds as the novels evolve. Like other new women detectives, she has virtually no female antecedents-certainly not Miss Marple, for example. And rather than importing old codes and old moralities, authors like Paretsky develop new ones, based only loosely on those of the tough guys of the 1930s and 1940s".

19. La reticencia de Romilia para trabajar en equipo con un colega es tematizada a lo largo de todo *A Venom Beneath the Skin*, puesto que ella se resiste a aceptar a Nancy Pearl como compañera. Véanse especialmente las págs. 43, 72–73 y 106–09.

20. "Irons asserts that Paretsky's novels effect a 'feminist activism' in their refusal of patriarchal law and order and their espousal of a politics of collectivism. Other critics, however, are more skeptical of the radical potential of the novels. Klein sums up this prevailing suspicion in her assertion that while the work of more 'mainstream' writers such as Sue Grafton and Paretsky represent a disruption of the form, ultimately these novels present only 'a mild challenge to the dominant social order, but not a radical assault on it'".

21. "The fact that only women have the capacity to become pregnant, give birth and suckle their infants is the mark of 'difference' *par excellence*. Childbirth and motherhood have symbolized the natural capacities that set women apart from politics and citizenship; motherhood and citizenship, in this perspective, like difference and equality, are mutually exclusive".

22. A mi entender, esta reelaboración de la dicotomía maternidad versus ciudadanía/trabajo detectivesco está en sintonía con la crítica del sujeto occidental de Luce Irigaray (1974), cuando sostiene que la conformación del sujeto por parte del pensamiento falocéntrico, verticalmente dirigido hacia el uno, excluye y reprime lo maternal femenino.

23. "[H]aving the heroine occupy a male subject position—the role of hard-boiled detective—without making her seem as if she is a man in drag".

24. Las transculturaciones más radicales del género negro en América Latina van incluso más allá, apuntando directamente al Estado mismo como el mayor responsable de la violencia. Esto puede verse de manera paradigmática en novelas como *El hombre de Montserrat* (1994) de Dante Liano, *El material humano* (2009) de Rodrigo Rey Rosa o *Moronga* (2018) de Horacio Castellanos Moya, para dar ejemplos de la literatura centroamericana reciente.

25. "[A] semisanitary moral mediation of crime".

26. "In contemporary Latin America, we see the hardest boiled fiction of urban violence being written with virtually no mediation between the subjective position of the narrator/reader and that of the agents of violence in the text" (2006, 155).

27. También en *A Venom Beneath the Skin*, el asesino termina siendo Carl Spooner, un agente de la DEA que ha sido torturado por Tekún Umán, por lo cual decide vengarse cometiendo una serie de asesinatos para atribuírselos al exkaibil, de modo que sea capturado, juzgado y condenado. Pero, una vez más, la intervención de la detective Chacón demostrará la inocencia de Tekún Umán, revelando el complot y la culpabilidad de Carl Spooner. En las novelas de Villatoro es recurrente, por tanto, la estrategia narrativa de develar por medio de las investigaciones de la detective salvadoreña, el modo en que los supuestos representantes de la ley convertidos en criminales intentan explotar la, por así decirlo, justificada mala fama de este personaje centroamericano.

28. "The doomed romantic relationship is, of course, part of the tradition of detective novels, not just hard-boiled fiction, because detective fiction tends to celebrate the individual: one person uncovers the truth. However, the female dick's transgression of gender codes is represented as her personal refusal of these codes; her selection of a lover is similarly a matter of her personal choice. The convention of the hard-boiled novel precludes seeing the female detective as breaking through socially produced codes, so that even as she becomes something of a role model—the independent, self-reliant woman—she remains an anomaly—an individual and something of an outsider, both conventional characteristics of the detective in hard-boiled fiction".

29. Al final de *A Venom Beneath the Skin*, el amor de Romilia por Tekún, quien la ama desde el día que la conociera, es finalmente inequívoco, por lo que su muerte es la que la lleva a ahogar sus penas en el alcohol. Sin embargo, tanto en dicha novela como en *Blood Daughters*, hay algunos indicios de que, pese a todas las apariencias, Tekún Umán no ha muerto, por lo cual, si la serie tuviese una continuación, se descubriría, si y de qué modo ellos pueden construir una relación.

Obras citadas

Adriaensen, Brigitte y Valeria Grinberg Pla. 2012. Introducción a *Narrativas del crimen en América Latina. Transformaciones y transculturaciones del policial*, editado por Brigitte Adriaensen y Valeria Grinberg Pla, 9–24. Berlín: LIT Verlag.

Anzaldúa, Gloria. 1987. *Boderlands/La Frontera. The New Mestiza*. San Francisco: Aunt Lute Book Company.

Butler, Judith. 1990. *El género en disputa. El feminismo y la subversión de la identidad*. Paidós/PUEG: México.
———. 2004. *Deshacer el género*. Paidós: Barcelona.
Cawelti, John. 1997. "Canonization, Modern Literature, and the Detective Story". En *Theory and Practice of Classic Detective Fiction*, editado por Jerome H. Delamater y Ruth Prigozy, 5–16. Westport: Greenwood Press.
Close, Glen. 2006. "The Detective is Dead. Long Live the *Novela Negra!*". En *Hispanic and Luzo-Brazilian Detective Fiction. Essays on the* Género Negro *Tradition*, editado por Renée Craig-Odders, Jacky Collins y Glen Close, 143–61. Jefferson: McFarland & Company Publishers.
———. 2008. *Contemporary Hispanic Crime Fiction. A Transatlantic Discourse on Urban Violence*. New York: Palgrave Macmillan.
Deleuze, Gilles y Félix Guattari. 1975. *Kafka: pour une littérature mineure*. Paris: Éditions de Minuit.
Dowdy, Michael. 2012. "'Andando entre dos mundos': Towards an Appalachian Latino Literature". *Appalachian Journal* 39, 3/4: 270–93. Acceso el 5 de marzo de 2019. https://www.jstor.org/stable/43489017.
Giardinelli, Mempo. 1996 [1ª ed. 1984]. *El género negro. Ensayos sobre literatura policial*. Córdoba: Op Oloop Ediciones.
Irigaray, Luce. 1974. *Speculum de l'autre femme*. París: Éditions de Minuit.
Irons, Glenwood. 1995. "Introduction: Gender and Genre: The Woman Detective and the Diffusion of Generic Voices". En *Feminism and Women's Detective Fiction*, editado por Glenwood Irons, ix-xxiv. Toronto: U of Toronto P.
Klein, Kathleen Gregory. 1995. "*Habeas Corpus*: Feminism and Detective Fiction". En *Feminism and Women's Detective Fiction*, editado por Glenwood Irons, 171–89. Toronto: U of Toronto P.
Kunz, Marco. 2012. "Entre narcos y polleros: visiones de la violencia fronteriza en la narrativa mexicana reciente". En *Narrativas del crimen en América Latina. Transformaciones y transculturaciones del policial*, editado por Brigitte Adriaensen y Valeria Grinberg Pla, 129–39. Berlín: LIT Verlag.
Palmer, Joy. 2001. "Tracing Bodies: Gender, Genre, and Forensic Detective Fiction". *South Central Review* 18, 3/4: 54–71. Acceso el 26 de abril de 2011. http://www.jstor.org/stable/3190353.
Pateman, Carole. 1992. "Equality, Difference, Subordination: the Politics of Motherhood and Women's Citizenship". En *Beyond Equality and Difference. Citizenship, Feminist Politics and Female Subjectivity*, editado por Gisela Bock y Susan James, 17–30. Londres: Routledge.
Rodríguez, Ana Patricia. 2010. "Heridas abiertas de América Central: la salvadoreñidad de Romilia Chacón en las novelas negras de Marcos McPeek Villatoro". *Revista Iberoamericana* LXXVI, 231: 425–42.

Rosell, Sara. 2009. "La detectivesca de latinas en los Estados Unidos: Lucha Corpi, Alicia Gaspar de Alba, Michele Martínez y Carolina García-Aguilera". *Ciberletras. Revista de crítica literaria y cultura* 21: 184–209. Acceso el 27 de abril de 2020. https://www.lehman.cuny.edu/ciberletras/documents/ISSUE21_000.pdf.

Soley-Beltran, Patricia. 2014. "Transexualidad y transgénero: una perspectiva bioética". *Revista de Bioética y Derecho* 30: 21–39. doi: https://doi.org/10.1344/rbd2014.30.9904.

Spivak, Gayatri. 1988. "Can the Subaltern Speak?". En *Marxism and the Interpretation of Culture*, editado por Cary Nelson y Lawrence Grossberg, 271–313. Urbana: U of Illinois P.

Stoddard Holmes, Martha. 1997. "Between Men: How Ruth Rendell Reads for Gender". En *Theory and Practice of Classic Detective Fiction*, editado por Jerome H. Dalamater y Ruth Prigozy, 149–57. Westport: Greenwood Press.

Villatoro, Marcos McPeek. 2004 [1a ed. 2001]. *Home Killings*. Nueva York: Dell.

———. 2003. *Minos*. Boston: Kate's Mistery Books/Justin, Charles & Co., Publishers.

———. 2006 [1a ed. 2005]. *A Venom Beneath the Skin*. Nueva York: Dell.

———. 2011. *Blood Daughters*. Pasadena: Red Hen Press.

Wilson, Ann. 1995. "The Female Dick and the Crisis of Heterosexuality". En *Feminism and Women's Detective Fiction*, editado por Glenwood Irons, 148–56. Toronto: U of Toronto P.

Žižek, Slavoj. 2008. *Violence: Six Sideways Reflections*. Londres: Profile Books.

DANTE BARRIENTOS TECÚN

Ficción-No ficción, escritura femenina de lo "real" en "Estrella Polar" de Carol Zardetto

EN LA PARTE FINAL del relato de Carol Zardetto (Guatemala, 1956) titulado "Estrella Polar", la voz narrativa omnisciente, con focalización interna, expresa estas palabras contundentes: "Su voz se dejó escuchar en idioma ixil. Una mujer, en idioma ixil, acusó a los soldados del Ejército de Guatemala, de haber cometido actos atroces con su cuerpo" (Zardetto 2014, 62). Ambas frases podrían estar sacadas de alguno de los testimonios recopilados en los informes de REMHI (Recuperación de la Memoria Histórica), *Guatemala: Nunca más* (1998) o de la CEH (Comisión para el Esclarecimiento Histórico), *Memoria del silencio* (1999). Estas frases activan, por una parte, la referencialidad a la historia reciente de Guatemala, al conflicto armado interno y a los procesos de búsqueda de justicia, y por otra, conducen al lector a preguntarse hasta qué punto estamos en una ficción—en la medida en que el texto se presenta como un "cuento"—y hasta qué punto el relato la trasciende puesto que ya no es posible encajonarlo únicamente en los límites de lo ficcional. Ambas dimensiones, ficción y no ficción, se "contaminan" en este texto, y crean una continuidad que termina por fortalecer el pacto de referencialidad. Al tensionarse uno y otro, al desplazarse las fronteras, se construye un espacio en el que se filtran las memorias de mujeres, en que se recuperan y se ponen en palabras los recuerdos inconfesables, traumáticos, y a la vez se abren vías para acceder a segmentos de lo real, de la historia, a la manera en que pudieron desarrollarse ciertos hechos que los libros de historia, y los informes antropológicos o judiciales no pueden enteramente elucidar.

Es ahora casi un lugar común sostener que las fronteras entre ficción y realidad tienden a desvanecerse y la literatura ha obrado insistentemente para mostrar lo frágil de dichas fronteras así como la función que su dilución puede desempeñar en el establecimiento de nuevas perspectivas en la comprensión de los hechos sociales y políticos. Para Raphaël Baroni, si bien existe una continuidad entre relatos factuales y ficcionales, no se pueden abolir totalmente las fronteras que separan ficción y realidad. El estudioso sostiene: "Dichas fronteras son históricamente cambiantes: parecen más o menos visibles en ciertas épocas de la historia, pero no por ello dejan de existir" (Baroni 2012, 60).[1] Es probable que en Centroamérica—y en gran parte de América Latina—nos encontremos en un momento histórico en el cual la difuminación de tales fronteras en el campo de la literatura y las artes juegue un papel primordial en la construcción y restablecimiento de las memorias individuales y colectivas de grupos subalternos, tanto como en la complementación de la historia en las batallas contra el olvido y la impunidad.[2] También en ese sentido se puede apuntar lo que afirma Alessandro Leiduan: "La ficción tiene, aquí, vocación a llenar los vacíos del discurso histórico, documental y judicial" (2014, 10).[3]

"Estrella Polar" de Carol Zardetto es un relato de extensión mediana a relativamente larga—alrededor de unas diez páginas—, que puede contrastar con algunas tendencias de la cuentística de las últimas décadas caracterizada por el cultivo del relato breve o micro-relato. Fue publicado en Madrid en 2014 en una compilación titulada *Cuentos guatemaltecos*; es importante precisar la fecha de publicación toda vez que indica que apareció poco tiempo después del juicio por genocidio del general y expresidente *de facto* guatemalteco, tristemente célebre Ríos Montt. Como se sabe y ha sido demostrado por la documentación recientemente desclasificada y por los informes REMHI y la CEH, este nefasto personaje fue responsable directo de actos de genocidio cometidos por el ejército guatemalteco durante el conflicto armado interno, en particular entre los años 1981 y 1983, durante los cuales se aplicaron los planes represivos y de exterminio organizado: Planes de Campaña "Victoria 82" y "Firmeza 83", y el Plan de Operaciones "Sofía".[4] Treinta años más tarde, una jueza guatemalteca, Jazmín Barrios, consiguió llevar a juicio y condenar a ochenta años de prisión por crímenes contra la humanidad y genocidio al mencionado militar. Mas, como demostración irrebatible de que el poder político, económico y militar en Guatemala sigue estando en gran medida en manos de quienes organizaron el exterminio de las poblaciones civiles indígenas, trabas jurídicas y presiones de la oligarquía y de sectores del ejército terminaron revirtiendo la sentencia condenatoria por genocidio.[5]

"Estrella Polar" se inscribe, pues, en este contexto, remitiendo a los procesos de juicio—en particular, como se verá, al juicio de Ríos Montt—y a los testimonios entregados en los tribunales por las víctimas sobrevivientes del genocidio, en este caso, sobre todo mujeres indígenas de la etnia ixil. De tal manera, en la elaboración del relato, Zardetto instala la historia "en el corazón de la textualidad" (Dosse 2006, 57).[6] El cuento reconstruye el proceso de recuperación, construcción y, finalmente, comunicación (de puesta en palabras) de la memoria de una mujer de origen ixil sobreviviente de una de las masacres perpetradas por el ejército de Guatemala. En dicho proceso, la ficción recurre al uso y recreación de las formas de la autobiografía y del testimonio, en una clara alusión a los discursos y géneros narrativos de la no ficción. "Estrella Polar" se singulariza, desde el punto de vista de su producción, por el hecho de ser una obra de una escritora no indígena (ladina), perteneciente a las clases medias relativamente acomodadas. Desde esa condición, Zardetto elabora una "creación" en la que la protagonista es una mujer indígena, de las clases sociales más despojadas, que se vio enfrentada a experiencias traumáticas extremas (su violación, la muerte y desaparición de sus seres queridos). Así, Carol Zardetto se inscribe en la línea de reflexión avanzada por Judith Butler en una reciente entrevista en la que sostiene que la lucha feminista no puede desligarse ni de las mujeres trans, ni de fenómenos políticos como la migración, los feminicidios y los crímenes de Estado (Díaz Álvarez 2019, 39–45). Nos interesa en este estudio detenernos en la construcción de una memoria y una identidad femeninas de un sujeto subalterno (una víctima y sobreviviente ixil), así como en la elaboración de la intriga [*mise en intrigue*] de los hechos contados. Raphaël Baroni sugiere: "Si aún es posible considerar una relación entre el mundo y los relatos que lo narran, parecería que no puede ser sino una relación creativa, una 'construcción' que conferiría a la experiencia 'bruta' los rasgos que no tendría *en sí misma*" (2007, 259).[7] De manera que sería pues en la "construcción", en la creación, en donde la relación entre el mundo y lo narrado adquiriría todo su sentido.

Ficción y no ficción, la *mise en intrigue* de la experiencia límite de una mujer ixil

El cuento se estructura a partir del establecimiento de una serie de tensiones internas y externas en relación al personaje protagonista y en torno al universo en el cual se inscribe su existencia. Pero cabe precisar que las tensiones operan igualmente en lo que respecta al género literario en que se reconoce el texto. En primer lugar, se puede constatar desde la abertura del texto—en el paratexto mismo—, que se produce una tensión entre ficción y no ficción que irá *in crescendo* en la medida que avanza el cuento. Esta tensión se manifiesta al abrirse el relato, en el título mismo: "Estrella Polar". En efecto, un primer nivel de la incorporación de la Historia en la ficción y de la ambigüedad de las fronteras genéricas se pone de realce en el género literario (*Cuentos guatemaltecos*) con el cual está identificado el libro que contiene el relato y el título de éste último. El "horizonte de espera" [*horizon d'attente*] del lector al acceder al texto en un libro de cuentos, cuya identidad genérica implica por tanto la ficción, se encuentra ya "orientado", pues este espera, en principio, una producción que no coincida con lo factual: "el género no es percibido solamente como una categoría del texto sino también como una categoría de la recepción" (Tononi 2009, 1).[8] De manera que el "horizonte de espera" creado por la identidad genérica del libro (cuentos) induce a creer o no en lo que se cuenta.[9] Sin embargo, cabe preguntarse—como lo hace Alessandro Leiduan—, si la identidad textual de un relato se ajusta siempre a su identidad genérica (2014, 4). O bien, si dicha identidad textual entra en conflicto con la identidad genérica poniendo en entredicho esta convención social e histórica que es el género. Precisamente, la distancia, el desfase entre texto y género literario constituye una de las características sobresalientes de la literatura centroamericana actual pero que bien puede rastrearse desde varias décadas atrás. Basta con referirse, en el campo poético, a la obra del nicaragüense Ernesto Cardenal o del salvadoreño Roque Dalton, o incluso a las piezas teatrales de los años veinte del guatemalteco Miguel Ángel Asturias, por dar sólo unos ejemplos paradigmáticos.[10] En todo caso, Leiduan arguye que una de las principales características de la narración contemporánea la constituye la "incertidumbre" en que se encuentra el lector ante la ficcionalidad o factualidad de un relato cuyas estrategias textuales no coinciden con el género dentro del cual se inscribe un determinado texto:

> Una de las características más significativas de la narrativa contemporánea es la que consiste en poner en circulación relatos que dejan al público en la incertidumbre más absoluta en cuanto a la naturaleza factual o ficcional de la historia contada. La razón de esta incertidumbre está ligada al empleo de medios textuales que parecen poco (o para nada) en adecuación con los fines que están inscriptos en el nombre del género bajo el cual los relatos en cuestión declinan su identidad. (2014, 5)[11]

En "Estrella Polar", podemos constatar que esa "incertidumbre" comienza a operar, como evocamos anteriormente, desde el título. Este alude en el relato al lugar del cual es originaria la protagonista, una indígena ixil, y de donde sale una madrugada para ir a testimoniar acerca de las vejaciones de que fue víctima:

> Subía despacio las gradas blancas y frías. Se había levantado antes de que amaneciera y en la montaña el clima era helado. Allá estaba Estrella Polar, la aldea desde donde había viajado la gente. El aire le cortaba a uno la cara, pero recién ahora, subiendo estas escaleras bajo el sol penetrante, percibía un frío que no venía de cosas vivas, como el sereno, el viento o la noche. Venía del suelo, de las paredes, de aquel techo tan alto, de los rostros de escarcha de la gente. Aquí todo era frío. (Zardetto 2014, 49)

La revelación del nombre de la aldea se produce en un momento discursivo en que la voz narrativa empieza a estructurar un esquema narrativo caracterizado por una serie de oposiciones o contrastes (aquí en torno al frío) y sobre todo por el deslizamiento sutil de una focalización externa a una interna, que será una estrategia primordial en la *mise en intrigue* del relato. En un momento marcado por la subjetividad (la percepción del frío de parte del personaje), se introduce la referencialidad que permite la articulación con la historia reciente de Guatemala y el conflicto armado interno. Estrella Polar es el nombre de una finca en la cual se produjo, en el año 1982, una masacre atribuida al ejército. Es lo que confirma el informe de la CEH, *Guatemala: memoria del silencio*:

> En la madrugada del 23 de marzo de 1982, un día después de la masacre ejecutada en la aldea Ilom, miembros del Ejército de Guatemala asignados al destacamento de la finca La Perla, acompañados por miembros de la PAC y su comandante, llegaron a la finca Estrella Polar, municipio de Chajul, departamento de Quiché y juntaron a la gente, los hombres fueron reunidos en la iglesia católica, mientras que las mujeres en una casa cercana a la iglesia. Al poco rato llegó el administrador de la finca Covadonga, quien iba vestido de kaibil. A las once de la mañana los soldados empezaron a ejecutar a la gente. Todos los hombres murieron. Durante dos días los soldados y trabajadores de la finca Covadonga sacaron más de doscientos cadáveres de la Iglesia y los tiraron en un pozo de agua natural ya seco. Los soldados, antes de salir, robaron los animales y

quemaron las casas. El administrador de la finca Covadonga había acusado a los trabajadores de la finca Estrella Polar de ser guerrilleros. (1999, 1052)

Y un artículo publicado en la prensa alternativa *Plaza pública* agrega lo siguiente: "Casi 20 años después, tres mujeres testigas de aquella tragedia pusieron la denuncia en el Ministerio Público, para iniciar el proceso de exhumación de las víctimas de la masacre" (Dalmasso 2015). Las citas sugieren, en el proceso de lectura, que el relato puede enfocarse como un "diálogo", un "corolario", un complemento de hechos históricos verificados en informes y testimonios, pero que no se limita a reproducirlos, sino que los trasciende. Es, precisamente, en el proceso de reconstrucción de la memoria de la protagonista al cual se entrega el cuento que se activa en la interpretación la relación entre el paratexto y su referente extratextual. A partir del establecimiento de esta relación, los hechos narrados van adquiriendo un sentido que se resiste, al menos parcialmente, a inscribirse en lo estrictamente ficcional. La *mise en intrigue* de los acontecimientos contados participa en la disolución de las fronteras (historia-ficción) en la medida en que se produce un constante ir y venir de la voz narrativa de la exterioridad (mundo exterior de la protagonista, focalización externa) a su interioridad (conciencia, memoria, focalización interna). Dicho de otra manera, en la economía del relato, los dos tipos de focalización elegidos permitirán indagar cómo va emergiendo la memoria, cómo el trauma del pasado se supera para intentar alcanzar un presente liberador.

Volvamos al *incipit* del cuento citado arriba. Ahí se puede constatar la manera en que la voz que asume el discurso procede al deslizamiento de una mirada externa sobre el espacio, hacia una dimensión marcada por la subjetividad. Notamos así la evocación de un movimiento en ascenso del personaje por un espacio inicialmente indeterminado en la primera frase y que produce un efecto de expectación ("Subía despacio las gradas blancas y frías"). Ese espacio no será nunca, a lo largo del texto, nombrado de manera explícita, aunque se puede fácilmente identificar gracias al recurso de la sinécdoque que pone en obra la voz narrativa—"la gran sala", "el lugar que ocupan los testigos" (Zardetto 2014, 51)—, por las comparaciones—"un lugar que parecía una catedral" (52)—o por la designación de las personas allí presentes (el abogado, los testigos, los jueces). Vale la pena preguntarse por qué, a pesar de que resulta evidente cuál es el espacio en que se desarrolla la diégesis (Corte Suprema de Justicia), nunca se le nombra explícitamente. Se puede proponer la hipótesis de que se debe a dos razones, una tiene que ver con la verosimilitud y la otra con lo simbólico. El personaje central, desde cuya perspectiva es organizado el relato, es una indígena que nunca ha estado en la ciudad, en la capital, difícilmente podría entonces reconocer el edificio en que se encuentra. En segundo lugar, al no nombrarlo, ese "desconocimiento" desde el punto de vista de la experiencia del personaje, podría simbolizar la ausencia de justicia a la que han sido históricamente sometidas las comunidades mayas en Guatemala. Una estrategia narrativa adquiere así una repercusión política. Una vez insinuado el espacio por donde sube el personaje, la voz narrativa opera un breve regreso en el tiempo (segunda frase del *incipit*), a la mañana en que ocurre esa primera acción contada (subir); a la vez se efectúa un desplazamiento espacial, de "las gradas blancas y frías" a "la montaña" en donde "el clima era helado". Es en la montaña en donde se ubica la aldea Estrella Polar. La frialdad sirve aquí de elemento asociativo para vincular dos espacios y dos percepciones que entran en oposición. Las gradas que sube están frías pero también la atmósfera ("percibía un frío que no venía de cosas vivas") a pesar del "sol penetrante". El frío percibido proviene del entorno material ("del suelo, de las paredes, de aquel techo tan alto"), pero además de la gente ("de los rostros de escarcha de la gente"). La frase que cierra la cita es altamente significativa porque al universalizar la frialdad ("Aquí todo era frío") se entrega el sentir profundo del personaje. Esta percepción del entorno funciona como recurso para delinear elementos identitarios, traduce el sentimiento de extrañamiento de la mujer al encontrarse en un espacio que no le pertenece (el urbano) y en el que todo le parece hostil. El frío introduce, desde luego, el tema clásico de la oposición campo-ciudad, pero sobre todo el de la negación identitaria, del racismo histórico-estructural, que es una de las bases del genocidio ocurrido en Guatemala, como lo ha analizado Marta Elena Casaús Arzú.[12] Más adelante en el texto, la confirmación radical de esta negación identitaria se expresa en estas palabras: "Ella no pertenecía a este lugar. Nunca podría hallarse en un lugar que no reconocía su existencia" (Zardetto 2014, 50). Estas dos frases expresan, desde la conciencia individual del personaje, la naturaleza racista, excluyente, autoritaria y discriminadora del Estado guatemalteco.

El cuento se va estructurando siguiendo pues esa alternancia de focalizaciones que permite entrar progresivamente en el mundo del cual es originaria la protagonista y, principalmente, en su conciencia y memoria. Por otra parte, a dicha alternancia se agrega un desplazamiento constante espacio-temporal. En efecto, en el nivel espacial, la voz narrativa cambia permanentemente de lugar, instalando una dinámica que conduce de la aldea (Estrella Polar) a la sala del tribunal, perspectiva espacial predominante desde la cual se narran los hechos. En cuanto a la temporalidad, el cuento procede a un permanente ir y venir entre el pasado (o los pasados) de la protagonista y su presente en la sala en donde espera que llegue su turno para declarar.[13] Estos recursos de analepsis son importantes porque permiten conocer episodios de la existencia del personaje y sobre todo lo que ha venido a denunciar y que, sin embargo, no quiere decir, o sea el trauma de lo vivido, de los actos atroces a los que fue sometida. Son estos recursos los que dan lugar a la inserción en la textualidad de la mimetización de formas narrativas que no se inscriben estrictamente en la ficción, como lo son lo biográfico y el testimonio. Nos interesa ahora detenernos en el proceso de reconstrucción y de puesta en palabras de la memoria.

De la memoria femenina silenciada a la palabra en voz alta

El drama del personaje femenino en el presente de la narración está establecido desde los primeros párrafos del cuento. Y se establece a través de una paradoja que traduce no sólo un rasgo de su identidad sino, sobre todo, la condición de dominación que ha sufrido su cultura. Se trata del silencio, de tener la boca cerrada. El contraste está en que, aunque marcada por el silencio, ha llegado al tribunal para lo contrario. Colmo de la paradoja, cuando puede abrir la boca hubiera querido no tener que hacerlo:

> había venido hasta aquí para eso: para abrir su boca y que de ella salieran unas palabras a las que temía. Eran infames y tenían largos hilos que se anudaban adentro, allí donde uno tenía el hígado, o las tripas. Allí donde uno tenía los nervios o el alma. Hablar sería jalar estos hilos y que le arrancaran pedazos vivos de carne. Sabía cuánto le iba a doler y vino de todos modos. Lo habían acordado así: iban a testificar. (Zardetto 2014, 49)

El acto de testimoniar está aquí enfocado en todo el dolor que implica volver a recuperar un pasado infame y desvela cómo cada palabra para reconstruirlo es una desgarradura. Testimoniar significa así volver a vivir el horror, hacerlo presente, y supone comprender el lenguaje ya no como un simple código de comunicación, sino como una parte viva del organismo, inseparable del cuerpo. La palabra se hace aquí cuerpo. La tensión del relato se va organizando a partir de este momento del proceso de testificar que lleva al personaje del temor de recordar y de decir el recuerdo hasta superarlo y trascenderlo.

Un primer elemento que contribuye a la superación del temor en la mujer ixil aparece sugerido al final de la cita anterior ("Lo habían acordado así: iban a testificar"). El acto de testimoniar es el resultado de un "acuerdo" colectivo, no es únicamente una decisión individual. Las formas del plural de los verbos de la cita confirman la importancia de ese actuar de carácter colectivo que abre la posibilidad de testimoniar, dicho proceder no deja de articularse con los comportamientos colectivos tradicionales de las comunidades mayas. Esa importancia capital de lo colectivo en el acto de testimoniar aparece ratificada un poco más adelante en el texto:

> Pero no venía sola. De este hecho sacaba una fuerza grande, como la de la mano que mueve a todos los dedos. Todas las mujeres se habían apuntado, formando aquella extraña mano hecha de tantos dedos. Venían a tomar lo que les pertenecía por derecho propio. Nadie les había enseñado eso: que algo tan lejano les pertenecía, sin embargo, lo habían sentido desde lo más hondo. La justicia les pertenece a todos. (Zardetto 2014, 50–51)

La metáfora de la mano traduce la necesidad de la unidad y la solidaridad para poder enfrentar una decisión sumamente grave, como a la que se ve enfrentada el personaje, fortaleciéndola. Dar ese paso —exponer en palabras audibles a todos una experiencia límite, inhumana y profundamente íntima—, requiere por tanto el acompañamiento y el apoyo de otras mujeres víctimas. En el reconocimiento mutuo de esas mujeres con respecto a su pertenencia cultural[14] y a su experiencia del horror, se forja la "fuerza grande" que las lleva a reclamar lo que "pertenece a todos" pero que les ha estado siempre negado: la justicia. El sentimiento, la conciencia de justicia es lo que conforta a dar ese paso definitivo que es poner los recuerdos en palabras no sólo para el personaje o para las mujeres que fueron a testimoniar, sino para las víctimas ausentes que no pudieron hablar y para tener la posibilidad de reconstruir la vida. Es este esfuerzo al que se entrega la mujer ixil, y que el texto va exponiendo de forma progresiva, en una intensa lucha interior del personaje.

La estructura del cuento está organizada de tal manera que cuando la mujer ixil, al cierre de la narración, consigue reunir todo su valor y logra hacer oír finalmente su voz después del caos emocional interior, ya el lector conoce el contenido de sus palabras de forma indirecta. No sus palabras exactas, auténticas, pero sí su contenido. Precisamente, un punto capital del texto radica en las palabras, en cómo encontrar las palabras para testimoniar lo indecible (el horror humano), en las limitaciones de éstas para decir la realidad de los hechos, en cómo atreverse a decirlas, ya que desnudan lo más hondo de cada ser. Lo vivido por la mujer ixil es la experiencia atroz que vivieron miles de mujeres mayas a manos del ejército de Guatemala durante las campañas militares de exterminación de las comunidades. Ella fue violada por los soldados cuando acababa de parir a su segundo hijo; tratando de escapar a la muerte huye con su hija de tres años en brazos, pero no se llevó a su otro niño. La niña habría de morir de hambre en la montaña donde se refugiaron los sobrevivientes de la masacre. El marido había partido al trabajo la mañana del parto y debía volver pronto para tener noticias del nacimiento, pero nunca volvió. ¿Cómo transformar en palabras las imágenes atroces de esa experiencia? Tal es el drama y el trauma que la mujer ixil enfrenta y que toca el tema de la conmoción que implica la memoria y el testimonio: "su hija había muerto. Qué fácil se decían esas sucias palabras. Pero la corta frase no podía explicar bien todas las cosas que pasaron aquel día para que ella muriera. Las palabras no podían pintar, ni oler, ni temblar. Las imágenes de su memoria no tenían palabras. Tampoco el silencio que vino después" (Zardetto 2014, 52–53). El personaje percibe la carencia de "vida" del lenguaje, su estrechez para comunicar la complejidad de la realidad; el desfase entre una vivencia límite y el código que la reconstruye alcanza aquí una distancia que parece insalvable. Las imágenes de la memoria resultan intraducibles, inalcanzables porque acaso no son descifrables a partir de la lógica y la razón del lenguaje. No obstante, esas imágenes que vuelven una y otra vez a la memoria, terminan por convertirse en palabras; aunque la mujer no las quiera reconocer, éstas han estado presentes:

> Lo cierto es que se había pasado tejiendo las palabras que hoy iba a decir más de treinta años... Sí, se respondió a sí misma, las había tejido, pero no habían salido nunca de su boca. Se las repetía en su cabeza, mientras lavaba, mientras torteaba, mientras abría el surco para echar las semillas. Las conocía como la palma de sus manos. Tejerlas despacio le había enseñado cómo podía volver a vivir. Pero, todavía eran suyas. (Zardetto 2014, 53–54)

Las palabras con que reconstruye en su intimidad el dolor, la muerte, son también las mismas que, paradójicamente, le sirven para seguir viviendo. Pero son palabras que ella ha elaborado para sí misma y que no ha querido exteriorizar. Una de las razones más crueles de su dificultad para sacar y pronunciar esas palabras que ha tejido durante tantos años es el sentimiento de culpabilidad. Sentimiento con el que deben batallar frecuentemente las víctimas de violaciones y violencias extremas. En el caso de la mujer ixil del cuento, el sentimiento de culpabilidad le viene por dos razones. La primera porque en la urgencia de salvar la vida y escapar a los soldados llevó consigo a la niña pero dejó al niño: "¿Cómo pudo olvidarlo? Se preguntó tantas veces" (Zardetto 2014, 59). No puede haber respuesta definitiva para esta pregunta que se hace una madre, nada más suposiciones, que pueden relacionarse con lo irracional del momento o con lo implacable y la crueldad de la realidad.[15] Pero ninguna palabra de consuelo es suficiente para explicar un hecho como este. La segunda razón del sentimiento de culpabilidad proviene de la tragedia íntima sufrida por el cuerpo de la protagonista. La vejación y humillación de su cuerpo le produce un sentimiento muy hondo de pena por su propio marido, un sentimiento de vergüenza por ella y por él, que la orilla a desear lo indeseable para que él no tuviera que saber ni escuchar las palabras que explicarían lo que le hicieron: "Pero no quiso que su marido tuviera algún día que escucharlas. Para que ella no tuviera que verlo a los ojos mientras las pronunciaba, deseó que él muriera, prendido como una antorcha en medio de una iglesia. Hay cosas peores que la muerte" (Zardetto 2014, 56). Su secreto y pena más profundos eran pues ese desearle la muerte al ser querido, pero no a causa de algo que hubiera que imputarle sino para ahorrarle el dolor de saber lo que ella había sufrido. Por tanto, la muerte simboliza aquí un acto extremo de amor.

La reconstrucción indirecta de los recuerdos, de las imágenes insoportables de la tortura de la mujer ixil se va desplegando lentamente a lo largo del texto, sin seguir desde luego un orden estrictamente cronológico, marcando así el caos interior. Antes de llegar al momento cumbre, cuando las palabras por fin emergen de su conciencia hacia el exterior, la voz narrativa introduce dos momentos de divagación del pensamiento que desempeñan papeles claves en el sentido del relato, además de conectarlo con referentes históricos precisos.[16] El primero de ellos llega cuando el personaje central, en la sala del tribunal, ve entrar a los jueces. Eran tres mujeres y se detiene en una de ellas, "la jueza principal", que la sorprende por su voz recia y su capacidad de que "mandara a callar a todos" (Zardetto 2014, 52). Agrega además de la "jueza principal" un detalle que adquiere un valor lúdico y, a la vez, funciona como indicio revelador de identidad:

Si fuese su hija, la trenzaría, pensó. Sí... aquella cabellera inmensa y alborotada quedaría bien acomodada en gruesas trenzas que apretaría a su cabeza con una preciosa cinta bordada por sus propias manos. Se sentiría dichosa al verla hablar recio en un lugar que parecía una catedral. Y a nadie le parecería extraño que ella mandara a todos a callar, a sentarse, a poner atención. Se rió por dentro de solo pensarlo. ¡Qué extraordinario sería! Tendría que vivir mil vidas para que sus ojos pudieran ver algo así. (Zardetto 2014, 52)

El detalle de la cabellera inmensa es un guiño de carácter lúdico para establecer el acercamiento con la jueza Jazmín Barrios, quien pronunció el 10 de mayo 2013 la sentencia que condenaba al militar Ríos Montt a ochenta año de prisión por genocidio y crímenes contra la humanidad. Era la primera vez en América Latina que un jefe de Estado era condenado por genocidio. De manera que el detalle de la cabellera finalmente no lo es tanto y constituye más bien un reconocimiento, un homenaje desde la literatura al acto valiente de la jueza. El final de la cita introduce otro aspecto de gran significación. En sus divagaciones, la mujer ixil opera una proyección de la "jueza principal" sobre su hija, imaginando que su hija muerta hubiera podido algún día estar en el lugar de aquella. Su risa, la frase en el modo condicional y la hipérbole ("Tendría que vivir mil vidas para que sus ojos pudieran ver algo así") revelan lo "absurdo" de su imaginación, la distancia insalvable para que lo "extraordinario" se concretice en el marco de la estructura sociopolítica y económica de Guatemala, caracterizada por la exclusión y el racismo.

La segunda divagación tiene que ver con los acusados, "Un par de hombres muy viejos. No tenían para nada el aspecto que ella había imaginado" (Zardetto 2014, 56). Es evidente que los dos personajes acusados constituyen una representación de los militares Ríos Montt y José Mauricio Rodríguez Sánchez. Pero más allá de esta referencialidad prístina, importa sobre todo destacar el desajuste, la distancia entre la figura de los personajes que ve la mujer ixil en el tribunal y lo que imaginaba antes de ellos, de esos "hombres que habían mandado a los soldados a destruir la vida de su gente" (56). Los imaginaba poderosos, como dioses malévolos: "Terribles dioses, soberbios y altaneros" (57). En cambio, la realidad a la que se confronta la mujer al verlos es otra, muy diferente: "Qué lejos estaba la realidad de lo que uno imagina. Los acusados no parecían ni siquiera hombres. Eran frágiles y estaban quebrados como ramas secas. Si entrara en aquella sala un soplo de viento, podría llevárselos lejos. En aquel momento, tuvo claro que ellos eran parte de un mundo que pronto moriría" (57). Esta dislocación que se produce en la experiencia de la mujer ixil entre lo que ve ahora en el tribunal y lo que imaginaba es capital al menos en dos puntos. Por un lado, en lo que respecta a la percepción que se puede tener del poder. Desde afuera—tal el caso de la protagonista del cuento—, aquel puede ser considerado como una fuerza insuperable, frente a la cual cualquier resistencia parece inútil ("terribles dioses"). Es la imagen producida por la propaganda ideológica y los medios de comunicación al servicio de la dominación. Considerarlos "Terribles dioses" supone una suerte de impotencia, de resignación frente a la posibilidad de cualquier cambio. Pero esta impresión se disuelve en la medida en que la mujer ixil toma conciencia de la verdadera condición de los acusados. Esta destrucción (desmitificación) de la imagen del poder abre la posibilidad de una transformación de la realidad: "eran parte de un mundo que pronto moriría". Es muy significativo en la construcción del texto que esta revelación antecede a uno de los momentos claves de "Estrella Polar" cuando empiezan a escucharse las voces de las mujeres:

> Y la confirmación de esta claridad llegó cuando la primera mujer subió al frente de aquella sala y, con una voz muy fuerte, habló en ixil. El idioma de sus padres resonó adentro de aquella sala como una premonición. Sí… de eso se trataba todo esto. De que un mundo viejo terminara de morir. [...] Las mujeres fueron subiendo a declarar. Cada una fue diciendo su historia, que era la misma historia. (57)

El acto de declarar es aquí de una significación mayúscula. No solamente por el contenido que demuestra la responsabilidad de los acusados, sino además por las voces denunciantes y el idioma utilizado. Son mujeres ixiles que en su propio idioma toman la palabra y acusan no solamente a dos victimarios, sino al Estado guatemalteco. Por un momento, el tiempo que dura el testimonio en voz alta de las mujeres, se lograron pues romper las estructuras machistas y racistas del Estado y la sociedad dominante. La frase que cierra la cita anterior funde en una sola historia la multiplicidad de las historias de las mujeres ("era la misma historia") significando así que los testimonios que se fueron exponiendo no eran casos aislados sino resultado de una política planificada de exterminio.

El relato ha ido progresando—como vimos—en un movimiento de oscilación entre la interioridad y la exterioridad del personaje central. Ya en la parte final, la estructura muestra un giro que hace pasar de la perspectiva general de las voces de las mujeres ixiles a la individualización de una de ellas. Tras la presentación de un "plano abierto", el relato opera un acercamiento, un "plano cerrado", para centrarse en la mujer ixil protagonista. Este acercamiento permite volver al tema de la construcción misma del testimonio, cómo este se va gestando hasta emerger cuando ella tiene que declarar. El proceso que sigue aquí es el siguiente: tras un momento de duda, de silencio, en que las palabras se perdieron o "se le despeñaban un revoltijo de palabras" (Zardetto 2014, 61), sigue el instante decisivo en que, por fin, su voz se exterioriza: "Fue recordarlo, ver de nuevo su rostro joven, lo que hizo que su voz se hiciera presente. Hoy había venido a hablar para él" (62). De manera que es la imagen del marido el resorte que provoca que emerjan a la superficie los recuerdos y las palabras para ordenarlos y reconstruir el horror: "Una mujer, en idioma ixil, acusó a los soldados del Ejército de Guatemala, de haber cometido actos atroces con su cuerpo" (62). Narrar el horror para confesarle a su marido su deseo de muerte para salvarlo de un saber ignominioso, lleva paradójicamente a hacer renacer el deseo de la vida. Pero esta vez, ya esas palabras atroces no la avergüenzan más, el sentimiento de culpabilidad se ha disuelto con la fuerza de las palabras que han liberado del silencio su sufrimiento inconfesable. Ese acto acusatorio le devuelve su identidad y su cuerpo, así queda simbolizado al término de su testimonio cuando se descubre el rostro y la boca: "Bajó de aquel asiento que estaba enfrente de todos, con el rostro descubierto. Que todos vieran la boca que se había abierto para declarar lo que pasó" (62). El contraste entre la boca silenciada, cerrada, del inicio y la "boca que se había abierto" de la parte final del texto funciona como una alegoría que representa la posibilidad de que un "mundo viejo terminara de morir". Descubrirse el rostro implica "mostrarse", recuperar su identidad de mujer y de maya que le fue arrebatada por la violencia; no hay que olvidar que el plan de exterminio supuso la cosificación y animalización del Otro. Así, un gesto que puede parecer banal, en este contexto adquiere una profunda significación política, porque se erige no sólo en contra del genocidio, sino en contra de 500 años de negación cultural y genérica en una estructura social en la cual el ladino (mestizo) ha sido el representante único y privilegiado de la nación. En aquellas palabras pronunciadas en ixil, por una mujer, germinan, simbólicamente, la construcción y reconocimiento de un nuevo sujeto, de otra historia y, acaso, de una nación diferente.

Resta un aspecto que quisiéramos abordar. La historia terrible de la mujer ixil no es entregada por medio de sus propias palabras, sino por medio de un narrador omnisciente con focalización interna. Es evidente que uno de los problemas principales que se le tuvo que presentar a Carol Zardetto era el de resolver desde qué punto de vista iba a narrar los acontecimientos. Era una dificultad de naturaleza ética y estética. Optar por una narración en primera persona representaba sin duda un desafío muy difícil y arriesgado de solventar. En lo estético porque reconstruir una voz femenina ixil no es fácil para alguien ajeno a esta cultura. De haber asumido la voz de la protagonista en primera persona es probable que se hubiera presentado el problema de la verosimilitud, porque la autora (hasta donde sabemos) no es hablante de la lengua ixil, y porque por otra parte, no sabría cómo habla "realmente" una mujer de esa cultura que ha sido víctima. Pero sobre todo está el plano de lo ético. Asumir, en primera persona, la voz de una víctima, de alguien que ha sufrido lo indecible, plantea el problema de cómo atreverse en el campo del arte (de la literatura en este caso) a sustituirse, a hablar en nombre de la víctima (aunque sea con buenas intenciones). ¿Cómo puede el artista, el escritor ponerse en el lugar de la víctima? Puede hacerse, pues la literatura es capaz de muchas cosas, pero no se puede hacer la economía del cuestionamiento ético.[17] En "Estrella Polar", Carol Zardetto ha optado por otra estrategia: no quiere hablar por la víctima sino de ella (acaso con ella). No usurpa su identidad, y en ello hay una forma de respeto al dolor ajeno, que nadie más que la víctima puede saber, porque una tragedia semejante no es del todo transmisible. ¿Cómo contar el horror conocido por una mujer ixil? Tal es el problema que tuvo que habérsele planteado a la autora y que sin duda la condujo a escoger la voz en tercera persona desde una focalización interna. En esta opción ético-estética se revela un profundo respeto y solidaridad.

Algunas conclusiones

"Estrella Polar" no busca disimular los referentes extratextuales sobre los que se apoya la narración, al contrario, procede de manera tal que estos complejizan y desestabilizan la dimensión ficcional del texto. Si es cierto que el relato recurre a estrategias textuales que no concuerdan con las privilegiadas por las narraciones no ficcionales—como la narración en focalización interna que implica la introducción de la subjetividad, o bien la escritura poética y simbólica—, también es innegable que tales recursos son empleados para referirse a realidades en las cuales las formas narrativas factuales no pueden adentrarse. Cabe aquí proponer un ejemplo muy significativo que concierne a la forma en que el sujeto de enunciación intenta, poéticamente, hacer "escuchar", comprender y desvelar toda la intensidad de la voz de la mujer ixil en el momento de testimoniar: "Lo hizo con palabras de todos los colores, lo hizo con palabras tejidas despacio en la oscuridad de su memoria, lo hizo con fuerza, de manera precisa y serena. Y, mientras aquellas palabras salían de su boca, su vientre volvía a sentirse vivo" (Zardetto 2014, 62). ¿Existe acaso otra forma discursiva más allá de la poética capaz de dar cuenta de las palabras de una testimoniante ixil? Entonces puede postularse que en estos casos, la "ficción" termina por dejar de ser enteramente "ficción", resulta irreductible únicamente a esta identidad genérica, en la medida en que viene a llenar los vacíos de los discursos de no ficción. Alessandro Leiduan sostiene que la tensión entre los rasgos temáticos y formales de los textos y los usos tradicionales a los que están destinados por su denominación genérica tiene por efecto "*instituir usos desviados* que merecerían ser reconocidos como tales en lugar de ser ignorados o disimulados bajo las categorías genéricas tradicionales" (2014, 9; la cursiva es del autor).[18] Y por tanto, el reconocimiento de esas desviaciones con respecto a la categoría genérica, implica que hay un vacío conceptual en cuanto a la identificación de los textos: "El nombre del género por el cual se les designa es pues inapropiado, ya que habría que nombrarlos de otra manera conforme a las nuevas funciones que desempeñan" (Leiduan 2014, 9).[19] "Estrella Polar" pertenece, no cabe duda, a esta categoría de textos, cuyas necesidades expresivas de carácter político, para intervenir en los debates muy "reales" sobre la identidad de las mujeres ixiles víctimas del Estado, y contra el olvido y la impunidad, conducen a desviarse de la norma convencional, a desestabilizar la ficción. Por otra parte, si desde el punto de vista de Judith Butler "un feminismo que no es antirracista no es feminismo" (Díaz Álvarez 2019, 40), la escritura en femenino de Carol Zardetto ilustra claramente este posicionamiento. Como hemos visto, "Estrella Polar" tiene como protagonista a un sujeto femenino subalternizado genérica y culturalmente, o sea que presenta una condición muy diferente a la de los sujetos femeninos de las clases medias. La recuperación de su identidad de mujer ixil no puede desligarse de la comprensión de cómo las diversas formas de opresión están interrelacionadas. Por tanto, esta escritura en femenino inscribe las luchas feministas dentro de un marco amplio de luchas que incluyen diversas dimensiones de lo político, social y cultural.

Conviene, para concluir, reflexionar acerca de dos aspectos que nos parecen de primer orden en cuanto a la relación de ficción y realidad. El primero tiene que ver con la importancia que reviste el hecho de hallar la forma narrativa, "el relato eficaz" que permita dar cuenta de lo que no debe olvidarse o marginarse; en el caso de "Estrella Polar", la tragedia de las mujeres ixiles.[20] En otras palabras, la importancia de estos relatos y de su puesta en intriga en el reconocimiento de la memoria y la historia de las víctimas del poder. Finalmente, el segundo aspecto es que acaso en este tipo de producciones—de las que Centroamérica cuenta múltiples variantes desde mediados del siglo XX—, la pregunta sobre el estatuto ficcional o factual de estos ya no se reduce quizás únicamente a este nivel. Sabemos que "Estrella Polar" remite a una realidad histórica precisa, y da acceso con la eficacia emotiva de la ficción (Baroni 2012, 67) a esta realidad y a planos a los cuales otros discursos no pueden acceder. Para que la participación del texto en la realidad social que lo engendró trascienda la ficción, hace falta, entonces, encarar un problema ya viejo, pero siempre irresuelto, el de su difusión y recepción en estas sociedades, una apuesta para contribuir a que Estrella Polar no pueda volver a existir.

Notas

1. "Ces frontières sont historiquement changeantes: elles semblent plus ou moins visibles à certaines époques de l'histoire, mais elles n'en existent pas moins". Esta y todas las traducciones al español son de mi autoría, a menos que se indique lo contrario, DBT.

2. A este propósito, Valeria Grinberg Pla y Werner Mackenbach constatan: "Desde finales de los años ochenta y aún más intensamente desde inicios de los noventa las literaturas centroamericanas se han volcado de una u otra manera a la (re)escritura de la historia. Este renovado interés por la historia, como material, pero sobre todo como discurso y disciplina con los cuales establecer un diálogo crítico sobre las interpretaciones del pasado, está vinculado, desde nuestra perspectiva, a las reflexiones sobre lo nacional que acompañaron los procesos revolucionarios. Por eso, esta creciente preocupación de la literatura por la historia es de índole política: responde a un deseo de intervenir en los debates sobre la identidad nacional a partir de reinterpretaciones del pasado a contrapelo del gran relato de la Historia" (2018, 341).

3. "La fiction, ici, a vocation à combler les lacunes du discours historique, documentaire et judiciaire".

4. Así lo explicita Marta Elena Casaús Arzú: "Algunas de las masacres cometidas durante este periodo en Guatemala, nos permiten comprobar cómo, en las formas de violencia, tortura, aniquilación en contra de las mujeres, niños e indígenas, hubo

una planificación y estrategia previa desde el alto mando, una intencionalidad diseñada desde la cúpula militar destinada a exterminar físicamente a un pueblo y a su descendencia y generó un genocidio contra la población civil de origen maya" (2011).

5. Al respecto véase, Marta Elena Casaús Arzú: "¿Por qué debemos continuar luchando para que la sentencia por Genocidio contra Ríos Montt, dictada el 10 de mayo del 2013, se convierta en un elemento fundamental de nuestra memoria y de nuestra historia?" (2013).

6. "[A]u cœur de la textualité".

7. "Si l'on peut encore envisager un rapport entre le monde et les récits qui le racontent, il semblerait que ce ne puisse être qu'un rapport créatif, une 'construction' qui conférerait à l'expérience 'brute' des traits qu'elle n'aurait pas *en elle-même*".

8. "[L]e genre n'est pas perçu seulement comme une catégorie du texte mais aussi comme une catégorie de la réception".

9. Hans Robert Jauss define el "horizonte de espera" como un "conjunto de reglas preexistente para orientar la comprensión del lector (del público) y permitirle una recepción apreciativa" ["ensemble de règles préexistant pour orienter la compréhension du lecteur (du public) et lui permettre une réception appréciative"] (1986, 42).

10. El célebre "exteriorismo" de Cardenal implica la combinación y utilización poética de discursos propios de la prosa (conversaciones, documentos históricos, periodísticos, científicos, cartas, etc.) provocando así una desfiguración del lenguaje poético tradicional. Algo semejante ocurre con Roque Dalton en libros como *Las historias prohibidas del Pulgarcito* (1974) y *Un libro rojo para Lenin* (1986), en donde el poeta salvadoreño intercala composiciones poéticas (en forma de verso) con documentos históricos, periodísticos, chistes, citas de Lenin o de otros ideólogos (Trotsky, Lukacs, Gramsci, Guevara), deformando la recepción "clásica" que se puede tener de un "poemario". En cuanto a M. A. Asturias, sus piezas teatrales escritas en París en los años veinte tienden a crear interferencias entre la dramaturgia y lo poético, es el caso de las "fantomimas" (*Rayito de Estrella*, *Emulo Lipolidón*), que aparecen tanto en *Sien de Alondra* (1949) como en compilaciones teatrales.

11. "L'une des caractéristiques les plus significatives de la narration contemporaine est celle qui consiste à mettre en circulation des récits qui laissent le public dans l'incertitude la plus totale quant à la nature factuelle ou fictionnelle de l'histoire racontée. La raison de cette incertitude est liée à l'emploi de moyens textuels qui semblent peu (ou pas du tout) en adéquation avec les fins qui sont inscrites dans le nom de genre sous lequel les récits en question déclinent leur identité".

12. En "Racismo y genocidio. El genocidio de Guatemala a la luz del Plan 'Sofía': una interpretación y una reflexión", la autora expresa: "Quiero partir de la base de la relación entre racismo y genocidio, un supuesto debatido en Guatemala y en el resto

de América Latina. En aquellos Estados pluriétnicos y pluriculturales, en donde existen minorías étnicas o mayorías minorizadas, como en Guatemala, y en donde el racismo ocupa un lugar primordial en la estructura social, en la ciencia y en la estructura de poder, estas prácticas, actitudes y manifestaciones contribuyen a la ejecución de actos y prácticas sociales de genocidio" (2011, 4). Véase también su libro *Racismo, genocidio y memoria* (2019).

13. El texto refiere algunos episodios de la vida cotidiana de la protagonista que van trazando un retrato identitario de ella. Son fragmentos de vida que revelan al personaje en su pobreza pero igualmente en sus momentos de alegría, con lo cual no sólo se descarga la tensión dramática del cuento, sino también se construye una imagen compleja de la mujer indígena, que no se limita a víctima. Por ejemplo, mientras todas las mujeres que van a testimoniar esperan en silencio la llegada de los jueces, recuerda una escena en la aldea: "Las mujeres no hablaban. Si hubieran estado en el lavadero, o en el nixtamal, harían la misma bulla que un enjambre. Ella sonrió recordando las bromas, la picardía de aquellas mujeres que se mofaban de sus maridos o de la vida con tanta agudeza en la lengua" (Zardetto 2014, 51).

14. En diferentes pasajes, el texto expone elementos relacionados a aspectos identitarios de las mujeres, a sus condiciones materiales de existencia y a la historia de la aldea: "Estaba aquí rodeada de la gente de su pueblo. *Estrella Polar*... Desde tiempos inmemoriales, cuando habían nacido sus abuelos, hijos de colonos, era ya una finca de café. Todos eran mozos que labraban la tierra. Gente sencilla que trabajaba para un patrón. Que se contentaba con que la dejaran vivir y criar a sus hijos" (Zardetto 2014, 54).

15. Si el alto grado de inhumanidad de dicha situación extrema no encuentra explicación, se exponen respuestas que buscan mitigar el traumatismo del personaje: "Quizás estaba loca, como le dijeron las demás mujeres con sus palabras dulces de consuelo. O, quizás sabía que dos brazos no pueden cargar más que a una criatura" (Zardetto 2014, 59).

16. Por otro lado, estos dos momentos juegan una función estructural, en el sentido en que retardan la llegada del clímax y distienden la tensión de la narración, provocando un efecto de suspenso.

17. Julie Marchio ya había abordado esta problemática con respecto a la novela *Con pasión absoluta* de Carol Zardetto: "De la pasión, de la aflicción íntima, la protagonista pasa progresivamente a la compasión sugerida por el título, *Con pasión absoluta*. No se trata de hablar en nombre de las víctimas, de ponerse en su lugar, sino de compartir su sufrimiento conservando al mismo tiempo la distancia de la alteridad" (2015, 238).

18. "*[D]'instituer des usages déviants* qui mériteraient d'être reconnus comme tels au lieu d'être ignorés ou dissimulés sous les catégories génériques traditionnelles".

19. "Le nom de genre par lequel on les désigne est donc inapproprié, car il faudrait les nommer autrement conformément aux fonctions nouvelles qu'ils remplissent".

20. Baroni apunta lo siguiente en cuanto a las tragedias en el continente africano: "Lo que lamento, es que no supimos recibir el testimonio de otros genocidios tan eficazmente: el genocidio de Ruanda por ejemplo, quedó prácticamente inaudible en Europa, tal vez porque no ha encontrado todavía su forma narrativa. Con narradores eficaces, la distancia que nos separa de las tragedias africanas podría ser superada" ["Ce que je regrette, c'est qu'on n'ait pas su recevoir le témoignage d'autres génocides aussi efficacement: le génocide du Rwanda par exemple, est resté pratiquement inaudible en Europe, peut-être parce qu'il n'a pas encore trouvé sa forme narrative. Avec des conteurs efficaces, la distance qui nous sépare des tragédies africaines pourrait être surmontée"] (2012, 67).

Obras citadas

Baroni, Raphaël. 2007. "Histoires vécues, fictions, récits factuels". *Poétique* 151: 259–77.

Baroni, Raphaël y Alessandro Leiduan. 2012. "La narratologie à l'épreuve du panfictionnalisme". *Modèles linguistiques*, 65: 41–68.

Casaús Arzú, Marta Elena. 2011. "Racismo y genocidio. El genocidio de Guatemala a la luz del Plan Sofía: una interpretación y una reflexión". https://nisgua.org/wp-content/uploads/J-04-Plan-de-Operaciones-Sofia.pdf.

⸻. 2013. "¿Por qué debemos continuar luchando para que la sentencia por Genocidio contra Ríos Montt, dictada el 10 de mayo del 2013, se convierta en un elemento fundamental de nuestra memoria y de nuestra historia?". Artículo presentado originalmente como ponencia en el Congreso de ERIP LASA en Oaxaca del 23 al 25 de octubre. https://studylib.es/doc/688150/¿por-qué-debemos-continuar-luchando-para-que-la-sentencia.

⸻. 2019. *Racismo, genocidio y memoria*. Guatemala: F&G.

CEH. 1999. *Guatemala: memoria del silencio*. http://www.centrodememoriahistorica.gov.co/descargas/guatemala-memoria-silencio/guatemala-memoria-del-silencio.pdf

Dalmasso, Simone. 2015. "El entierro más esperado de Estrella Polar". *Plaza pública*. 17 de mayo. https://www.plazapublica.com.gt/content/el-entierro-mas-esperado-de-estrella-polar.

Díaz Álvarez, Enrique. 2019. "El poder político del duelo público". Entrevista con Judith Butler. *Revista de la Universidad de México*, "Género", 846: 39–45.

Dosse François. 2006. *Paul Ricœur, Michel de Certeau. L'Histoire: entre le dire et le faire*. Paris: L'Herne.

Grinberg Pla, Valeria y Werner Mackenbach. 2018. "La (re)escritura de la historia en la narrativa centroamericana". En *Hacia una Historia de las Literaturas Centroamericanas. Literatura y compromiso político. Prácticas político-culturales y estéticas de la revolución,* editado por Héctor M. Leyva, Werner Mackenbach y Claudia Ferman, 341–79. Guatemala: F&G editores.

Jauss, Hans Robert. 1986. "Littérature médiévale et théorie des genres". En *Théorie des genres*, editado por Gérard Genette y Tzvetan Torodov. Paris: Seuil.

Leiduan, Alessandro. 2014. "Préface. Nouvelles frontières du récit. Au-delà de l'opposition entre factuel et fictionnel". *Cahiers de narratologie* 26: 1–12. URL: http://journals.openedition.org/narratologie/6815.

Marchio, Julie. 2015. "Memoria, duelo y olvido en *Con pasión absoluta* de Carol Zardetto: una tensión entre ética y estética". En *Guatemala: Nunca Más. Desde el trauma de la guerra civil hacia la integración étnica, la democracia y la justicia social*, editado por Rolland Spiller *et al*. Guatemala: F&G editores.

Tononi, Daniela. 2009. "'Le Vol d'Icar' d'un genre à l'autre. Esquisse sur la fausseté générique". *Trans-Revue de littérature générale et comparée* 7. doi: https://doi.org/10.4000/trans.292.

Zardetto, Carol. 2014. "Estrella Polar". En *Cuentos guatemaltecos,* presentado por Clara Alonso, 49–63. Madrid: Editorial Popular.

COLABORADORES

IRENE AGUDELO BUILES, Investigadora. Doctora en Estudios de la Sociedad y la Cultura de la Universidad de Costa Rica (UCR). Máster en Estudios Culturales por el Instituto de Historia de Nicaragua y Centroamérica, Universidad Centroamericana, Nicaragua IHNCA-UCA y en Ciencias Sociales por la FLACSO-México. Autora del libro *Contramemorias. Discursos e imágenes sobre/desde La Contra, Nicaragua 1979-1989*. (Managua: IHNCA-UCA).

DANTE BARRIENTOS TECÚN, Professeur des Universités, Universidad de Aix-Marseille, Director adjunto del Centre Aixois d'Etudes Romanes (CAER). Autor de: *Amérique Centrale: étude de la poésie contemporaine. L'Horreur et l'espoir* (Paris, L'Harmattan, 1998); editor de *Escrituras policíacas, la Historia, la Memoria. América Latina* (Bologne, Astrae Editrice-CAER, 2009), *Límites, fronteras e intersecciones en América Central* (CER, *Cahiers d'études romanes*, n°28, 2014); coeditor de: *México, tierra de acogida. Transculturaciones y mestizajes en el período contemporáneo* (México, UNAM/CIALC-CAER, 2014), *Amérique francophone et Amérique latine. Rencontres contemporaines* (CER, n°32, CAER/UNAM, 2016), *Les territoires de la non fiction* (CER, n°38, CAER, 2019). Ha publicado numerosos artículos en Europa y América Latina sobre poesía, narrativa y teatro centroamericanos.

JEFFREY BROWITT es profesor jubilado de Estudios Latinoamericanos de la Universidad de Tecnología Sídney. Es autor de varios libros de crítica literaria y cultural, incluso *Cicatrices: Central American Fiction in the 21st Century* (Sussex Press, 2020), *Contemporary Central American Fiction: Gender, Subjectivity and Affect* (Sussex Press, 2017). Con Werner Mackenbach es compilador de *Rubén Darío: cosmopolita arraigado* (IHNC, Managua, 2010), *The Space of Culture: Critical Readings in Hispanic Literary and Cultural Studies también es autor de* (Delaware Press, 2004) y *Practising Theory: Pierre Bourdieu and the Field of Cultural Production* (Delaware Press, 2004). Es traductor con N. Castrillón de *A New Catechism for Recalcitrant Indians* (FCE, 2007); y *Disciplinar a los salvajes, violentar las disciplinas* (Abya Yala, 2014).

SILVIA GIANNI, Doctora en Ciencias Lingüísticas, Filológicas y Literarias, con énfasis en Crítica y literaturas latinoamericanas, por la Università Cattolica de Milán. Ha sido profesora de lengua y literaturas española e hispanoamericanas en la Università Cattolica de Milán durante casi dos décadas, en la Università degli Studi di

Milano-Bicocca, en la UAM (Universidad Americana) de Managua, Nicaragua, y en el Máster en Formación de Profesores Español Lengua Extrajera en UNIBA (Centro Universitario Internacional de Barcelona)-UB (Universitat Barcelona). Autora de dos libros y numerosos ensayos, sus investigaciones más recientes abarcan, desde el punto de vista del afecto, las emociones y el cuerpo, el análisis del trauma causado por la violencia, la injusticia, el destierro y el desplazamiento en sus múltiples dimensiones y en sus diferentes representaciones textuales, fílmicas y documentales.

JUAN PABLO GÓMEZ LACAYO, The University of Oklahoma. Doctor en Estudios Culturales y Literarios Latinoamericanos por la Universidad Estatal de Ohio, Estados Unidos. Autor de *Autoridad/Cuerpo/Nación. Batallas Culturales en Nicaragua, 1930-1943* (2015). Coeditor de *Políticas encadenantes: sobre cuerpos y violencias en Centroamérica* (2020), *Recordar el pasado para imaginar otro futuro: artes y políticas de la memoria en Centroamérica* (2019), *Antología del pensamiento crítico nicaragüense contemporáneo* (2017), *Seguridad y racismo: pensamiento crítico centroamericano* (2014).

VALERIA GRINBERG PLA, Doctora en Letras por la Universidad Goethe de Frankfurt, Alemania. Desde el 2006 reside en los Estados Unidos, en donde es catedrática de español en la Universidad Estatal de Bowling Green, Ohio. Autora de *Eva Perón: cuerpo-género-nación* (2013). Entre sus publicaciones recientes se destacan: "El tránsito como estrategia de vida y de literatura: el proyecto literario transnacional en resistencia de los intelectuales afrocaribeños Eric Walrond, Claude McKay y Samuel Nation" (*Revista de Estudios Hispánicos*, 2020) y "Against Anomie: Julio Hernández Cordón's Post-War Trilogy" (*Studies in Spanish and Latin American Cinemas*, 2018). Miembro del equipo editorial de *Istmo. Revista virtual de estudios literarios y culturales centroamericanos* (http://istmo.denison.edu/) y vocal de la Mesa Directiva del Instituto Internacional de Literatura Iberoamericana (https://www.iilionline.org).

EMANUELA JOSSA es profesora de Literatura Hispanoamericana en la Universidad de la Calabria, Italia. Se dedica a la investigación y a la traducción. Ha publicado los libros *Gli uomini venuti dal mais. Miguel Angel Asturias e la cultura maya* (2003); *Raccontare gli animali. Percorsi nella letteratura ispanoamericana* (2012); *Patologia de la casa. Lo spazio domestico nel racconto ispanoamericano del XXI secolo* (2020) y muchos artículos y ensayos, especialmente enfocados en el estudio de lo fantástico, la identidad y los afectos, la relación entre literatura, historia y memoria. Ha traducido los cuentos de Mario Benedetti y Claudia Hernández, los poemas de Roque Dalton y Humberto Ak'abal.

WERNER MACKENBACH, Doctor en Filosofía y Ciencias Sociales por la Freie Universität Berlin, Alemania, y Doctor hábil. en Literatura Hispanoamericana por la Universität Potsdam, Alemania. Es profesor catedrático de la Escuela de Historia y el

Posgrado Centroamericano en Historia, investigador del Centro de Investigaciones Históricas de América Central de la Universidad de Costa Rica y coordinador del Centro Regional Centroamérica y el Caribe del Maria Sibylla Merian Centre for Advanced Latin American Studies (CALAS). Catedrático Wilhelm y Alexander von Humboldt en Humanidades y Ciencias Sociales de la Universidad de Costa Rica 2012-2018. Tiene varias publicaciones (libros y artículos) sobre historia, política y literatura centroamericanas y del Caribe. Entre sus libros recientes se encuentran: *Entre política, historia y ficción. Acerca de algunas tendencias en las literaturas centroamericanas contemporáneas* (2019), *Convergencias transculturales en el Caribe y Centroamérica* (2018, con Mauricio Chaves y Héctor Pérez Brignoli, eds.), *Literatura y compromiso político. Prácticas político-culturales y estéticas de la revolución. Hacia una Historia de las Literaturas Centroamericanas—IV* (2018, con Héctor M. Leyva y Claudia Ferman, eds.), *El Caribe y Centroamérica—Intersecciones y sincretismos transculturales* (2016, con Albino Chacón y Horst Nitschack, eds.) y *La transformación de la violencia en América Latina* (2015, con Günther Maihold, eds.). Es miembro del comité editorial de *Istmo. Revista virtual de estudios literarios y culturales centroamericanos*, miembro de la Red europea de investigaciones sobre Centroamérica (RedISCA), coordinador de la Red de estudios transareales y transculturales de Centroamérica y el Caribe (Red Transcaribe) y miembro de consejo editorial de varias revistas académicas internacionales.

ALEXANDRA ORTIZ WALLNER es doctora en Romanística por la Universidad de Potsdam. Durante sus años como profesora e investigadora del Instituto de Estudios Latinoamericanos de Freie Universität Berlin fue profesora invitada en la UNAM (México), la Universidad de Nantes (Francia), la Universidad Católica y la Universidad de Santiago (Chile), así como en la Universidad Humboldt de Berlín y la Universidad de Delhi, India. Trabaja sobre literaturas y culturas centroamericanas y trayectorias intelectuales transculturales del Sur global sobre las que ha publicado extensamente. Es autora del *El arte de ficcionar: la novela contemporánea en Centroamérica* (2012) y co-editora de varios volúmenes, entre ellos *Sur/South. Poetics and Politics of Thinking Latin America-India* (2016). Es co-fundadora de redes de cooperación académica como RedISCA Red Europea de Investigaciones sobre Centroamérica y una de las editoras de *Istmo. Revista de estudios literarios y culturales centroamericanos*. Es miembro de la mesa directiva del Instituto Internacional de Literatura Iberoamericana (IILI) y del Consejo Consultivo de Centroamérica cuenta. En 2021 se incorpora como Senior Fellow del Centro Maria Sibylla Merian de Estudios Latinoamericanos Avanzados (CALAS) y como profesora visitante a la Universidad de Costa Rica.

MAGDALENA PERKOWSKA es catedrática de Literatura Latinoamericana en Hunter College y The Graduate Center de la City University of New York (CUNY). Autora de *Historias híbridas: la nueva novela histórica latinoamericana (1985-2000) ante las teorías posmodernas de la historia (2008)* y de *Pliegues visuales: narrativa y fotografía en la novela latinoamericana contemporánea* (2013). Desde 2008 investiga la narrativa centroamericana contemporánea, explorando los temas de memoria e historia, duelo, violencia y afectos. En este campo, ha editado un número especial de la revista *Istmo* dedicado a las relecturas contemporáneas de las ficciones de la década de los setenta (2013-2014) y ha codirigido (con Oswaldo Zavala) *Tiranas ficciones: poética y política de la escritura en la obra de Horacio Castellanos Moya* (2018), un volumen de ensayos críticos sobre la obra del escritor salvadoreño. Ha contribuido con artículos a volúmenes especiales y revistas académicas en Estados Unidos, Europa y América Latina. Su nuevo proyecto de investigación se titula "Archivos de infelicidad: relatos post-utópicos centroamericanos" y explora la función ética y política de sentimientos feos, desagradables e incómodos (*ugly feelings*) en la ficción y el cine recientes de América Central.

ILEANA RODRÍGUEZ, Humanities Distinguished Professor, Emerita, The Ohio State University. Libros: *Modalidades de memoria y archivos afectivos: cine de mujeres en Centroamérica* (CALAS, 2020). *La prosa de la contra-insurgencia. "Lo político" durante la restauración neoliberal en Nicaragua* (A Contracorriente, 2019); *Gender Violence in Failed and Democratic States. Besieging Perverse Masculinities* (Palgrave, 2016); *Hombres de empresa, saber y poder en Centroamérica: identidades regionales/ modernidades periféricas* (Managua: IHNCA, 2011); *Liberalism at its Limits: Illegitimacy and Criminality at the Heart of the Latin American Cultural Text* (Pittsburgh UP, 2009); *Transatlantic Topographies: Island, Highlands, Jungle.* (Minnesota UP, 2005); *Women, Guerrillas, and Love: Understanding War in Central America* (Minnesota UP, 1996); *House/Garden/Nation: Space, Gender, and Ethnicity in Post-Colonial Latin American Literatures by Women* (Duke UP, 1994).

www.ingramcontent.com/pod-product-compliance
Lightning Source LLC
Chambersburg PA
CBHW021838220426
43663CB00005B/304